普通高等教育土建学科专业"十二五"规划教材
高职高专土建类"411"人才培养模式
综合实务模拟系列教材

工程资料管理实务模拟

主　编　傅　敏
副主编　梁晓丹　林滨滨
主　审　金　睿

中国建筑工业出版社

图书在版编目（CIP）数据

工程资料管理实务模拟/傅敏主编. —北京：中国建筑工业出版社，2008
普通高等教育土建学科专业"十二五"规划教材
高职高专土建类"411"人才培养模式综合实务模拟系列教材
ISBN 978-7-112-10253-2

Ⅰ. 工… Ⅱ. 傅… Ⅲ. 建筑工程-技术档案-档案管理-高等学校：技术学校-教材 Ⅳ. G275.3

中国版本图书馆 CIP 数据核字（2008）第 118177 号

本书以工程资料管理工作的工作过程为导向，以能力培养为主线，围绕着模拟工程施工的背景材料，讲授了如何进行工程资料的填写、收集、整理和归档。全书分为 5 个项目，分别为：土建工程资料管理、安全资料管理、工程监理资料管理、建设工程文件的整理和归档、工程资料计算机管理。本书可作为高职高专土建类专业的教学用书，也可供相关专业技术人员参考。

* * *

责任编辑：朱首明 李 明
责任设计：赵明霞
责任校对：孟 楠 陈晶晶

普通高等教育土建学科专业"十二五"规划教材
高职高专土建类"411"人才培养模式综合实务模拟系列教材
工程资料管理实务模拟
主 编 傅 敏
副主编 梁晓丹 林滨滨
主 审 金 睿

*

中国建筑工业出版社出版、发行（北京西郊百万庄）
各地新华书店、建筑书店经销
北京天成排版公司制版
北京建筑工业印刷厂印刷

*

开本：850×1168毫米 1/16 印张：16 字数：460千字
2008年10月第一版 2013年7月第六次印刷
定价：**28.00元**
ISBN 978-7-112-10253-2
（17056）

版权所有 翻印必究
如有印装质量问题，可寄本社退换
（邮政编码 100037）

编审委员会

顾　问：杜国城
主　任：何　辉
副主任：丁天庭　张　敏　张　伟　赵　研
委　员：陈杭旭　陈绍名　郑大为　傅　敏　金　睿
　　　　林滨滨　项建国　夏玲涛　余伯增　俞增民

序

欣闻"411"人才培养模式综合实务模拟系列教材由中国建筑工业出版社正式出版发行，深感振奋。借助全国高职土建类专业指导委员会这一平台，我曾多次与"411"人才培养模式的研究实践人员、该系列教材的编著者有过交流，也曾数次到浙江建设职业技术学院进行过考察，深为该院"411"人才培养模式的研究和实践人员对于高职教育的热情所感动，更对他们在实践过程中的辛勤工作感到由衷的佩服。此系列教材的正式出版是对他们辛勤工作的最大褒奖，更是"411"人才培养模式实践的最新成果。

"411"人才培养模式是浙江建设职业技术学院新时期高职人才培养的创举。"411"人才培养模式创造性的开设综合实务模拟教学环节，该教学环节的设置，有效地控制了人才培养的节奏，使整个人才培养更符合能力形成的客观规律，通过综合实务模拟教学环节的设置提升学生发现、解决本专业具有综合性、复杂性问题的能力，以此将学生的单项能力进行有效的联系和迁移，最终形成完善的专业能力体系，为实践打下良好的基础。

综合实务模拟系列教材作为综合性实践指导教材，具有鲜明的特色。强调项目贯穿教材。该系列教材编写以一个完整的实际工程项目为基础进行编写，同时将能力项目贯穿于整个教材的编写，所有能力项目和典型工作任务均依托同一工程背景，有利于提高教学的效果和效率，更好的开展能力训练。突出典型工作任务。该系列教材包含《施工图识读综合实务模拟》、《高层建筑专项施工方案综合实务模拟》、《工程资料管理实务模拟》、《施工项目管理实务模拟》、《工程监理实务模拟》、《顶岗实践手册》、《综合实务模拟系列教材配套图集》等七本，突出了建筑工程技术和工程监理专业技术人员工作过程中最典型的工作任务，学生通过这些依据工作过程进行排列的典型工作任务学习，有利于能力的自然迁移，可以较好的形成综合实务能力，解决部分综合性、复杂性的问题。

该系列教材的出版不仅反映了浙江建设职业技术学院在建设类"411"人才培养模式研究和实践上的巨大成功，同时该系列教材的正式出版也将极大的推动高职建设类人才培养模式研究的进一步深入。此外该系列教材的出版更是对高职实践教材建设的一次极为有益的尝试，其对高职综合性实践教材的建设必将产生深远影响。

全国高职高专教育土建类专业指导委员会秘书长
土建施工类专业指导分委员会主任委员
杜国城

前言

本课程教材的编写，立足于以工程资料管理工作行为为向导，以能力培养为主线，按照不同层次、专业的需求来编写。在学习工程资料管理知识和训练专业岗位能力的过程中，融入了分析归纳能力、综合判断能力、再学习能力、问题解决能力、组织管理能力及社会能力等行业通用能力和职业核心能力训练的内容，并注重学生在不同能力兴趣方向的进一步拓展，以适应不同层次、不同专业读者的培养需求。

在本课程教材的编写过程中，围绕着模拟工程施工的背景材料，以工程资料的填写、收集、整理、归档等较为浅显的工程资料管理"形式要求"的知识学习、案例讨论和各专业资料员岗位特定能力模拟训练入手，使读者具备工程资料的日常填写、收集、整理和归档的专业技术能力和组织管理能力的基础。在进行这些知识学习和能力训练时，利用工程资料是用来反映"工程实际"的这一特点，引导读者通过对各专业施工员、安全员、材料员、监理员、见证员、施工项目技术负责人、专业监理工程师等关联岗位的拓展、支撑理论的深入，以及相关问题的思考，来提高读者的行业通用能力和职业核心能力，养成科学的学习、工作、思维习惯，为适应不同岗位的就业、适应就业后岗位工作的变动以及发展和创新能力的形成奠定基础。

本教材的综述及项目4由傅敏编写，项目1中的单元1、3、4、5、6由杨文领编写，项目1中单元2、7及项目5由向芳编写，项目2由陈园卿编写，项目3由林滨滨编写，梁晓丹负责统稿及审核。全书由金睿主审。

本教材在编写过程中得到浙江建工集团、浙江质安建筑监理有限公司等诸多单位和专家的大力支持和帮助，在此表示衷心的感谢。

由于能力培养模式和方法尚属探索和起步阶段，工程技术的发展也很快，许多新的问题和成果不断出现，加之编者的水平有限，本教材难免存在许多欠缺和不足，谨请提出宝贵意见，以便进一步补充和完善。

目录 CONTENTS

综　　述 ··· 1

项目 1　土建工程资料管理 ·· 9

单元 1　工程实施依据资料 ··· 10
单元 2　原材料、半成品、成品质量证明文件 ·· 20
单元 3　工程施工记录资料 ··· 29
单元 4　施工试验记录 ··· 45
单元 5　安全及功能检验资料 ·· 63
单元 6　质量问题和质量事故处理资料 ··· 77
单元 7　工程施工验收资料 ··· 81

项目 2　安全资料管理 ·· 101

单元 1　安全生产依据资料 ·· 104
单元 2　安全生产准备资料 ·· 115
单元 3　安全用品和设施的合格证明资料 ··· 125
单元 4　安全检查及日常记录 ··· 131
单元 5　分项工程安全验收资料 ·· 135
单元 6　文明施工和安全教育 ··· 142
单元 7　安全事故的处理 ·· 150

项目 3　工程监理资料管理 ··· 153

单元 1　工程监理资料的分类 ··· 155
单元 2　综合类监理资料 ·· 160
单元 3　日常监理工作用表 ·· 167
单元 4　其他监理资料 ··· 193

项目 4　建设工程文件的整理和归档 ·· 197

单元 1　建设工程文件的管理和竣工后归档的分类 ····································· 199
单元 2　立卷 ··· 211

单元3　归档 ··· 217

项目 5　工程资料计算机管理 ·· 219

单元1　系统的安装 ·· 221
单元2　主界面及各功能模块 ·· 222
单元3　资料输入 ·· 224
单元4　表格编辑 ·· 240

主要参考文献 ·· 245

综　　述

　　工程项目从立项到竣工经历了工程准备阶段、施工阶段、竣工验收阶段，各建设行为主体单位的工程技术和管理人员遵循国家、地方的有关法律、法规、标准和规定，在工程建设过程中直接形成了包括工程准备阶段文件、监理文件、施工文件、竣工图和竣工验收文件等五大类各种形式信息记录的建设工程文件。由于各单位工作依据和成果的相互关联，因此在工程实施过程中，各方均应根据自身工作的需求，对上述信息资料按照相关的标准、规定等进行记录、收集和保存，并且应便于查阅、利用。为避免城建档案所需要的内容缺失，又不至于产生不必要的重复，故作为城建档案要求，对各责任主体需在竣工后归档的，在工程建设活动中直接形成的具有归档保存价值的文字、图表、声像等各种形式的历史记录，按照规定的内容和形式以及不同的保存单位和期限，进行立卷、归档，形成"建设工程档案"（简称"工程档案"）。

　　为了使工程资料管理的各项工作有序、合理，工程资料的实质性作用得到应有的发挥，避免把这项工作当作是编造应付交差，以致到验收、归档或出现问题需查找原始资料时才意识到，由于记录缺失、内容错误、杂乱无章等而造成严重后果，各参建单位和个人必须明确各自的建设工程资料管理的职责，在工程建设过程中必须及时、正确地记录和收集，分类整理、保存。《建设工程文件归档整理规范》对各建设行为主体单位的工程资料管理职责作出了明确的规定：

　　建设单位：在工程招标及与勘察、设计、施工、监理等单位签订协议、合同时，应对工程文件的套数、费用、质量、移交时间等提出明确要求，在合同中进行约定。在工程实施过程中，对履约过程和实现情况作可操作、有效的约束，按照合同的约定和工程档案管理规定的要求，负责组织、监督和检查勘察、设计、施工、监理等单位的工程文件的形成、积累和立卷归档工作；收集和汇总勘察、设计、施工、监理等单位立卷归档的工程档案；在组织工程竣工验收前，将这些工程档案提请当地的城建档案管理机构进行预验收，在取得工程档案验收认可文件后，组织工程竣工验收，并接收施工单位移交的、组卷完成的竣工图。在工程竣工验收阶段，由建设单位负责收集和整理形成的文件，并进行立卷归档。工程竣工验收后3个月内，向当地城建档案馆（室）移交一套符合规定的工程档案。

　　勘察、设计、施工、监理（含建设工程项目由几个单位承包的）单位：在工程实施过程中，应按照合同的约定和有关的规定要求，及时记录实施的过程，收集本单位形成的工程文件，按照一定的原则和方法，将有保存价值的文件分门别类地整理成案卷（称立卷或组卷），然后向建设单位移交。其中：总包单位（建设工程项目实行总承包的）负责收集、汇总各分包单位形成的工程档案，并应及时向建设单位移交；各分包单位应将本单位形成的工程文件整理、立卷后及时移交总包单位。

　　城建档案管理机构：应对工程文件的立卷归档工作进行监督、检查、指导。在工程竣工验收前，应对工程档案进行预验收，验收合格后，须出具工程档案认可文件。

　　本模拟实训，围绕普陀区六横镇人民政府筹建的"便民服务大楼"工程的施工过程，根据施工和监理资料管理工作行为为导向，从施工资料、监理资料、安全管理资料、竣工验收资料的日常收集、编写、整理，直至竣工后归档的方法和要求入手，根据工程场景逐步深入，介绍如何采用正确的方法，规范的形式、用词，记录工作过程，收集相关的证据材料，并进行日常的整理和竣工后的归档工作；通过案例分析，指导思考方向，引导同类岗位工作内容的完成，与相关课程建立有机联系，最终完成整个工程的资料管理能力的训练，以此来实现能力培养的任务。

　　本模拟案例的各阶段施工工序和应形成的工程资料的背景材料如下（安全资料另详）：

一、施工准备阶段

1. 签订合同：标书、施工合同、监理大纲、监理合同以及其他建设合同。
2. 第一次工地例会：会议纪要（含人员介绍、总监授权书、施工准备情况）。
3. 施工图审查、图纸会审、工程变更：图纸审查意见（含设计修改意见）、图纸会审纪要（含签到表、会审纪要）、工程变更联系单。
4. 施工企业（含分包）资质报审、人员进场：施工单位营业执照、资质证书、安全生产许可证，分包单位资格报审表及其附件，施工人员岗位证书、上岗人员登记表、监理人员岗位证书。
5. 施工技术准备：合同约定需提供的标准和施工执行标准（尤其是企业标准）、施工组织设计（含安全、质量管理内容）、施工（含专项）方案、技术交底、经审查的施工预算，监理规划、监理细则、岗位责任、管理制度。
6. 施工机械设备进场：施工机械合格证（含生产、安装企业资料）、检测合格证明。
7. 原材料进场：水泥、砂、石子、砖、钢筋、焊条、焊剂等出厂证明文件或检测报告以及进场验收登记，工程材料/构配件/设备报审表及其附件（同意进场）。
8. 原材料检验：检测合格证明、工程材料/构配件/设备报审表及其附件；见证取样登记表。
9. 砂浆、混凝土配合比试验：配合比通知单。
10. 开工：质量、安全监督手续，建筑工程施工许可证，施工现场质量管理检查记录 A.0.1，开工申请表及其附件，工程开工报审表及其附件。

二、基础工程

1. 定位测量放线：定位复核、测量放线记录、检查验收记录、施工测量放线报验申请表及其附件；监理工作联系单、监理通知。
2. 降水与排水：施工方案、审批工程报验申请表及降水与排水检验批质量验收记录表、巡视记录；监理工作联系单、监理通知。

3. 原材料进场：防水原材料、水泥、砂、石子、砖、钢筋、焊条、焊剂等出厂证明文件或检测报告以及进场验收登记，工程材料/构配件/设备报审表及其附件。

4. 原材料检验：配合比设计、检测合格证明、工程材料/构配件/设备报审表及其附件，见证取样登记表。

5. 试桩及桩基施工：工程试打桩记录，施工测量放线报验单（复核记录表，钻孔灌注桩桩位放样记录表），施工测量放线报验申请表，混凝土灌注桩钢筋笼检验批工程报验申请表（混凝土灌注桩钢筋笼检验批质量验收记录），工程报验申请表，钢筋隐蔽工程报验申请表（隐蔽工程质量验收记录），工程报验申请表，工程材料/构配件/设备报验申请表（质保书，检测报告），工程材料/构配件/设备报审表，承包单位报审表（钻孔灌注桩开孔通知书，钻孔灌注桩钻孔施工记录，终孔验收申请表，钢筋笼验收记录，钻孔灌注桩二次清孔验收表，混凝土工程浇捣施工申请暨浇捣令，钻孔灌注桩水下混凝土记录，混凝土施工日记，钻孔灌注桩施工记录，混凝土抗压检测报告，钢筋焊接接头力学性能检测报告），承包单位报审表（通用），工程试打桩记录、桩施工记录、桩检验批质量验收记录、钢筋笼隐蔽记录、旁站监理记录、审批工程报验申请表、工程报验申请表及其附件、标准养护混凝土试块强度评定表、监理工作联系单、监理通知、见证取样登记表。

6. 围护施工：围护结构施工记录、检验批、钢筋隐蔽验收记录，深层水泥搅拌桩施工记录，排桩墙支护工程检验批质量验收记录（重复使用的钢板桩，混凝土板桩制作），锚杆及土钉墙支护工程检验批质量验收记录，水泥土桩墙支护工程检验批质量验收记录，钢及混凝土支撑系统检验批质量验收记录，锚喷支护工程检验批质量验收记录、工程报验申请表及其附件，监理工作联系单、监理通知。

7. 土方开挖：开挖方案、施工测量放线报验单，施工测量放线报验申请表，土方开挖工程检验批质量验收记录，土方回填工程检验批质量验收记录、工程报验申请表及其附件、开挖方案；监理工作联系单、监理通知。

8. 桩基检测：静载试验报告。

9. 桩位测设：桩位偏差验收记录，施工测量放线报验申请表及附件桩位偏差记录，监理工作联系单、监理通知。

10. 地基验槽：地基验槽记录。

11. 地基处理：地基检验批质量验收记录，基土检验批质量验收记录、监理工作联系单、监理通知。

12. 桩基完整性检测：试验报告。

13. 垫层模板：模板安装、模板拆除工程检验批质量验收记录、工程报验申请表及附件；监理工作联系单、监理通知。

14. 混凝土垫层施工：混凝土施工记录、商品混凝土出厂合格证、自拌混凝土配合比通知单、混凝土原材料、配合比、混凝土检验批、混凝土浇捣令，试块强度报告；旁站记录、监理工作联系单、监理通知、见证取样登记表。

15. 混凝土垫层面（地下室底板底）防水层施工：防水层工程检验批质量验收记录、隐蔽验收记录，地下室防水效果检查记录，防水工程，细部构造检验批质量验收记录。工程报验申请表、旁站记录、监理工作联系单、监理通知。

16. 防水层面混凝土保护层施工：混凝土施工记录、商品混凝土出厂合格证、自拌混凝土配合比通知单、混凝土原材料、配合比、混凝土检验批、混凝土浇捣令、试块强度报告；见证取样登记表、旁站记录、监理工作联系单、监理通知。

17. 基础梁、承台、柱、底板、剪力墙模板安装工程：模板安装工程检验批质量验收记录、工程报验申请表及附件；监理工作联系单、监理通知。

18. 基础梁、承台、柱、底板、剪力墙钢筋工程：隐蔽验收记录，钢筋原材料、加工、连接、安装检验批质量验收记录，工程报验申请表及附件；监理工作联系单、监理通知、见证取样记录。

19. 基础梁、承台、柱、底板、剪力墙混凝土工程：混凝土施工记录、商品混凝土出厂合格证、自拌混凝土配合比通知单、混凝土原材料、配合比、混凝土检验批、混凝土浇捣令、试块强度和抗渗报告；见证取样登记表、旁站记录、标准养护混凝土试块强度评定表、监理工作联系单、监理通知。

20. 基础混凝土模板拆除工程：模板拆除工程检验批质量验收记录、工程报验申请表及附件；监理工作联系单；监理通知。

21. 基础梁、承台、柱、底板、剪力墙混凝土防水层施工：防水层工程检验批质量验收记录、隐蔽验收记录，地下室防水效果检查记录，防水混凝土工程，细部构造检验批质量验收记录、工程报验申请表；见证取样登记表、旁站记录、监理工作联系单、监理通知。

22. 防水混凝土保护层施工：混凝土施工记录、商品混凝土出厂合格证、复试报告、自拌混凝土配合比通知单、混凝土原材料、配合比、混凝土检验批、混凝土浇捣令；见证取样登记表、旁站记录、监理工作联系单、监理通知。

23. 地下室顶板、梁模板安装施工：模板安装工程检验批质量验收记录、工程报验申请表及附件；监理工作联系单；监理通知。

24. 地下室顶板、梁钢筋工程：隐蔽验收记录、钢筋原材料、加工、连接、安装检验批质量验收记录、工程报验申请表及附件；监理工作联系单、监理通知。

25. 地下室顶板、梁混凝土工程：混凝土施工记录、商品混凝土出厂合格证、试块强度报告、自拌混凝土配合比通知单、混凝土原材料、配合比、混凝土检验批、混凝土浇捣令、标准养护混凝土试块强度评定表；见证取样登记表、旁站记录、监理工作联系单、监理通知。

26. 地下室顶板、梁模板拆除工程：模板拆除工程检验批质量验收记录、工程报验申请表及附件；监理工作联系单、监理通知。

27. 砖砌体拉结筋安装：隐蔽验收记录、拉结试验；监理工作联系单、监理通知。

28. 地下室砖砌体施工：砂浆配合比设计通知单（转换成施工配合比）、审批工程报验申请表及其附件；监理工作联系单；监理通知。

29. 地下室顶板混凝土防水层施工：防水层工程检验批质量验收记录、隐蔽验收记录，地下室防水效果检查记录，防水混凝土工程，细部构造检验批质量验收记录、工程报验申请表；旁站记录、监理工作联系单、监理通知。

30. 防水混凝土保护层施工：混凝土施工记录、商品混凝土出厂合格证、试块强度报告、自拌混凝土配合比通知单、混凝土原材料、配合比、混凝土检验批、混凝土浇捣令。旁站记录、监理工作联系单；监理通知。

31. 各项试验报告收集：混凝土、砂浆试验报告整理收集，包括混凝土垫层、梁、承台、底板、顶板以及砌筑砂浆等的试验报告。

32. 结构实体检测：混凝土抗压强度试验报告(同条件养护试块或实体检测)、混凝土抗渗试验报告、结构实体检测报告；监理工作联系单、监理通知。

33. 基础验收：检验批质量验收记录(模板、钢筋、混凝土、砌体)、分项评定表(模板、钢筋、混凝土、砌体)、主体分部评定表、隐蔽验收记录、地基处理记录、施工材料预制构件质量证明文件及复试试验报告［(1)砂、石、砖、水泥、钢筋、防水材料、隔热保温、防腐材料、轻骨料试验汇总表；(2)砂、石、砖、水泥、钢筋、防水材料、隔热保温、防腐材料、轻骨料出厂证明文件；(3)砂、石、砖、水泥、钢筋、防水材料、轻骨料、焊条、沥青复试试验报告；(4)预制构件(钢、混凝土)出厂合格证、试验记录］、施工记录［土壤干密度试验报告、土壤击实试验报告、砂浆配合比通知单、混凝土抗压强度试验报告、混凝土抗渗试验报告、商品混凝土出厂合格证、复试报告、钢筋接头(焊接)试验报告、防水工程试水检查记录、土壤、砂浆、混凝土、钢筋连接、混凝土抗渗试验报告汇总表］、结构实体检测报告、基础验收评估报告。

34. 基础回填土：工程报验申请表及其附件土方工程回填工程检验批质量验收记录；旁站监理日记、监理工作联系单、监理通知。

三、主体工程

1. 测量放线(各层柱、剪力墙、梁、板以及墙体砌筑的轴线、标高引测)：测量放线记录、检查验收记录、审批施工测量放线报验申请表及其附件；监理工作联系单、监理通知。

2. 主体原材料进厂：通风道、防水原材料(卫生间)、水泥、砂、石子、砖、钢筋、焊条、焊剂等出厂证明文件或检测报告以及进场验收登记，工程材料/构配件/设备报审表及其附件。

3. 主体原材料检验：配合比设计、检测合格证明、工程材料/构配件/设备报审表及其附件；见证取样登记表。

4. 主体各层柱、剪力墙、梁、板模板安装施工：模板安装工程检验批质量验收记录、工程报验申请表及附件；监理工作联系单、监理通知。

5. 主体各层柱、剪力墙、梁、板钢筋施工：隐蔽验收记录，钢筋原材料、加工、连接、安装检验批质量验收记录，工程报验申请表及附件；监理工作联系单、监理通知。

6. 主体各层柱、剪力墙、梁、板混凝土施工：混凝土施工记录、商品混凝土出厂合格证、试块强度报告、自拌混凝土配合比通知单、混凝土原材料、配合比、混凝土检验批、混凝土浇捣令、标准养护混凝土试块强度评定表、试块强度报告，旁站记录、监理工作联系单、监理通知、见证取样登记表。

7. 主体各层柱、剪力墙、梁、板模板拆除施工：同条件试块检测报告、模板拆除工程检验批质量验收记录、审批工程报验申请表及附件；监理工作联系单；监理通知。

8. 主体各层砖砌体拉结筋安装：隐蔽验收记录、拉结筋抗拔试验（植筋时）报告；监理工作联系单、监理通知。

9. 主体各层砖砌体施工：砂浆配合比设计通知单（转换成施工配合比）、工程报验申请表检验批及其附件、试块强度报告；监理工作联系单、监理通知、见证取样登记表。

10. 屋面板、梁模板安装施工：模板安装工程检验批质量验收记录、工程报验申请表及附件；监理工作联系单、监理通知。

11. 屋面板、梁钢筋施工：隐蔽验收记录、钢筋原材料、加工、连接、安装检验批质量验收记录、工程报验申请表及附件；监理工作联系单、监理通知。

12. 屋面板、梁混凝土施工：混凝土施工记录、商品混凝土出厂合格证、试块强度报告、自拌混凝土配合比通知单、混凝土原材料、配合比、混凝土检验批、混凝土浇捣令。旁站记录、标准养护混凝土试块强度评定表、监理工作联系单、监理通知、见证取样登记表。

13. 屋面板、梁模板拆除施工：同条件试块检测报告、模板拆除工程检验批质量验收记录、工程报验申请表及附件；监理工作联系单、监理通知。

14. 通风道安装施工：检验批质量验收记录、工程报验申请表及附件、监理工作联系单；监理通知。

15. 主体各项试验报告收集：混凝土、砂浆试验报告整理收集，包括各层柱、剪力墙、梁、板以及砌筑砂浆、防水材料等的试验报告。

16. 主体结构实体检测：混凝土抗压强度试验报告（同条件养护试块或实体检测）、混凝土抗渗试验报告（卫生间、屋面）、结构实体检测报告；监理工作联系单、监理通知。

17. 主体结构验收：检验批质量验收记录（模板、钢筋、混凝土、砌体）、分项评定表（模板、钢筋、混凝土、砌体）、主体分部评定表、隐蔽验收记录、施工材料预制构件质量证明文件及复试试验报告〔(1)砂、石、砖、水泥、钢筋、防水材料、隔热保温、防腐材料、轻骨料试验汇总表；(2)砂、石、砖、水泥、钢筋、防水材料、隔热保温、防腐材料、轻骨料出厂证明文件；(3)砂、石、砖、水泥、钢筋、防水材料、轻骨料、焊条、沥青复试试验报告；(4)预制构件(钢、混凝土)出厂合格证、试验记录〕、施工记录〔砂浆配合比通知单、混凝土抗压强度试验报告、混凝土抗渗试验报告、商品混凝土出厂合格证、复试报告、钢筋接头(焊接)试验报告、防水工程试水检查记录、砂浆、混凝土、钢筋连接、旁站记录、混凝土抗渗试验报告汇总表〕、结构实体检测报告、主体验收汇报、验收评估报告。

四、屋面工程

1. 屋面原材料进厂：防水原材料、保温材料、屋面瓦、水泥、砂、石子、砖等出厂证明文件或检测报告以及进场验收登记，工程材料/构配件/设备报审表及其附件（同意进场）。

2. 屋面原材料检验：防水原材料、保温材料、屋面瓦、配合比设计（找平层、保护层）、检测合格证明、工程材料/构配件/设备报审表及其附件；见证取样登记表。

3. 屋面找平层施工：检验批、隐蔽记录；监理工作联系单、监理通知、旁站记录。

4. 屋面基层处理(冷底子油)：原材料、检查验收记录；监理工作联系单、监理通知。

5. 屋面防水层施工：检验批、隐蔽记录；监理工作联系单、监理通知、旁站记录。

6. 屋面保温层施工：检验批、隐蔽记录；监理工作联系单、监理通知。

7. 屋面保护层施工：检验批、隐蔽记录；监理工作联系单、监理通知。

8. 细部处理：检验批、隐蔽记录；监理工作联系单、监理通知、旁站记录。

9. 屋面密封材料嵌缝：原材料、检验批；监理工作联系单、监理通知、旁站记录。

10. 屋面、卫生间/厨房蓄水试验：架空、蓄水、种植屋面工程检验批质量验收记录表；试验报告；监理工作联系单、监理通知、旁站记录。

11. 屋面分部验收：检验批质量验收记录(找平层、防水层、隔热层、保护层、细部构造、密封材料嵌缝)、分项评定表(找平层、防水层、隔热层、保护层、细部构造、密封材料嵌缝)、分部评定表、隐蔽验收记录、施工材料预制构件质量证明文件及复试试验报告〔(1)砂、石、砖、水泥、钢筋、防水材料、隔热保温、防腐材料、轻骨料试验汇总表；(2)砂、石、砖、水泥、钢筋、防水材料、砖、水泥、钢筋、防水材料、轻骨料、焊条、沥青复试试验报告；(3)预制构件(钢、混凝土)出厂合格证、试验记录〕、施工记录(砂浆配合比通知单、混凝土抗压强度试验报告、混凝土抗渗试验报告、旁站记录、商品混凝土出厂合格证、复试报告)；屋面分部报告。

五、装饰装修工程

1. 装饰装修工程原材料进厂：门、窗、涂料、面砖、油漆、钢丝网、石棉网、发泡剂、锚固板、水泥、砂、石子、砖等出厂证明文件或检测报告以及进场验收登记，工程材料/构配件/设备报审表及其附件。

2. 装饰装修工程原材料检验：门(三性试验)、窗(三性试验)、玻璃、面砖、水泥、砂、石子、检测合格证明、工程材料/构配件/设备报审表及其附件；见证取样登记表。

3. 钢丝网/石棉网安装：原材料合格证明文件、隐蔽验收记录；监理工作联系单、监理通知。

4. 内外墙一般抹灰：砂、水泥(凝结时间)等原材料质量证明文件及试验报告、施工记录、原材料进场登记记录；检验批(一般抹灰工程检验批质量验收记录、一般抹灰工程检验批质量验收记录)；见证取样登记、监理工作联系单、监理通知。

5. 外墙面砖粘贴施工：施工记录、面砖粘结试验报告、检验批(饰面砖粘贴工程检验批质量验收记录)；监理工作联系单、监理通知。

6. 内墙、顶棚涂料粉刷施工：施工记录、检验批(水性涂料涂饰工程检验批质量验收记录)；监理工作联系单、监理通知。

7. 门、窗标高引测：测量放线；监理工作联系单、监理通知。

8. 门窗框安装：发泡剂、锚固板的隐蔽验收、塑料门窗安装检验批质量验收记录、隐蔽记录；监理工作联系单、监理通知。

9. 门窗扇、玻璃安装：玻璃及其附件的合格证明文件、检验批（塑料门窗安装检验批质量验收记录、门窗玻璃安装工程检验批质量验收记录）；监理工作联系单、监理通知。

10. 建筑地面找平层施工：找平层检验批质量验收记录、隐蔽记录；监理工作联系单、监理通知。

11. 建筑地面水泥砂浆面层施工：水泥砂浆面层检验批质量验收记录；监理工作联系单、监理通知。

12. 护栏及扶手安装：检验批（护栏和扶手制作与安装工程检验批质量验收记录）；监理工作联系单、监理通知。

13. 溶剂型涂料涂饰施工：审批原材料及其附件原材料合格证明文件、试验报告；检验批（溶剂型涂料涂饰工程检验批质量验收记录）；监理工作联系单、监理通知。

14. 各项试验报告收集：混凝土、砂浆、门、窗、砂浆配比试验报告整理收集。

15. 装饰装修分部验收：检验批质量验收记录（内外墙一般抹灰、外墙面砖粘贴、内墙、顶棚涂料粉刷、门窗框安装、门窗扇、玻璃安装、建筑地面找平层、水泥砂浆面层、护栏及扶手安装、溶剂型涂料涂饰）、分项评定表、分部评定表、隐蔽验收记录、施工材料预制构件质量证明文件及复试试验报告 [(1)砂、石、砖、水泥、轻集料试验汇总表；(2)砂、石、水泥、门、窗复试试验报告；(3)预制构件出厂合格证、试验记录)、施工记录；装饰装修分部评估报告]。

六、竣工验收阶段

1. 竣工预验收：单位工程质量控制资料核查记录 G.0.1-2、单位工程安全和功能检验资料核查及主要功能抽查记录 G.0.1-3；监理工作联系单、监理通知。

2. 申请竣工验收：竣工申请报告、甩项报告。

3. 竣工验收：单位工程（子单位）验收质量记录 G.0.1-1、单位工程观感质量检查记录 G.0.1-4、竣工验收证明书、竣工验收报告、竣工验收总结、工程质量保修书；竣工验收评估报告。

项目 1

土建工程资料管理

能力目标：能收集、整理工程实施依据资料和原材料、半成品、成品证明资料；会填写施工记录资料，施工验收资料，安全与功能检测资料；会识读施工试验报告和安全与功能检验报告，并能熟练运用。

工程实施依据资料

1.1 概述

工程实施依据资料，贯穿于施工全过程。一方面包括工程开工之前的各种资料；另一方面也包括工程实施过程中，各工序开展前的实施依据资料。主要包括：

(1) 施工合同；
(2) 地质勘察报告；
(3) 施工组织设计，专项施工方案；
(4) 施工现场质量管理检查记录；
(5) 经图纸审核批准的施工图，图纸会审纪要，设计变更、洽商记录；
(6) 技术交底记录等。

1.2 施工承包合同文件

施工承包合同的主要内容：
(1) 工程概况、工程名称、地点、内容、承包范围、工程价款、质量等级及开竣工日期；
(2) 双方权利、义务和一般责任；
(3) 施工组织设计编制要求和工期调整的处置办法；
(4) 工程质量要求，检验与验收方法；
(5) 合同价款调整与付款方式；
(6) 材料、设备供应方式与质量标准；
(7) 设计变更；
(8) 竣工条件与结算方式；
(9) 违约责任与处置方法；
(10) 争议解决方式；
(11) 安全生产、防护措施和其他问题。

1.3 工程地质勘察报告

工程地质勘察报告是进行规划、设计、施工必不可少的基本依据。工程地质勘察报告一般应包括以下内容：

(1) 概述；

(2) 场地描述及其地下水情况；

(3) 地层分布；

(4) 工程地质条件评述。同时，应附以下图表：

1) 钻孔平面布置图；

2) 地质岩性剖面图；

3) 地质柱状图；

4) 地质柱状及其静探曲线；

5) 土壤试验结果汇总表；

6) 土壤压缩曲线图；

7) 土壤剪力试验结果。

竣工资料中工程地质勘察报告应为原件。

1.4　施工组织设计

　　根据工程的性质、规模、结构特点、技术复杂程度及施工条件等的不同，施工组织设计的内容各不相同。但无论是群体还是单个的工程，是总设计还是单位工程设计，其内容都应具有指导性及控制性。

　　施工组织设计包括8项内容：编制依据、工程概况、施工部署、施工准备、主要项目施工方法、主要施工管理措施、技术经济指标、施工平面图等。

　　单位工程的施工组织设计，一般由项目技术负责人编制，企业技术负责人(或总工)审核盖章，再报送建设、监理部门审批。

1.5　施工现场质量管理检查记录

1.5.1　施工现场质量管理检查记录表

　　施工现场质量管理检查记录表(A.0.1)是用来检查施工现场质量管理体系是否健全的。

　　施工现场质量管理体系是施工质量行为的基础平台，也是施工质量检查验收标准得以有效、准确实施的前提。只有施工现场的质量控制体系建立比较完善，并能够有效运行，至少能满足现场质量管理要求和施工质量验收标准要求，制订的质量控制措施才具有效果，施工质量的随机性、离散性大大降低，质量的抽样检测结果才更具有代表性。

1.5.2 施工现场质量管理检查记录表填写

1. 表头部分填写

由施工单位的现场负责人填写,填写参与工程建设各方责任主体的概况。不需要具体人员的签名,只是明确各相关负责人。

(1) 工程名称:填写工程名称的全称,应与合同或招标文件中的工程名称一致,或者与施工图纸上的工程名称一致。尤其注意个别工程名称几经变化的填写。

(2) 施工许可证:当地建设行政主管部门批准发给的施工许可证(开工证)的编号。

(3) 建设单位:填合同文件中的甲方(全称),应与合同签章上的单位名称相同。其负责人应填合同书上的签字人或者签字人以书面形式委托的代表(即工程的项目负责人);工程完工后竣工验收备案表中的单位项目负责人也应与此一致。

(4) 设计单位:单位名称填设计合同中签章单位的名称(填全称),应与合同签章上的单位名称相同。其负责人应是设计合同书上的签字人或者签字人以书面形式委托的代表(即项目负责人);工程完工后竣工验收备案表中的单位项目负责人也应与此一致。

(5) 监理单位:单位名称与合同或协议书中的名称应一致。总监理工程师应是合同或协议书中明确的项目监理负责人,也可以是监理单位以文件形式明确的该项目监理单位负责人。其必须有监理工程师的资格证书,专业对口。

(6) 施工单位:单位名称填施工合同中签章单位的名称(全称),应与合同签章上的单位名称相同。项目经理、项目技术负责人应与合同明确的项目经理、项目技术负责人一致,其中项目经理需要注册建造师资格证书,对项目技术负责人不作具体要求。

2. 检查项目部分

填写各项检查项目文件的名称或编号,并将文件(复印件或原件)附在表的后面供检查,检查后应将文件归还。

(1) 现场质量管理制度:主要是图纸会审、设计交底、技术交底、施工组织设计编制审批程序、工序交接、质量检查评定制度,质量好的奖励及达不到质量要求的处罚办法,以及质量例会制度及质量问题处理制度等。

(2) 质量责任制:质量负责人的分工,各项质量责任的落实规定,定期检查及有关人员奖罚制度等。

(3) 主要专业工种操作上岗证书栏:测量工、起重、塔吊垂直运输司机、钢筋、混凝土、机械、焊接、瓦工、防水工等建筑结构工种。电工、管道等安装工种的上岗证,以当地建设行政主管部门的规定为准。

(4) 分包方资质与对分包单位管理制度:专业承包单位的资质应在其承包业务的范围内承建工程,超出范围的应办理特许证书,否则不能承包。在有分包情况下,总承包单位应有管理分包单位的制度,主要是质量、技术的管理制度等。

(5) 施工图审查情况:重点是建设行政主管部门出具的施工图审查批准书及审查机构出具

的审查报告。若图纸是分批交出的，施工图审查可分段进行。

(6) 地质勘察资料栏：有勘察资质的单位出具的正式地质勘察报告，地下部分施工方案制定时和施工组织设计总平面图编制时可作参考。

(7) 施工组织设计、施工方案及审批：检查编写内容、有针对性的具体措施，编制程序、内容，有编制单位、审核单位、批准单位，并有贯彻执行的措施。

(8) 施工技术标准栏：是操作的依据和保证工程质量的基础，承建企业应编制不低于国家质量验收规范的操作规程等企业标准。要有批准程序，由企业的总工程师、技术委员会负责人审查批准，有批准日期、执行日期、企业标准编号及标准名称。企业应建立技术标准档案。施工现场应有的施工技术标准都有。可作为培训工人、技术交底和施工操作的主要依据，也是质量检查评定的标准。

(9) 工程质量检验制度栏：包括三方面的检验，一是原材料、设备进场检验制度；二是施工过程的试验报告；三是竣工后的抽查检测，应专门制订抽测项目、抽测时间、抽测单位等计划，使监理、建设单位等都做到心中有数。可以单独搞一个计划，也可在施工组织设计中作为一项内容。

(10) 搅拌站及计量设置栏：主要是说明设置在工地搅拌站的计量设施的精确度、管理制度等内容。预拌混凝土或安装专业没有这项内容。

(11) 现场材料、设备存放与管理栏：这是为保持材料、设备质量必须有的措施。要根据材料、设备性能制订管理制度，建立相应的库房等。

3. 填写说明

(1) 直接将有关资料的名称写上，资料较多时，也可将有关资料进行编号，将编号填写上，注明份数。

(2) 填表时间在开工之前，监理单位的总监理工程师（建设单位项目负责人）应对施工现场进行检查，这是保证开工后施工顺利和保证工程质量的基础，目的是做好施工前的准备。

(3) 由施工单位负责人填写，填写之后，并将有关文件的原件或复印件附在后边，请总监理工程师（建设单位项目负责人）验收核查，验收核查后，返还施工单位，并签字认可。

(4) 通常情况下一个工程的一个标段或一个单位工程只查一次，如分段施工、人员更换，或管理工作不到位时，可再次检查。

(5) 如总监理工程师或建设单位项目负责人检查验收不合格，施工单位必须限期改正，否则不许开工。

施工现场质量管理检查记录表　　　　　　　　　　表 1-1

开工日期：2006 年 12 月 1 日

工程名称	便民服务大楼	施工许可证(开工证)		×市施×××
建设单位	普陀区六横镇人民政府	项目负责人		×××
设计单位	浙江建院建筑设计院	项目负责人		×××
监理单位	××监理公司	总监理工程师		×××
施工单位	××建设公司	项目经理	×××	项目技术负责人 ×××

序号	项目	内容
1	现场质量管理制度	质量例会制、三检及交接检制、质量奖惩制
2	质量责任制	岗位责任制、设计交底会制、技术交底制
3	主要专业工种操作上岗证书	电工、测量工、钢筋工、起重工、电焊工、架子工等专业工种上岗证
4	分包方资质与对分包单位的管理制度	—
5	施工图审查情况	审查报告及审查批准书
6	地质勘察资料	地质勘察报告
7	施工组织设计、施工方案及审批	施工组织设计编制、审核、批准齐全
8	施工技术标准	有模板、钢筋、混凝土浇筑等 20 多种
9	工程质量检验制度	有原材料及施工检验制度、抽测项目检验计划
10	搅拌站及计量设置	有管理制度和计量设施精确度及控制措施
11	现场材料、设备存放与管理	钢材、砂、石、水泥及玻璃、地面砖管理办法
12		

检查结论：

现场质量管理制度基本完整。

总监理工程师：×××

(建设单位项目负责人)　　2006 年 11 月 20 日

1.6　图纸会审、设计变更、洽商记录

1.6.1　图纸会审

　　图纸会审是指施工单位、监理单位以及建设单位等相关单位，在收到审查合格的施工图后，根据各自工作内容的特点、要求和出发点，进行的全面细致地熟悉和施工图纸的审查，并由设计单位结合各方意见，对施工图进行必要地修正。

图纸会审一方面是使施工单位和各参建单位熟悉设计图纸，了解工程特点和设计意图，找出需要解决的技术难题，并制定解决方案；另一方面是为了解决图纸中存在的问题，减少图纸的差错，将图纸中的质量隐患消灭在萌芽之中；同时设计单位通常在图纸会审时对各参建单位进行设计交底。

1. 图纸会审程序

下列人员必须参加图纸会审：

(1) 建设方：现场负责人员及其他技术人员；

(2) 设计方：设计院总工程师、项目负责人及各个专业设计负责人；

(3) 监理方：项目总监及各个专业监理工程师；

(4) 施工方：项目经理、项目副经理、项目总工程师及各个专业技术负责人；

(5) 其他相关单位：技术负责人。

首先设计单位对到会的单位和人员进行图纸设计的意图、各工种图纸的特点及有关事项的交底。通过交底，使与会者了解有关设计的依据、功能、过程和目的，对会审图纸提供一个良好的基础和信息。设计单位交底后，各单位按相关工种在一起分别进行分组会审，由施工单位为主提出问题，相关人员进行补充，设计单位进行答疑，建设单位、监理和政府有关部门发表意见，对图纸存在的问题逐一进行会审。图纸会审后，由施工单位对会审中的问题进行归纳整理，建设、设计、施工及其他与会单位会签，形成正式会审纪要，作为施工文件组成部分。

2. 图纸会审纪要的编写

图纸会审纪要应包括以下内容：

(1) 会议时间与地点；

(2) 参加会议的单位和人员；

(3) 建设单位、施工单位和有关单位对设计上提出的要求及需修改的内容；

(4) 为便于施工，施工单位要求修改的施工图纸，其商讨结果与解决办法；

(5) 会审中尚未解决或需进一步商讨的问题；

(6) 其他需要在纪要中说明的问题等。

1.6.2 设计变更

设计变更是工程变更的一部分内容。设计变更是指设计部门对原施工图纸和设计文件中所表达的设计标准状态的改变和修改。设计变更包含由于设计工作本身的漏项、错误或其他原因而修改、补充原设计的技术资料。

设计单位对发生变更的图纸应及时下达设计变更通知单，涉及图纸修改的必须注明修改图纸的图号，必要时附施工图。

设计变更通知单由建设(监理)单位和施工单位的有关负责人及设计专业的负责人签字后方可生效，其效力等同于施工图。

1.6.3 工程洽商记录

洽商记录是建筑工程施工过程中一种协调业主和施工方、施工方和设计方的记录。洽商记录分为技术洽商和经济洽商两种，一般由施工方提出，是工程施工、验收及其改扩建和维修的基本而且重要的资料，也是竣工图的依据。

技术洽商是对原设计图纸与施工过程中发生矛盾的变更，或者说在满足原设计要求的前提下，为方便施工对原设计作的变更。技术洽商的内容必须明确具体，对于原设计变更处，应标明详细图纸的编号、轴线和修改内容。技术洽商一旦被建设单位、施工单位、设计单位和监理单位签字认可便作为工程施工结算的依据，保存在施工资料中。经济洽商是施工单位与建设单位在工程建设过程中纯粹的经济协商条款。

施工中应"先洽后干"，不允许先施工后洽商。工程洽商记录若文字条款不能表达清楚时应附图，并逐条注明修改图纸的编号，各方单位签字要齐全。分包单位的有关设计变更的洽商记录，应通过工程总承包单位许可后办理。

图 纸 会 审 纪 要　　　　　　　　　表 1-2

工程名称		便民服务大楼
时　间		2006 年 11 月 15 日
地　点		××大厦三楼会议厅
参加人员	建设单位	×××，×××，×××，……
	设计单位	×××，×××，×××，……
	施工单位	×××，×××，×××，……
	监理单位	×××，×××，×××，……
会审内容		

1. 建施-03：地下室防水卷材为一层 400g/m² 高分子聚乙烯防水卷材；
2. 结施-10：人防结构混凝土强度等级为 C35，抗渗等级为 P8；
3. 结施-12：基础底板浇筑时，地下室外墙施工缝留在基础梁上方；

　　　　　　　　　　……

	建设单位	设计单位	施工单位	监理单位
签字栏	签字 盖章 ×年×月×日	签字 盖章 ×年×月×日	签字 盖章 ×年×月×日	签字 盖章 ×年×月×日

设计变更通知单   表 1-3

工程名称	便民服务大楼	变更理由	甲方要求
设计单位	浙江建院建筑设计院	日　　期	×年×月×日

1. 结施-09：详图 7-7 中 $\phi 8@450$ 变更为 $\phi 10@150$；
2. 结施-14：KL2(1)300×650 变更为 300×700。

签字栏	建设单位 签字 盖章 ×年×月×日	设计单位 签字 盖章 ×年×月×日	施工单位 签字 盖章 ×年×月×日	监理单位 签字 盖章 ×年×月×日

工程洽商记录

表1-4

工程名称	便民服务大楼	专业名称	结 构
提出单位	××建设公司	日 期	×年×月×日

序号	图号	洽商内容
1		为配合施工降水，现需要人工开挖排水沟，局部有两个沉淀池。如图：

排水沟断面（长度132m）：上口600，下口500，深600

沉淀池断面（长度132m）：上口7500，下口6000，深2000

签字栏	建设单位 签字 盖章 ×年×月×日	设计单位 签字 盖章 ×年×月×日	施工单位 签字 盖章 ×年×月×日	监理单位 签字 盖章 ×年×月×日

1.7　技术交底记录

技术交底是施工企业进行技术、质量管理的一项重要环节，是把设计要求、施工措施贯彻到基层的有效方法。技术交底应根据工程性质、类别和技术复杂程度分级进行。重点工程、大型工程、技术复杂的工程，应由企业技术负责人组织有关科室、工区和有关施工单位交底；工程技术负责人负责向施工队一级进行技术交底；施工队技术队长负责向工长、班组长交底；工长负责向班组长进行分部、分项技术交底；一般工程可由项目技术负责人向班组长进行技术交底。交底时应注意关键项目、重点部位、重要工序、新技术或新材料应用、工程变更等方面。

技术交底的主要内容为：

(1) 图纸交底；

(2) 施工组织设计交底；

(3) 设计变更和工程洽商交底；

(4) 分项工程技术交底。

技术交底应在该部位施工5日前进行，并做好交底记录，参加交接人员（交底人一般为项目技术负责人，接受人一般为专业施工班组长）必须本人签字，交接日期不得滞后。技术交底记录签字齐全为有效。施工中应认真检查交底内容的落实工作，确保工程质量。

1.8　知识和能力拓展

熟悉各施工依据资料，掌握其整理、填写要点。

1.9　思考题

(1) 试论述施工现场质量检查记录的主要作用。

(2) 试论述工程洽商记录与设计变更记录的区别。举例说明。

1.10　模拟实训题

结合便民服务大楼工程背景，整理工程施工依据资料，列出依据资料目录清单。

单元 2
原材料、半成品、成品质量证明文件

2.1 概述

对于进场的原材料、半成品及成品，《建筑工程施工质量验收统一标准》(GB 50300—2001) 3.0.2条规定：建筑工程采用的主要材料、半成品、成品、建筑构配件、器具和设备应进行进场验收。凡涉及安全、功能的有关产品，应按各专业工程质量验收规范规定进行复验，并应经监理工程师(建设单位技术负责人)检查认可。

为了加强对建筑工程的施工质量进行控制、强化验收，施工单位对于进场的原材料、半成品及成品从进场开始，就应该按照检验批进行验收，以对其质量进行确认。执行中主要有三种形式：检查产品的生产许可证、出厂合格证及进行现场抽检。一般材料应根据订货合同和产品的出厂合格证进行现场验收。即进货的同时，核对由供货方提供的质量证明文件，包括厂家提供的产品生产许可证及出厂合格证。未经检验或检验达不到规定要求的应该拒收。对涉及安全和功能的有关产品，如：钢筋、水泥、防水材料等，由于其特殊的重要性，除检查产品合格证明文件以外，还应进行现场抽样复验。

本单元从"结构材料"、"防水材料"、"装饰材料"、"节能保温材料"来进行训练。

2.2 结构材料

2.2.1 钢筋

1. 基本规定

依据《混凝土结构工程施工质量验收规范》(GB 50204—2002)5.2.1条规定，钢筋进场时，应有出厂质量证明书或厂方试验报告单；施工单位在使用前应按规定抽取试件做力学性能试验；并以实验室出具的试验报告作为质量证明文件。

2. 质量证明文件内容

钢筋生产厂家必须取得生产许可证才具有生产该产品的资格。每批交货的钢筋应有出厂质量证明书。钢筋产品质量证明书由钢筋生产厂质量检验部门提供，内容包括：钢号、规格、数量、机械性能(屈服点、抗拉强度、延伸率、冷弯)、化学成分的数据及结论、出厂日期、检验部门印章、合格证的编号。合格证应填写齐全，数据真实，符合标准要求。

施工单位在使用之前应见证取样，抽取试件做力学性能试验。试验报告的内容包括：委托单位、工程名称、使用部位、钢号、规格、代表数量、来样日期、试验日期、机械性能试验及化学成分的数据、结论。要求各试验项目填写齐全，试验数据达到规范规定的标准值，各规格的钢筋均应做复试，有见证取样证明，必须先试验后使用。

2.2.2 型钢

1. 基本规定

依据《钢结构工程施工质量验收规范》(GB 50205—2001)4.2.1条规定：钢材必须有质量证明书，并应符合现行国家产品标准和设计要求。对于国外进口钢材、钢材混批、板厚等于或大于40mm，且设计有z向性能要求的厚板、建筑结构安全等级为一级，大跨度钢结构中主要受力构件所采用的钢材、设计有复验要求的钢材以及对质量有疑义的钢材必须进行抽样复验。

2. 质量证明文件内容

钢材质量证明书的内容包括：钢号、规格、数量、机械性能(屈服点、抗拉强度、延伸率、冷弯)、化学成分的数据及结论、出厂日期、检验部门印章、合格证的编号。合格证要填写齐全，数据真实，符合标准要求。

施工单位在使用之前应见证取样，抽样进行力学性能试验。试验报告的内容包括：委托单位、工程名称、使用部位、钢号、规格、代表数量、来样日期、试验日期、机械性能试验及化学成分的数据、结论。各复试项目应齐全，试验结果必须达到规范规定的标准值。复试钢材的品种规格应与产品合格证和设计图纸相对应。试验室签字盖章要求齐全。

2.2.3 水泥

1. 基本规定

依据《混凝土结构工程施工质量验收规范》(GB 50204—2002)7.2.1条规定，水泥进场时应对其品种、级别、包装或散装仓号、出厂日期等进行检查，检查其产品合格证及出厂检验报告；施工单位在使用前应对其强度、安定性及其他必要的性能指标进行取样复验，并以实验室出具的试验报告作为质量证明文件。

2. 质量证明文件内容

水泥的生产厂应具有产品生产许可证。水泥出厂合格证应包括以下主要内容：厂别、品种、强度等级、出厂日期、抗压强度、抗折强度、安定性、凝结时间和试验编号。要求各个项目填写完整，并由使用单位注明其代表数量。

施工单位在使用前，应对水泥的强度等性能做见证取样复验，其各项性能指标必须达到规范标准要求，并且要求复试批量与实际用量相符。

2.2.4 砖及砌块

1. 基本规定

依据《砌体工程施工质量验收规范》(GB 50203—2002)3.0.1条规定，砌体工程所用的砖及砌块应有产品合格证、产品性能检测报告。施工单位尚应有材料主要性能的进场复验报告，严禁使用国家明令淘汰的材料。

2. 质量证明文件内容

砖的质量证明书内容包括：品种、强度等级、批量及抗压强度平均值、抗压强度标准值、试验日期，并有厂家检验部门印章，项目应齐全，数据真实，结论正确，符合标准要求。

砌块出厂时，必须提供产品质量合格证。内容包括：厂名、品种、批量编号、证书编号、发证日期和强度等级等，并由检验单位签字盖章。

施工单位对进场的砖及砌块进行主要性能复试，试验报告单的试验项目应齐全，试验数据必须达到规范规定的标准值，试验批量与工程总量相符，试验室签字盖章要求齐全。

2.2.5 预拌混凝土

1. 基本规定

预拌混凝土的生产和使用应符合《预拌混凝土》（GB/T 14902—2003）的规定，预拌混凝土搅拌单位应于32d内向施工单位提供预拌混凝土出厂合格证。

2. 质量证明文件内容

预拌混凝土出厂合格证包括以下内容：订货单位、合格证编号、工程名称与浇筑部位、混凝土强度等级、抗渗等级、供应数量、供应日期、原材料品种与规格和试验编号、配合比编号、混凝土28d抗压强度值、抗渗等级性能试验、抗压强度统计结果及结论。技术负责人签字、填表人签字、供货单位盖章。

2.2.6 混凝土预制构件

1. 基本规定

依据《混凝土结构工程施工质量验收规范》（GB 50204—2002）9.4.1条规定，进入现场的预制构件，应具有由预制厂提供的预制构件出厂合格证，其外观质量、尺寸偏差及结构性能应符合标准图或设计的要求。

现场生产混凝土预制构件必须申报生产许可手续，并具备完整的材质证明和有关的施工记录、试验报告。

2. 质量证明文件内容

混凝土预制构件出厂合格证应由构件生产厂家质检部门提供，包括以下内容：构件名称、合格证编号、构件型号及规格、供应数量、制造厂名称、企业资质等级证书编号、标准图号及设计图纸号、混凝土设计强度等级及浇筑日期、构件出厂日期、构件性能检验评定结果及结论、技术负责人签字、填表人签字、单位盖章。生产厂家应具有相应资质，合格证中构件品种、型号规格、批量应齐全，并与设计图纸上提供的数据一致。

2.2.7 钢构件

1. 基本规定

钢构件出厂时，其质量必须符合《钢结构工程施工质量验收规范》（GB 50205—2001）的规定,并应向施工单位提供钢构件出厂合格证以及所用材质的质量证明书,包括钢材、焊条、焊剂、连接紧固件、涂料。

2. 质量证明文件内容

钢构件出厂合格证应包括以下主要内容:工程名称、委托单位、合格证编号、钢材材质报告及复试报告编号、焊条或焊丝型号、供货总量、加工及出厂日期、构件名称及编号、构件数量、防腐状况及使用部位、技术负责人签字、填表人签字、单位盖章。合格证应填写齐全,数据真实,结论正确且符合标准要求。

2.3 防水材料

2.3.1 防水卷材

1. 基本规定

防水材料应检查其出厂合格证、质量检验报告;在施工前应现场见证取样,抽样进行复验;并以实验室出具的试验报告作为质量证明文件。

2. 质量证明文件内容

防水卷材的产品合格证及质量检验报告的主要内容包括:品种规格、各项试验指标(强度、伸长率、柔韧性、不透水性等)、合格证编号、出厂日期、质检部门印章等,要求各项试验指标达到规范要求。

材料复试报告中各试验项目应齐全,各项防水技术性能指标应符合检验标准的规定,必须先试验后使用,材料复试批量应能代表实际工程用量,并有见证取样证明。

2.3.2 防水涂料

1. 基本规定

防水涂料包括水溶性涂料和溶剂型涂料,使用前应提供出厂合格证、质量检验报告,施工单位应进行现场见证取样,抽样进行复验并提供复验报告。

2. 质量证明文件内容

产品合格证及质量检验报告的主要内容包括:品种规格、各项试验指标(延伸性、拉伸强度、断裂伸长率、连接性、耐热度、不透水性、柔韧性、固体含量等)、合格证编号、出厂日期、质检部门印章等,要求各项试验指标达到规范要求。

材料复试报告要求各试验项目填写齐全,各项防水技术性能指标达到检验标准的规定,材料必须先试验后使用,复试的批量应能代表实际工程用量,有见证取样证明。

2.4 装饰材料

2.4.1 门窗

1. 基本规定

钢门窗、铝合金门窗、塑钢门窗应有出厂合格证、生产许可证及性能检测报告。新建、扩建和改建的节能住宅的外窗应进行复试，即对进入现场的外窗的抗风压性、气密性和雨水渗透性进行抽样检测。

2. 质量证明文件内容

门窗生产厂家应具有相应的资质，提供相应门窗的生产许可证，其出厂合格证及性能检测报告中，各项检测指标应达到国家标准的要求。外窗进场复试由建设(监理)单位进行抽样并委托建委指定的法定检测单位进行试验，复试批量应能代表实际工程用量。

2.4.2 石材

1. 基本规定

建筑装饰装修工程所用石材，其品种、规格、颜色和性能应符合设计要求，主要检查产品合格证书、进场验收记录和性能检测报告。对室内花岗石的放射性、外墙陶瓷面砖的吸水率、寒冷地区外墙陶瓷面砖的抗冻性还需现场抽样复验。

2. 质量证明文件内容

产品合格证及性能检测报告内容应齐全，各项指标达到国家标准要求，加盖质检部门印章。

材料复试报告中各试验项目应齐全，且各项试验指标应达到检验标准的规定，必须先试验后使用，复试批量能代表实际工程用量，有见证取样证明。

2.4.3 玻璃幕墙

1. 基本规定

依据《建筑装饰装修工程质量验收规范》(GB 50210—2001)9.2.2条规定，玻璃幕墙工程所使用的各种材料、构件和组件的质量，应符合设计要求及国家现行产品标准和工程技术规范的规定。主要检查材料、构件、组件的产品合格证书、进场验收记录、性能检测报告和材料的复验报告。

2. 质量证明文件内容

产品合格证及性能检测报告主要检查其内容是否齐全，各项指标是否达到国家标准要求，有无质检部门印章。

材料复试报告主要检查试验项目是否齐全，各项试验指标是否符合检验标准的规定，必须先试验后使用，复试批量能否代表实际工程用量，有无见证取样证明。

2.4.4 胶粘剂

1. 基本规定

建筑装饰用胶粘剂除了满足使用要求外，还应考虑对室内空气的污染程度。主要检查产品合格证书、性能检测报告和进场验收记录。对于民用建筑工程室内用水性胶粘剂，应测定其总挥发性有机化合物(TVOC)和游离甲醛的含量。溶剂型胶粘剂应测定总挥发有机化合物(TVOC)和苯的含量。聚氨酯胶粘剂应测定游离甲苯二异氰酸酯(TDI)的含量，并不应大于

10g/kg。

2. 质量证明文件内容

产品合格证及性能检测报告中检验项目应完全，有害物质含量应低于相关的产品标准要求。检测报告由具有相关资质的检测单位出具，并加盖质检部门印章。

2.4.5 涂料

1. 基本规定

水性涂料涂饰工程、溶剂型涂料涂饰工程所选用涂料的品种、型号和性能应符合设计要求。对于民用建筑工程室内用水性涂料，应测定总挥发性有机化合物(TVOC)和游离甲醛的含量。溶剂型涂料应按规定的最大稀释比例混合后，测定总挥发有机化合物(TVOC)和苯的含量。聚氨酯漆测定固化剂中游离甲苯二异氰酸酯(TDI)的含量，并不应大于7g/kg。主要检查产品合格证书、性能检测报告和进场验收记录。

2. 质量证明文件内容

产品合格证及性能检测报告主要检查其内容是否齐全，各项指标是否达到国家标准要求，有无质检部门印章。

2.5 节能保温材料

2.5.1 保温材料

1. 基本规定

保温材料的堆积密度或表观密度、导热性能，以及板材的强度、吸水率，必须符合设计要求。主要检查其出厂合格证、质量检验报告，并现场抽样进行复验，提供复验报告。

2. 质量证明文件内容

屋面保温材料应有出厂合格证，质检报告中：厚度、密度及热工性能指标、吸水率等应符合设计要求。外墙保温材料出厂合格证应标明生产厂家以及各项物理力学性能指标，如面密度、含水率、当量热阻、抗冲击性能等。

材料复试报告中各项试验指标应齐全并符合检验标准的规定，必须先试验后使用，复试批量能代表实际工程用量，有见证取样证明。

2.6 案例

普陀区六横镇人民政府便民服务大楼钢筋原材料进场资料样本示例。

表 1-5

质量证明书
QUALITY CERTIFICATE
×××钢铁股份有限公司
TANG SHANIRDN AND STEEL IIMI TED COMPANY
产品名称：热轧带肋钢筋
CONMODITY

收货单位： PURCHASER															生产许可证号： PROCESSLIDEHSE NO 65221
规格： DIMEHSION ××206															总重量： TOTAL WEIGHT 50.600t
合同编号： CONTRACT NO															车号： 76564421 TRAIN NO
技术条件： TECKHICAL CONDITION GE 1499—1993															证明书号： 60002651 TRAIN NO CERTIFICATE NO

炉批号 HEATNO	牌号 GRADE	重量(t) WEIGHT	化学成分(%) CHE MICAL COMPOSITION						拉伸试验 TENSILE TEST			弯曲试验 BEND TEST		强屈比 YIELDRATID σ_b/σ_s	冲击试验	
			C	Mn	Si	S	P	V	σ_b	σ_s	δ_5	弯曲 BEND $d=3a$	反弯 REBEND 正45°反23° $d=4a$		℃	Aer J
		(t)	×100			×1000			MPa		%					
D2-7758	HRB335		21	143	50	13	27	0.45	545.550	380.375	23.26	完好				
D1-9918	HRB335		22	135	49	16	29	0.45	540.535	375.370	28.26	完好				
D3-8728	HRB335		19	140	57	17	25	0.42	520.535	360.360	25.24	完好				
D1-7795	HRB335		20	126	48	24	20	0.43	575.570	390.385	25.26	完好				
D3-5799	HRB335		20	127	49	18	20	0.45	546.550	365.370	24.25	完好				

定尺： _____ m _____ m _____ t

备注：Cr、Ni、Cu、N 含量保证
REM ARKS=CERTIFY FDR Cr、Ni、Cu、NCONTENTLEENGTH

交货状态： 热轧：
DELIIERYCONDITION HOT-RDLLED

地址： 电话：2586665 填表人： 发货日期：
进场日期：×年×月×日 电报挂号：4668 日期：
代表数量：26.125t
收料人：×××
使用部位：5层

复 验 报 告

表 1-6

钢材试验报告				编　　号	06-C5-04
				试验编号	2007-0658
				委托编号	2007-16527
工程名称	便民服务大楼			试件编号	85
委托单位	××建筑公司			试验委托人	×××
钢筋种类	热轧带肋	规格或牌号	HRB335	生产厂	×××
代表数量	26.12t	来样日期	×年×月×日	试验日期	×年×月×日
公称直径厚度	25mm			公称面积	7.06mm²

试验结果	力学性能试验结果					弯曲性能试验结果		
	屈服点（MPa）	抗拉强度（MPa）	伸长率（%）	σ_b实/σ_s实	δ_b实/δ_s标	弯心直径	角度(°)	结果
	380	580	30	1.53	1.13	75	180	合格
	375	570	31	1.52	1.12	75	180	合格
	化学分析					其他：		
	分析编号	化学成分(%)						
		C	Si	Mn	P	S	Ceq	

结论：
依据 GB 1499—1998 标准，符合 HRB335 要求。

批　准	×××	审核	×××	试验	×××
试验单位	×××试验中心				
报告日期	×年×月×日				

2.7 知识和能力拓展

查阅各施工质量验收规范，收集各原材料、半成品、成品进场时的质量证明文件。对需进行复试的材料，能够列举其复试项目，并能够运用各验收规范对其各项性能进行判断。

2.8 思考题

（1）是否所有工程材料进场时都需抽样进行复验？试举例说明。

（2）对钢筋进行抽样复验时，具体的检测项目有哪些？钢筋进场时，钢筋生产厂家应提供哪些质量证明文件？

2.9 模拟实训题

结合便民服务大楼的工程背景，收集、整理结构、防水、保温、门窗、抹灰、地面等原材料的施工试验记录资料。

单元 3

工程施工记录资料

3.1 概述

施工记录是施工质量控制资料重要组成部分,是保证质量控制资料完整的必要条件之一。施工记录是落实验收规范"过程控制"思想的具体实施,是各专业验收规范具体实施控制过程的结果。

各相关专业技术施工验收规范依据其所要求主控项目和一般项目的控制要求,对实施主控项目或一般项目的检查方法中要求进行检查施工记录的均应按照验收规范的要求对该项施工过程或成品质量进行检查,并填写施工记录。

换言之,施工记录也是各专业验收规范根据具体的施工过程的关键工序点所要求进行相应检查项目的结果记录,是"事中控制",同时更是"事后控制——质量验收"的重要依据。

就施工记录而言,并没有统一的形式标准,也没有具体的数量标准;但其本质的落脚点均统一于相关验收规范,可以根据验收规范的本质要求,制定形式各异的资料表格,来反映验收规范的基本原则,以确保验收资料中所要求的质量控制资料的完整性。

在具体的操作过程中,对一些特别重要的施工过程,逐渐形成了受到各方认可的一些表格。如:

(1) 工程测量、定位复核记录;
(2) 地基验槽记录;
(3) 工程试打桩记录;
(4) ××××桩施工记录 [具体细化为钻孔灌注桩、静压沉管灌注桩、振动沉管灌注桩、人工挖孔桩、静压(锤击)预应力管桩、静压扩头灌注桩等施工记录];
(5) 深层水泥搅拌桩施工记录;
(6) 装配式结构施工记录;
(7) 高强度螺栓连接施工记录;
(8) 隐蔽工程检查验收记录;
(9) 混凝土施工记录;
(10) 施工日志。

3.2 工程测量定位、放线记录

3.2.1 工程测量定位记录

1. 工程定位

建筑物定位，是把建筑物外廓各轴线交点，测设在地面上，然后依据其进行细部放样。建筑物四周外廓主要轴线的交点决定了建筑物的位置，称为定位点。

工程定位包括两个内容，一是平面位置定位，一是工程标高定位。工程平面位置定位的方法主要有：依据控制点定位、依据建筑方格网和建筑基线定位、依据与原有建筑物的关系定位；工程标高定位，可以采用绝对标高或者相对标高表示±0.000 进行定位。工程定位结束后，及时整理定位资料，形成工程定位记录。

2. 工程定位测量记录

工程定位测量记录的内容主要有：工程名称、建设单位、定位依据、工程平面位置定位和标高定位示意图、建设（或设计）单位复核意见、测量人员和复核人员签名、测量和复核日期等。

（1）建设单位：与合同文件中名称相一致。

（2）工程名称：与图纸标签栏内名称相一致，图纸编号填写施工蓝图编号。

（3）定位依据：经规划部门审批认可的总平面图或定位图或测绘单位的测绘成果图等，以及城市方格网和水准控制点坐标和高程参数。在填写时要写明点位编号，且与交桩资料中的点位编号一致。

特别需要注意的是，工程定位桩作为重要的工程定位依据应该进行复核，并且也是建设（设计）单位复核的主要内容。

（4）定位抄测示意图：根据该工程定位**轴线、标高、控制点**，与其他建筑物的距离，说明该楼位置、绝对标高并附图，标注准确。

示意图要标注指北针；建筑物轮廓要用**轴线示意**并标注尺寸；坐标、高程依据要标注引出位置，并标出它与建筑物的关系。若坐标高程依据按比例画出表格范围，可将其控制点用虚线相连，只标出相对位置即可；特殊情况下可不按比例只画示意图，但要标出主轴线尺寸。

（5）复核意见：填写的主要内容是对定位依据的复核意见。其他各坐标点坐标参数的复核，填写具体数值，不能只填"合格"或"不合格"。

3.2.2 技术复核记录

技术复核是施工单位在施工前或施工过程中，对工程的施工质量和管理人员的工作质量进行自行检查复核的一项工作。

1. 技术复核的内容

（1）建筑物龙门板的轴线尺寸和标高

其复核内容包括龙门板上的轴线尺寸是否与工程测量定位的轴线尺寸一致以及龙门板的标高是否与现场的水准点标高一致或存在一定的数值关系。

(2) 基础灰线

基础灰线即是基槽上口开挖线。其技术复核首先应复核龙门桩上的墙身中心线是否垂直引到地面上，或龙门板上算出的基槽宽的钉间距离是否正确，然后复核灰线的距离是否与基础宽度(或经放坡后的基槽宽度)一致。

(3) 桩基定位

桩基定位的技术复核，就是根据龙门桩的轴线或控制网的控制点，对所定桩位点进行复核。

(4) 模板的轴线、断面尺寸和标高

模板支设好后，应及时对模板的轴线、断面尺寸和标高进行技术复核，不符合要求的要进行纠偏或返工。

注意，不得以模板检验批的质量评定来代替技术复核。

(5) 钢筋混凝土预制构件安装的型号、位置、搁置长度和标高

主要复核各类构件的型号是否正确，是否按设计位置安放，构件搁置长度是否符合要求，构件安装后的标高是否正确。

(6) 砖砌体的轴线尺寸和皮数杆

砌完基础或者每一层楼后，应对砌体的轴线进行技术复核，偏差值应在基础顶面或楼层面进行纠正。

皮数杆的技术复核，一方面是检查皮数杆的数量能否保证墙的大角处、内外墙交接处、楼梯间及洞口多的地方均能设置；另一方面应对皮数杆上的竖向尺寸标志进行复核。

(7) 屋架、楼梯、钢结构的大样图

应预先画出大样图，并经相关人员对其进行技术复核，经复核无误后，方可支模或下料。

(8) 主要管道、沟的标高和坡度

对建筑物的管道、沟的标高和坡度进行技术复核，要依据其使用要求，按照设计，逐层、逐段进行测量。

(9) 设备基础的位置和标高

主要是依据设备的基础图，对设备基础的位置和标高进行复核。

2. 技术复核的要求

技术复核后，应立即填写复核记录和复核意见，相关人员均应签字；属于技术复核的项目而未经技术复核的，不得进行下一道工序施工；如在技术复核中发现有不符合要求之处，应立即纠正，并在纠正后进行复核，未经技术复核合格的，不得进行下一道工序施工。

3.2.3 填写示例

示例 1

工程测量定位记录

表 1-7

建设单位	普陀区六横镇人民政府	工程名称	便民服务大楼	定位依据	I262 桩 $x=3292015.694$, $y=501706.088$; $H=2.575$ II 263 桩 $x=321903.548$, $y=501480.103$

建(构)筑物总平面布置定位示意图：

```
        I262
      ○ x3292015.694
        y501706.088
        (H=2.575)
                              ○ x321903.548
                                 y501480.013

    ┌──┬──────────┬──┐  — E
    │F3│   F14    │F3│
    ├──┤          ├──┤
    │  │          │  │       3.80
    │  │   F15    │  │
    │  │  ▽3.30   │  │   — 7
    │  │3291885.2753│
    │  │501965.0668 │
    │  │          │  │       30.40
    │3291893.7187│ │
    │501935.8629 │ │
    ├──┤          ├──┤
    │F3│   F14    │F3│       3.80
    └──┴──────────┴──┘  — A
         24.50          2
   ↙N
```

建设(设计)单位复核意见：	
符合规划要求	
复核者：×××	
复核日期：×年×月×日	

测量者 ×××	测量日期 ×年×月×日

本记录一式 3 份，存档 2 份，建设单位 1 份。

示例2

表1-8

技 术 复 核 记 录

工程名称：便民服务大楼　　施工单位：××建设公司　　施工图纸编号：

复核项目	复核部位	单位	数量	自复记录	自复日期
龙门桩轴线、尺寸、标高	①～⑧/Ⓐ～Ⓔ	个	全数		×年×月×日

复核意见：经检查符合设计规范要求，满足施工需要。

　　　　　　符合设计规范要求，同意进入下道工序施工。

　　　　　　　　　　　　　　　　　　　　　　　　　　　年　月　日

专业监理工程师：×××　　　　　　　　　　　项目专业质量检查员：×××

（建设单位项目专业技术负责人）　　　　　　项目专业质量（技术）负责人：×××

　　　　　　　　　　　　　　　　　　　　　　　　　　　　×年×月×日

示例3：楼层平面放线内容包括轴线竖向投测控制线、各层墙柱轴线、墙柱边线、门窗洞口平面位置线等。

楼层平面放线记录　　　　　　　　　　　　　　　表1-9

工程名称	便民服务大楼	日　期	×年×月×日
放线部位	首层①～⑧/Ⓐ～Ⓔ	放线内容	平面位置线
放线依据	1. 高程BM2、BM3 2. 首层建筑平面图		

放线依据：

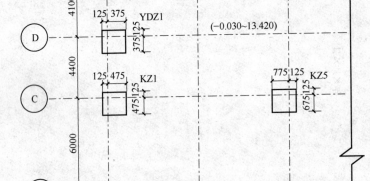

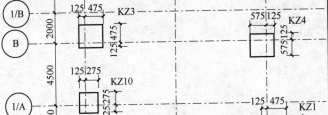

检查意见：符合要求，同意放样。			
签字	监理单位 ×××	施工单位 专业技术负责人：	施工单位 测量人：××× 质检员：×××

本表由施工单位保存。

3.3 地基验槽记录

《建筑地基基础设计规范》(GB 50007—2002)，3.0.3 条第 3 款：建筑物地基均应进行施工验槽，如地基条件与原勘探报告不符合时，应进行施工勘察。

《建筑地基基础工程施工质量验收规范》(GB 50202—2002)附录 A "地基与基础施工勘察要点" A.1.1 条：所有建(构)筑物均应进行施工验槽；A.2.6 条：基槽检验应填写验槽记录或检验报告。

地基验槽关系到地基承载力、建筑物下沉倾斜等一系列安全结构问题；地基验槽应由勘察、设计、建设、施工等单位共同进行验收，质监部门依法进行核验。

3.3.1 地基验槽的内容

依据《建筑地基基础工程施工质量验收规范》(GB 50202—2002)附录 A "地基与基础施工勘察要点" A.2.1 条：天然地基基础基槽开挖后，应检验下列内容：

(1) 核对基坑的位置、平面尺寸、坑底标高；
(2) 核对基坑土质和地下水情况；
(3) 空穴、古墓、古井、防空掩体及地下埋设物的位置、深度、性状。

因此，地基验槽需要依据设计文件，核对基坑的位置、平面尺寸、坑底标高等；依据地质勘察报告，核对基坑的持力层土质和地下水位情况，如果地基土与地质勘察报告不符，由设计单位、勘察单位、施工单位洽商地基处理方案，需进行地基处理者，应有地基处理记录及平面图，注明处理部位、深度及其方法，并经复验签证。同时检查基坑地面有无空穴、古墓、古井、防空掩体、地下埋设物及其他变异。验槽时应侧重在桩基、墙角、承重墙下或其他受力较大部位，并按槽壁土层分层情况及走向顺序观察。

有打钎要求者应有打钎记录及平面图，审查钎探报告，备注栏中应表明钎探异常情况。

3.3.2 地基验槽检查记录的填写

地基验槽记录须有设计、建设、施工单位三方签字。

(1) 工程名称：与施工图纸中图签一致。
(2) 验槽日期：按照实际检查日期填写。
(3) 验槽部位：按照实际检查部位填写，若分段则要按轴线标注清楚。
(4) 检查依据：施工图纸、设计变更、工程洽商及相关的施工质量验收规范、规程；本工程的施工组织设计、施工方案技术交底。
(5) 验槽内容：注明地质勘察报告，基槽标高、断面尺寸，必要时可附断面简图示意。

注明土质情况，附上钎探记录和钎探点平面布置图，在钎探点上标注软弱土、硬土情况；若采用桩基还应说明桩的类型、数量等，附上桩基施工记录、桩基检测报告。

(6) 检查意见：验槽的内容是否符合要求要描述清楚。然后给出检查结论；在检查中一次验收未通过的要注明质量问题，并提出具体地基处理意见。

(7) 对进行地基处理的基槽，还需再办理一次地基验槽记录，在内容栏，要将地基处理的编号写上，处理方法描述清楚。

(8) 本表由施工单位填报，其中检查意见、检查结论由勘察单位、监理单位填写。

3.3.3 地基验槽记录填写示例

地 基 验 槽 记 录　　　　　　　表 1-10

工程名称	便民服务大楼	建设单位	普陀区六横镇人民政府
勘察单位	浙江省××建筑勘察设计院	监理单位	××建筑监理有限公司
设计单位	浙江建院建筑设计院	施工单位	××建设公司
验槽部位			
施工执行标准名称及编号			
地基验槽内容及简图	（示意图：基槽剖面，边坡 1:0.5，深度 1500，标高 -5.600，φ500 管桩支护，φ500 水泥搅拌桩，宽度 45000）		
结论	已挖至老土层，地基土均匀、密实；地基承载力符合设计要求，未见异常；基槽尺寸符合要求；同意进行下一道工序		
验收结论	专业监理工程师(建设单位项目专业技术负责人)签名： ××× ×年×月×日	勘察单位代表 （签名）： ××× ×年×月×日	设计单位代表 （签名）： ××× ×年×月×日	施工单位 项目专业质量检查员 （签名）： ××× 项目专业技术负责人 （签名）： ××× ×年×月×日

3.4 隐蔽工程验收记录

《建筑工程施工质量验收统一标准》(GB 50300—2001)3.0.3条第5款：隐蔽工程在隐蔽前应由施工单位通知有关单位进行验收，并应形成验收文件。另外，在各专业验收规范中，分项工程、分部(子分部)工程质量验收时应提供"施工记录及隐蔽工程验收文件"。

3.4.1 隐蔽工程验收

1. 隐蔽工程验收

隐蔽工程，是指在施工过程中，上一道工序的工作成果，将被下一道工序的工作成果所覆盖，完工以后无法检查的那一部分工程。

隐蔽工程检查的内容非常广泛，凡是在施工过程中被下道工序所覆盖、隐蔽的部位或工艺，而且该部位、工艺对建筑工程的质量、安全、使用的影响又较大，都应该进行隐蔽工程检查。

隐蔽工程验收检查是保证工程质量的重要措施，因此必须认真做好隐蔽工程检查工作，隐蔽工程检查中如发现质量问题，应会同设计单位、建设单位、施工单位协商解决，并认真做好复验工作。隐蔽工程检查是在自检合格基础上由技术队长、施工员、质检员组织，由设计单位、监理单位(建设单位)代表参加的共同对隐蔽工程的检查，同时还应请勘察部门的有关人员参加。

2. 隐蔽工程验收内容

地基工程隐蔽工程的验收内容为：槽底打钎，槽底土质情况，地槽尺寸和槽底标高，槽底坟、井、坑和橡皮土等的处理情况，地下水的排除情况，排水暗沟、暗管的设置情况，土的更换情况，试桩和打桩记录等。

钢筋混凝土工程隐蔽工程验收的内容为：钢筋混凝土基础；结构中所配置的钢筋类别、规格、形状、数量、接头位置、钢筋代用及预埋件；装配式结构构件的接头；钢材焊接的焊条品种、焊缝接头形式、焊缝长度、宽度、高度及焊缝外观质量、沉降缝及伸缩缝等。

砌体工程隐蔽工程验收内容为：砌体基础及砌体中的配筋。

地面工程隐蔽工程验收的内容为：已完成的地面下的地基、各种防护层以及经过防腐处理的结构或配件。

保温、隔热工程隐蔽工程验收的内容为：将被覆盖的保温层和隔热层。

防水工程工程隐蔽工程验收的内容为：将被土、水、砌体或其他结构所覆盖的防水部位及管道、设备穿过防水层处。

建筑采暖卫生与煤气工程隐蔽工程验收的内容为：各种暗装、埋地和保温的管道、阀门、设备等。

建筑电气安装工程隐蔽工程验收内容：各种电气装置的接地及敷设在地下、墙内、混凝土内、顶棚内的照明、动力、弱电信号、高低压电缆和大(重)型灯具及吊扇的预埋件、吊钩、线

工程资料管理实务模拟

表 1-11

钢筋隐蔽工程检查验收记录

工程名称	便民服务大楼	分部(子分部)工程名称	混凝土结构	项目经理	×××
施工单位	×××建设公司	验收部位	二层柱三层梁板钢筋	施工图号	结施-24、结施-17
施工执行标准名称及编号	QB 2002—003 钢筋加工与安装施工工艺标准	分项工程名称/检验批编号	钢筋分项	联系单号或日期	
检查项目	检查记录		说明或简图		
纵向钢筋的品种规格、数量、位置等	符合要求				
钢筋的连接方式、接头位置、接头数量、接头面积百分率等	符合要求				
箍筋、横向钢筋的品种、规格、数量、间距等	符合要求				
预埋件的规格、数量、位置等	符合要求				
主筋锚固长度、节点构造等	符合要求				
钢筋代换情况					

检查验收意见	施工单位 项目专业质量检查员(签名): ××× 合格 项目专业技术负责人(签名): ××× 合格 ×年×月×日	专业监理工程师(签名):××× (建设单位项目专业技术负责人) 合格 ×年×月×日

路在经过建筑物的伸缩缝及沉降缝的补偿装置等。

通风与空调工程隐蔽工程验收内容：各种暗装和保温的管道、阀门、设备等。

电梯安装工程隐蔽工程验收的内容为：曳引机基础、导轨支架、承重梁、电气盘（柜）基础等。电气装置部分隐检内容与建筑电气安装工程相同。

3.4.2 隐蔽工程验收记录

隐蔽工程验收记录，是指参加隐蔽工程验收的有关人员，对被验工程同意验收而办理的记录，它是工程交工验收所必须的技术资料的重要内容之一。

隐蔽工程验收时，应详细填写被验收的分部分项工程名称，被验收部位的轴线、规格和数量。**如有必要，尚应画出简图或作说明。**

每次检查验收的隐蔽工程项目，如符合设计要求，参加检查验收人员应及时签字，并由主验单位（建设单位或设计单位）在检查意见栏内填上"符合设计要求"。检查意见栏内不得使用"基本符合"或"大部分符合"等不肯定用语，亦不能无检查意见。

如果在检查验收中，发现有不符合设计要求之处，应立即进行纠正，并在纠正后，再进行验收。对验收仍不合格者，不得进行下道工序的施工。

3.4.3 隐蔽工程验收记录示例

3.5 桩基施工记录

3.5.1 工程试打桩记录

《建筑地基与基础设计规范》（GB 50007—2002）8.5.5 条规定：单桩竖向承载力特征值应通过单桩竖向静载荷试验确定。在同一条件下的试桩数量，不宜少于总桩数的1%，且不应少于3根。

试桩时应具备的资料为：工程名称及设计、施工、建设单位名称；试桩区域内建筑场地的工程地质勘察报告；桩基础施工图；试桩施工记录；试桩桩顶处理前、后的标高。

试桩应选择具有代表性的桩。由建设、设计、监理、施工单位，依据地质勘察报告和设计要求，选定位置，试打一定根数的桩，并作出试打桩记录；由设计单位根据试打桩的情况，确定工程桩的控制标准，一般包括桩型、桩长、桩尖标高、贯入度、混凝土坍落度、充盈系数等。

3.5.2 桩施工记录

桩基施工记录包括各种预制桩、现制桩等的施工记录，如钢筋混凝土预制桩、板桩、钢管桩、钢筋混凝土灌注桩(泥浆护坡成孔、干作业成孔、套管成孔、爆扩成孔)等。

对预制桩基，要检查试桩记录和预制桩质量检验报告，每根预制桩都应有完整的贯入度记录、锤击数、桩位图及桩的编号、截面尺寸、长度、入土深度、桩位编号等；在沉桩过程中，还应对土体侧移和隆起、超孔隙水压力、桩身应力与变形、沉桩对相邻建筑物和设施的影响有无异常进行检测，并记录。

对灌注桩要检查：①成孔过程中有无缩颈和塌孔，成孔垂直度、沉渣或虚土、孔底扰动以及持力层是否符合设计要求；②检查钢筋规格和钢筋笼是否符合要求；③混凝土强度等级报告是否符合设计要求；④对桩进行竖向和水平承载力检测报告。

1. 钢筋混凝土预制桩施工记录

工程名称：填写单位工程的名称。

施工机械：按采用机械的型号填写。

自然地面标高和桩顶设计标高：一般按相对±0.000标高填写；例如自然地面标高为－0.500m，桩顶设计标高为－2.500m。

桩规格及类型：按实填写。例如PTC-A400(75)，0.40m×0.40m×11.5m。

接桩类型：有焊接接桩、法兰接桩和硫磺胶泥锚接桩等。

总锤击数：桩入土每米锤击次数与桩最后入土每10cm锤击数之和。

桩入土每米锤击数：按实分别填写，一般记录至最后3阵(以10击作为一阵)以前。

桩最后入土每10cm锤击次数：一般记录最后3阵每入土10cm的锤击次数。

平均落距：一般按最后3阵的实际落距取平均值。

最后贯入度：最后3阵每10cm的平均沉入量。

2. 钢筋混凝土灌注桩施工记录

(1) 桩位测量放线图；

(2) 灌注桩的施工记录；

(3) 桩的检查试验资料：

①钢筋隐检验收记录；②混凝土试块强度报告及其配合比、材质证明材料；③桩的检查验收记录；④桩位竣工平面图。

(4) 填写注意事项：

1) 终孔深度、浇筑前孔深：一般用测绳进行测量；

2) 沉渣厚度＝终孔深度－浇筑前孔深；若沉渣厚度大于规定值，需重新清孔；

3) 实际桩长＝设计桩顶标高－(钻台标高－浇筑前孔深)；

4) 坍落度应该是一个具体的数值，而不应写范围，应写实测值；

5) 充盈系数＝实际浇筑量/理论浇筑量；

6) 施工问题记录：如实填写，若没有，则划(\)。

示例

工程试打桩记录

表 1-12

工程名称	便民服务大楼	建筑单位	普陀区六横镇人民政府
施工单位	××建设公司	监理单位	××监理公司
勘察单位	浙江省××建筑勘察设计院	设计单位	浙江建院建筑设计院
施工执行标准名称及编号	《建筑桩基础技术规范》JGJ 79—2002			
设计桩型	PC-A500(100)-11	设计桩长	33	设计承载力特征值 kN	3000
配筋情况		混凝土强度设计等级	C35	施工机械	G2Y-500T

试打桩桩号及情况
(1) 试桩位于图纸③轴与Ⓐ轴交叉处，自编桩号 18#；
(2) 采用 PC-A500(100)-11，设计桩顶标高－5.650m；
(3) 开始时间为 11：10：00，结束时间为 13：57：00。

确定的工程桩施工控制标准
采用 PC-A500(100)-11；12m、9m、12m，桩长按 33m(桩顶标高－5.650m)；
异常情况及时与设计单位联系。

设计单位代表(签名)：	专业监理工程师(建设单位项目专业技术负责人)签名	勘察单位代表(签名)	施工单位项目专业技术负责人(签名)
×××	×××	×××	×××
×年×月×日	×年×月×日	×年×月×日	×年×月×日

静力压桩施工记录

表 1-13

工程名称	便民服务大楼		施工单位	××建设公司		施工机械	G2Y-500T		管桩规格	PC-A500(100)
桩顶设计标高	黄海高程 1.350m, 0.450m, 1.050m, −0.200m					自然地坪标高			黄海高程 3.300m	

施工日期	桩号	施工时间		桩长(m)					总桩压力值(MPa)	吨位(kN)	锤击击数(击)					桩顶标高(m)	备注
		开始	结束	1	2	3	4	总长			1	2	3	4	最后10cm		
2.12	4	06:00	06:45	12	9	12		33	11.5	3220						1.350	
	68	06:50	07:38	12	9	12		33	12.0	3360						0.450	
	69	07:45	08:33	12	9	12		33	12.0	3360						0.450	
	73	08:40	09:24	12	9	12		33	12.0	3360						1.050	
	75	09:30	10:18	12	9	12		33	12.5	3360						−0.200	
	80	10:25	11:16	12	9	12		33	12.5	3500						−0.200	
	85	11:30	12:23	12	9	12		33	13.0	3500						−0.200	
	78	12:30	13:13	12	9	12		33	13.0	3640						−0.200	
	83	13:20	14:08	12	9	12		33	12.0	3640						−0.200	
	87	14:15	14:40	15				15	11.0	3360						1.050	
	152	14:45	15:08	15				15	11.5	3080						1.350	
	154	15:15	15:38	15				15	11.5	3220						1.350	
	149	16:00	16:23	15				15	11.5	3220						1.350	

施工员：×××　　　　监理员：×××

3.6 混凝土工程施工记录

根据《混凝土结构施工质量验收规范》(GB 50204—2002)10.2.1条规定，混凝土结构子分部工程验收时，应提供"混凝土工程施工记录"。混凝土工程施工记录是混凝土工程在施工时施工活动情况和技术交底的综合记录，是反映混凝土工程施工全过程的原始资料之一。

3.6.1 填写内容

施工记录包括：
(1) 日期、天气、气温；
(2) 分部、分项工程施工部位；
(3) 常用技术交底内容；
(4) 施工班组及岗位分工；
(5) 施工活动情况应记载：①重要工程部位的技术交底；②质量、安全、设备情况；③变更施工方法或遇雨雪等情况采取措施的记录；④其他(掺附加剂，高、低温措施，养护方法等)。

3.6.2 填写要求

(1) 混凝土工程施工记录，应由单位工程施工负责人在混凝土工程施工期内逐日记载(每天填写1份)，要求记载的内容必须连续和完整；
(2) 混凝土的浇捣数量和部位，应按每天实际施工的结果如实填写；
(3) 混凝土试块编号应与混凝土试验报告送样单的编号一致。

3.7 施工日志

施工日志是单位工程在施工过程中对有关施工技术和管理工作的原始记录，是施工活动各方面情况的综合记载，是查阅施工状况全过程十分重要和可靠的根据之一。

3.7.1 施工日志的内容

主要内容有：日期、天气；工程部位、施工队组。
施工活动记载：
(1) 主要分部、分项工程施工的起、止日期；
(2) 施工阶段特殊情况(停电、停水、停工、窝工等)的记录；
(3) 质量、安全、设备事故(或未遂事故)发生的原因、处理意见和处理方法的记录；
(4) 设计单位在现场解决问题的记录(若变更设计应由设计单位出具变更设计联系单)；
(5) 变更施工方法或在紧急情况下采取的特殊措施和施工方法的记录；

(6) 进行技术交底、技术复核和隐蔽工程验收等的摘要记载；

(7) 有关领导或部门对该项工程所作的决定或建议；

(8) 其他(砂浆试块编号、混凝土试块编号等)。

3.7.2 施工日志的要求

(1) 施工日志应从工程开始施工至工程竣工止，由单位工程施工负责人逐日进行记载，要求记载的内容必须连续和完整；

(2) 施工日志应以单位工程为记载对象，对于同一建设单位的不同单位工程，也可同册记载，但内容必须按幢号分别记录。

3.8 知识和能力拓展

综合施工技术相关知识，查阅各施工质量验收规范，熟悉各施工记录资料的编写。

3.9 思考题

(1) 试说明工程定位依据记录的要点。

(2) 试举例说明钻孔灌注桩的施工记录填写。

(3) 试举例说明隐蔽工程验收记录的填写。

3.10 模拟实训题

结合便民服务大楼的工程背景，编制土方工程、混凝土结构工程、抹灰与地面工程的施工记录资料。

单元 4

施工试验记录

4.1 概述

根据各专业验收规范的相关条文规定，分项工程、分部(子分部)工程质量验收时应提交的工程技术文件和记录中包括"检测试验资料及见证取样文件"。这里所谈到的"检测试验资料"主要指施工试验记录。因此，施工试验记录是工程资料的重要内容，是工程合格性验收的重要依据资料。

主要包括：

(1) 原材料试验报告；

(2) 土工试验报告；

(3) 支护工程施工试验报告；

(4) 桩基工程试验报告；

(5) 砂浆配合比及抗压试验报告；

(6) 混凝土配合比及抗压试验报告；

(7) 混凝土抗渗试验报告；

(8) 钢材连接试验报告；

(9) 预应力工程施工试验记录；

(10) 建筑装饰装修工程施工试验记录；

(11) 木结构工程施工试验记录；

(12) 结构实体验收报告。

4.2 原材料试验报告

原材料是构成工程实体的重要部分，是决定工程实体质量的重要环节。并且种类多，质量控制的程序、标准要求高。

具体关于原材料试验报告的相关内容详见本书单元2，这里不再赘述。

4.3 土工试验报告

根据《建筑地基基础施工质量验收规范》(GB 50202—2002)的相关条文规定：对回填土方

还应检查回填土料、含水量、分层厚度、压实度；填方工程的施工参数如每层填筑厚度、压实遍数及压实系数对重要工程均应做现场试验后确定，或者由设计提供。

土工试验报告主要包括土壤试验报告、土壤击实试验报告以及地耐力检测报告。

1. 土壤试验记录

填方工程包括大型土方、室内填方及柱基、基坑、基槽和管沟的回填土等。填方工程应按设计要求和施工规范规定，对土壤分层取样试验，提供分层取点平面示意图、编号及试验报告单。试验记录编号应与平面图对应。

2. 土壤击实试验报告

大型土方、室内填方及柱基、基坑、基槽和管沟的回填土，应按设计要求和施工规范规定，在施工以前对填料做击实试验，测定土的最大干密度和最优含水量，从而确定填土施工干密度控制值。土壤击实试验由具有相应资质的试验室出具土壤击实试验报告。

土壤击实试验报告以及地耐力检测报告由具有相应资质的试验(检测)单位作出。

3. 土工试验报告

土工试验报告按土壤试验报告、土壤击实试验报告以及地耐力检测报告分类，按日期依次排列。

4.4 支护工程施工试验记录

支护工程的锚杆、土钉应按规定进行抗拔力试验，并具有抗拔力试验报告。

4.5 桩基工程施工试验记录

地基应按设计要求进行承载力检验，有承载力检验报告；桩基应按设计要求和相关规范、标准规定进行承载力和桩体质量检测，由有相应资质等级检测单位出具检测报告。

土工击实实验报告

表 1-14

委托编号：2007-026　　　　　　　　　　　　　　　　　　　　　　　　　　　试验编号：2007059

工程名称及部位	便民服务大楼	试编号样	1号
委托单位	×××项目部	试验委托人	×××
结构类型	框架-剪力墙	填土部位	基坑回填
要求压实系数(λ_c)	0.95	土样种类	2∶8灰土
来样日期	×年×月×日	试验日期	×年×月×日
试验结果	最优含水量(W_{CP})＝16.3% 最大干密度(PD_{max})＝1.68g/cm³ 控制指标（控制干密度） 最大干密度×要求压实系数＝1.60g/cm³		
结论	依据国标 GB/T 50123—1999 标准最佳含水率为 16.3%，最大干密度为 1.68g/cm³		
批　准	×××	审　核	×××
试　验单位	\multicolumn{3}{c}{×××试验中心　　（盖章）}
报告日期	\multicolumn{3}{c}{×年×月×日}

（试验栏：××× ）

回填土实验报告

表 1-15

委托编号：2007-027　　　　　　　　　　　　　　　　　　　　　　　　　　　　　　　试验编号：2007060

工程名称及部位					便民服务大楼				
委托单位	×××项目部				试验委托人	×××			
要求压实系数(λ_c)：	0.95				回填土种类	2：8灰土			
控制干密度	1.60g/cm³				试验日期	×年×月×日			
	1点	2点	3点	4点	5点				
	实测干密度(g/cm³)								
	实测压实系数								
1	1.61	1.60	1.64	1.63	1.61				
2	1.62	1.61	1.62	1.62	1.63				
3	1.60	1.60	1.63	1.61	1.62				
4	1.58	1.60	1.61	1.62	1.60				
5	1.60	1.62	1.62	1.63	1.60				
6	1.63	1.63	1.64	1.65	1.65				
7	1.62	1.61	1.63	1.66	1.64				
8	1.64	1.63	1.65	1.67	1.64				
9	1.63	1.65	1.66	1.65	1.67				
10	1.63	1.64	1.62	1.63	1.62				
11	1.61	1.62	1.62	1.62	1.60				
12	1.61	1.63	1.64	1.63	1.62				
13	1.62	1.64	1.65	1.64	1.63				
14	1.60	1.62	1.66	1.65	1.62				
15	1.60	1.63	1.64	1.64	1.61				
16	1.61	1.61	1.62	1.61	1.60				
取样位置草图：(附图)									
结论：灰土干密度符合要求									
批　准	×××		审　核		×××		试　验		×××
试验单位	×××试验中心			(盖章)					×年×月×日

4.6 砂浆配合比通知单、砂浆抗压强度试验报告

有关砂浆配合比、砂浆抗压强度试验报告的具体规定，要符合相关规范要求：《砌体工程施工质量验收规范》(GB 50203—2002)，《砌筑砂浆配合比设计规程》(JGJ 98—2000)，《建筑砂浆基本性能检验方法》(JGJ 70—90)。

例如，在《砌体工程施工质量验收规范》(GB 50203—2002)11.0.1条关于砌体子分部验收应提供的文件和记录中明确包括"混凝土及砂浆配合比通知单，混凝土及砂浆试件抗压强度试验报告单"。其他规范的相关规定这里不再一一赘述。这里仅谈资料的填写与核查，相关知识可参考相关规范。

4.6.1 砂浆配合比申请通知单

凡是要求强度等级的各种砂浆均应出具配合比，并按配合比拌制砂浆，严禁使用经验配合比。配合比采用的原材料必须与施工采用的材料一致。当原材料中的水泥、砂子、添加剂出现较大变更时，如水泥的厂家、等级变更，砂子粒径变更等，应另行出具配合比。

施工单位要配置出设计要求强度等级的砌筑砂浆，应向具有资质的试验室申请，由试验室签发砂浆配合比通知单。施工单位采用经试验室确定的重量配合比，施工中严格按此配合比计量施工。

(1) 委托单位及工程名称：要写具体，名称应与合同工程名称一致。
(2) 施工部位：应填写具体（如层、轴等）。
(3) 砂浆种类：应填写清楚（水泥砂浆、混合砂浆）。
(4) 强度等级：按设计要求填写。
(5) 所有原材料：具实填写，应复试合格后再做试配。注意填好试验编号。
(6) 配合比通知单应字迹清楚，无涂改，签字齐全。
(7) 试验内容齐全，配合比签字签章齐全，配合比按种类、强度等级、报告日期依次排序归档。

砂浆配合比设计报告中的砂浆种类、强度等级及其日期应与施工图纸、砂浆抗压强度检验报告及其施工记录中相关内容一致。

4.6.2 砂浆抗压强度试验报告

砂浆试块抗压强度试验由施工单位委托有资质的试验室进行，并填写砂浆试块强度试验报告单，加盖试验室印章。用于强度评定的砂浆试块，应以标准养护龄期28d的试块试压结果为准。对砂浆进行强度评定时，按单位工程同品种、同强度等级砂浆作为同一验收批，留置试块应不少于3组。承重结构的砌筑砂浆试块应按规定实行见证取样和送检，砂浆试块的强度评定应遵循下列原则：同一验收批砂浆试块抗压强度平均值≥立方体抗压设计强度；同一验收批砂浆试块抗压强度的最小值≥立方体抗压设计强度的75%。

砂浆试块试压报告单上半部分项目应由施工单位试验人员填写。其中：工程名称及施工部位要详细具体，配合比要依据配合比通知单填写，水泥品种、强度等级，砂产地、细度模数，掺合料及外加剂要具实填写，并应与原材料试验单、配合比通知单相吻合。

核查砂浆抗压强度检验报告填写要点：

(1) 砂浆试件的抗压强度值应达到规范的要求。

(2) 检验报告各项内容填写标准、结论明确且不得随意涂改，签名、盖章齐全。

(3) 检验报告中工程名称及施工部位均填写齐全。

(4) 砂浆试件的强度等级、成型日期与施工图纸、砂浆配合比和施工记录中的相关内容相符。

(5) 作为强度评定的试块，必须是龄期为28d标养试块抗压试验结果为准；砂浆试件抗压强度检验报告应以28d抗压强度为准。

(6) 按照设计施工图要求，检查砂浆配合比及试块强度报告中砂浆的品种、强度等级、试块制作日期、实际龄期、养护方法、组数、试块强度是否符合设计要求及施工规范规定。

(7) 水泥品种、强度等级、厂家、试验编号应与原材复试报告和配合比通知单及试块试压报告单中相应项目相吻合。

砂浆配合比通知单 表1-16

委托编号：××××　　　　　　　　　　　　　　　　　　　　试验编号：××××

工程名称	便民服务大楼			
委托单位	×××项目部	试验委托人	×××	
使用部位	基础砌体	要求稠度	70～80mm	
砂浆种类	水泥砂浆	强度等级	M7.5	
砂规格	×区中砂	报告日期	×年×月×日	
水泥品种	P.S32.5	厂家	×××	
配合比				
材料名称	水泥	砂子	掺合料	水	外加剂
用量(kg/m³)	270	1450	—	302	—
质量配合比	1.00	5.37	—	1.12	—
实测稠度	80mm	分层度	19	养护条件	标准养护
依据标准	《砌体工程施工质量验收规范》(GB 50203—2002) 《砌筑砂浆配合比设计规程》(JGJ 98—2000) 《建筑砂浆基本性能检验方法》JGJ 70—90			
批　准	×××	审　核	×××	试　验	×××
试验单位	×××试验中心　　(盖章)			×年×月×日

砂浆抗压强度试验报告汇总表　　　　　　　　　　　　　表 1-17

序号	试验编号	施工部位	设计强度等级	试块成型日期	龄期(d)	砂浆试块平均强度(MPa)	备注
1	×××	基础①～③	M7.5	×××	28	11.5	
2	×××	基础③～⑤	M7.5	×××	28	10.5	
3	×××	基础⑤～⑧	M7.5	×××	28	11	

强度评定	依据《砌体工程施工质量验收规范》(GB 50203—2002) 砂浆强度评定按同一验收批进行； 同一类型、强度等级的砂浆各组试块平均强度不小于 f_{mk}； 最小一组试块的强度不小于 $0.75 f_{mk}$。	
	计算： 平均强度＝11＞f_{mk}＝7.5 最小值＝10.5＞$0.75 f_{mk}$＝5.625	合　　格

砂浆试块试验报告　　　　　表 1-18

委托编号：××××　　　　　　　　　　　　　　　　　　　　试验编号：××××

工程名称		便民服务大楼		
委托单位	×××项目部	试验委托人		×××
使用部位	基础砌体	报告日期		×年×月×日
砂浆种类	水泥砂浆	配合比编号		×××
养护方法	标准养护	检测类别		委托检测
试件编号	成型日期	破型日期	龄期	强度值(MPa)	强度代表值(MPa)	达设计强度
×××	×××	×××	28	11.5	11.2	100%
				11.5		
				11.2		
				11.3		
				10.3		
				11.6		
依据标准	《建筑砂浆基本性能检验方法》JGJ 70—90					
批　准	×××	审　核	×××	试　验		×××
试验单位	×××试验中心	（盖章）				×年×月×日

4.7 混凝土配合比通知单、混凝土抗压强度试验报告

4.7.1 混凝土配合比通知单

根据《混凝土结构工程施工质量验收规范》(GB 50204—2002)规定，配制混凝土时，应根据混凝土强度等级、耐久性和工作性等要求进行配合比设计。此配合比由试验室计算试配确定，施工单位进行配合比申请，由试验室签发混凝土配合比通知单。施工单位严格按试验室确定的重量配合比计量施工。

工程施工用混凝土不论工程量大小、强度等级高低，施工前均应提供配合比，并按配合比拌制混凝土，严禁使用经验配合比，不得采用体积比。

配合比采用的原材料必须与施工采用的材料一致。当原材料中的水泥、粗细骨料、添加剂出现较大变更时，如：水泥的厂家、等级变更，砂子粒径变更等，应另行出具配合比。

4.7.2 混凝土抗压强度试验报告

为了检验混凝土的强度等是否达到设计要求，在施工现场混凝土的浇筑地点应随机取样制作试块。试块分成3种，一种是标养试块，用于混凝土强度评定和质量控制；一种是结构实体用同条件养护试块，用于检查工程实体质量；另一种是拆模用同条件试块，用于控制拆模时间，不进行强度评定，也不作为档案资料入档。

作为强度评定的试块，在标准条件下养护28d后交试验室进行抗压强度试验，由试验室提供混凝土抗压强度试验报告。

作为检查工程实体质量的结构实体用同条件养护试块，其所对应的结构构件或结构部位，应由监理(建设)、施工等各方共同选定。同条件养护试块拆模后，应放置在靠近相应结构构件或结构部位的适当位置，并应采取相同的养护方法。当试块达到等效养护龄期时，交试验室进行抗压强度试验，提供混凝土抗压强度试验报告。

作为控制拆模时间的拆模用同条件试块，其拆模时所需混凝土强度应符合《混凝土结构工程施工质量验收规范》(GB 50204—2002)条文4.3.1规定。

混凝土强度应按批进行检验评定，单位工程同品种、同强度等级混凝土为一验收批。当混凝土生产条件在较长时间内保持一致，且同一品种混凝土的强度变异性能保持稳定时，一个验收批留置试块应不少于3组；当混凝土生产条件在较长时间内不能保持一致，且强度变异性能不能保持稳定时，应由不少于10组试块组成一验收批。混凝土的强度评定应符合《混凝土强度检验评定标准》(GBJ 107—87)及《混凝土结构工程施工质量验收规范》(GB 50204—2002)的规定。由施工单位填写混凝土试块强度统计、评定记录。

当缺少同条件试块或标准试块数量不足；试块与结构中混凝土质量不一致；试块的试压结果不符合现行标准、规范规程所规定的要求，并对结果有疑意时，可按回弹法评定混凝土的

强度。

混凝土抗压强度检验报告填写要点：

（1）混凝土试件的抗压强度值应达到规范的要求。

（2）检验报告各项内容填写准确、结论明确且不得随意涂改，签名、盖章齐全。

（3）检验报告中工程名称及部位均应填写齐全。

（4）混凝土试件的强度等级、成型日期及强度值应与施工图纸、混凝土配合比设计报告和通知单、厂家提供的混凝土试件抗压强度检验报告、混凝土抗渗等级检验报告及施工记录中的相关内容相符。

（5）标准养护混凝土试件抗压强度检验报告应以28d抗压强度为准，同条件混凝土试件养护及特种混凝土应按有关规定进行评定。

（6）当混凝土试件出现超龄及超强时，应委托有资质的单位对该部位进行现场检测，并有现场检测记录。

（7）预应力筋张拉时，结构混凝土强度应符合设计要求，当设计无具体要求时，不应低于设计强度标准的75%。

混凝土抗压强度检验报告核查要点：

（1）按照设计施工图要求，核查混凝土配合比及试块强度报告单中混凝土强度等级、试压龄期、养护方法、试块的留置部位及组数、试块抗压强度是否符合设计要求及有关规范、标准的规定。

（2）核查混凝土试块试验报告单中的水泥是否和水泥出厂合格证或水泥试验报告单中的水泥品种、强度等级、厂牌相一致。

（3）当混凝土验收批抗压强度不合格时，是否及时进行鉴定，并采用相应的技术措施和处理办法，处理记录是否齐全。

（4）核验每张混凝土试块试验报告单中的试验子目是否齐全，试验编号是否填写，计算是否正确，检验结果是否正确。

混凝土配合比通知单

表 1-19

委托编号：××××　　　　　　　　　　　　　　　　　　　　　　　　试验编号：××××

工程名称		便民服务大楼		
委托单位	×××项目部	试验委托人	×××	
使用部位	基础	要求坍落度	50~70mm	
混凝土种类	普塑	设计等级	C25	
水泥品种	P.S32.5	厂家	×××	试验编号	×××
砂 规 格	×区中砂		试验编号	×××
石子规格	20~40(mm)碎石		试验编号	×××
外加剂种类及掺量			试验编号	
报告日期	×年×月×日			

配 合 比

材料名称	水泥	砂子	石子	水	外加剂	掺和料
用量(kg/m³)	270	1450				—
质量配合比	1.00	5.37				—
搅拌方法	机械搅拌	捣固方法	机械振捣	养护条件	标准养护
砂率(%)	33.0	水灰比	0.49	实测坍落度	65

依据标准	JGJ 52—92，JGJ 53—92，JGJ 55—2000，GB/T 50080—2002，GB/T 50081—2002，GB 50204—2002

批 准	×××	审 核	×××	试 验	×××
试验单位	×××试验中心　　　　（盖章）			×年×月×日	

混凝土试块试验报告汇总表 表1-20

序号	代表部位	留置组数	设计强度等级	试块成型日期	龄期(d)	试块强度代表值（MPa）	备注
1	十层①～③	1	C25	×××	28	30.5	标养
2	十层③～⑤	1	C25	×××	28	29.6	标养
3	十层⑤～⑧	1	C25	×××	28	31.5	标养

混凝土试块试验报告

表 1-21

委托编号：××××　　　　　　　　　　　　　　　　　　　　　　　　　　试验编号：××××

工程名称		便民服务大楼			
委托单位		×××项目部	试验委托人		×××
使用部位		基础垫层	报告日期		×年×月×日
强度等级		C25	试块边长	150×150×150	检测类别	委托检测
配合比编号		×××	养护方法		标准养护
试件编号	成型日期	破型日期	龄期	强度值（MPa）	强度代表值（MPa）	达设计强度
×××	×××	×××	28	30.2	29.6	118%
				29.6		
				29.2		
依据标准	GB 50204—2002 GB/T 20081—2002					
批　准	×××	审　核	×××	试　验	×××
试验单位	×××试验中心	（盖章）			×年×月×日

注：表格中"强度等级"行包含"试块边长"与"检测类别"两组数据。

4.8 混凝土抗渗性能试验报告

防水混凝土和有特殊要求的混凝土,应有配合比申请和配合比通知单及抗渗试验报告和其他专项试验报告。防水混凝土要进行稠度、强度和抗渗性能三项试验。稠度和强度同普通混凝土。防水混凝土的抗渗性能,应以标准条件下养护的防水混凝土抗渗试块的试验结果评定,由试验室提供抗渗性能试验报告。

对于防水混凝土,应按设计要求提供混凝土抗渗试验配合比和试验报告,报告内容应包括:委托单位、工程名称、施工部位、水泥品种、配合比、添加剂、养护方法、龄期、抗渗等级、试验日期、起止时间、延续时间、试件抗渗能力、试验结论等。

抗渗混凝土所用的原材料质量、配合比、试块留置、试块制作、养护及抗渗检验均须符合设计要求及有关技术标准的规定。

抗渗混凝土强度等级按《混凝土结构工程施工质量验收规范》(GB 50204—2002)和《混凝土强度检验评定标准》(GBJ 107—87)进行验收。抗渗性能应符合《地下防水工程质量验收规范》(GB 50208—2002)。

抗渗混凝土试块用料与设计不符的,虽强度等级达到设计要求时仍按不符合要求处理。

资料要求:

(1) 有抗渗设计要求的混凝土,应该核查混凝土抗渗试验报告单中的部位、组数、抗渗等级是否符合要求,是否有缺漏部位或组数不全以及抗渗等级达不到设计要求等。如果有不符合要求的应及时与设计单位联系处理。

(2) 按抗渗混凝土的品种、强度等级、抗渗等级、报告日期进行汇总,填写试验报告汇总表。

4.9 钢材连接试验报告

工程中凡有焊接要求的部位,必须作焊接试验,钢筋焊接接头或焊接制品应进行现场取样复试。试验项目有:钢筋电阻点焊必试试验项目有抗拉强度、抗剪强度及弯曲试验;钢筋闪光对焊接头、气压焊接头必试试验项目有抗拉强度、弯曲试验;钢筋电弧焊接头、钢筋电渣压力焊接头、预埋件钢筋T形接头必试试验项目有抗拉强度试验。焊接工人必须具有有效的岗位证书。

(1) 核查每份检验单中试验项目是否齐全,每组试件取样数量是否足够,试验日期、代表批量与合格证是否相符,试验结果及结论是否完整正确,有无见证取样证明。

(2) 核查钢筋焊接是否按规范规定逐批抽样试验,批量的总和是否和需用量基本一致。

(3) 采用电弧焊和埋弧焊、电渣压力焊的受力钢材,应分别核查焊条和焊剂出厂合格证是否符合要求。

(4) 主要受力构件的焊接检验报告,当出现下列情况之一者,本项目应核定为"不符合要求":

1) 主要受力钢材焊接机械性能检验报告中,缺少主要试验项目,如钢筋搭接焊无冷弯试验,或任一指标不符合检验标准,且无鉴定处理和去向说明。

2) 焊接检验单的批量明显少于需用量或检验项目明显不齐全。

3) 重要受力构件电弧焊采用的焊条无合格证,或焊条的性能不符合设计要求和有关标准的规定。

4) 焊接试验报告中无见证取样证明。

采用机械连接接头形式施工时,技术提供单位应提交由有相应资质等级的检测机构出具的型式检验报告。施工时必须进行现场取样,对抗拉强度进行试验。

4.10 预应力工程施工试验记录

4.10.1 预应力锚夹具

预应力筋所用锚具、夹具和连接器的性能应符合《预应力筋用锚具、夹具和连接器》(GB/T 14370)的规定,检查产品合格证和出厂检验报告,对锚具的硬度及锚固能力进行进场复验检验,当工程中锚具用量较少时,如供货方能提供有效的试验报告,可不做静载锚固性能试验。

4.10.2 预应力钢筋(含端杆螺丝)及预应力钢丝镦头

预应力钢筋的施工试验主要包括:钢筋的冷拉试验;钢筋的焊接试验;预应力钢丝镦头强度检验。

4.11 建筑装饰装修工程施工试验记录

4.11.1 饰面砖

外墙饰面砖粘贴前和施工过程中,应在相同基层上做样板件,并对样板件的饰面砖粘贴强度进行检验,有《饰面砖粘贴强度试验报告》,检验方法和结果应符合相关标准规定。饰面砖粘贴强度检测人员,需经过技术培训并取得培训合格证后方可上岗。

4.11.2 后置埋件

后置埋件应有现场拉拔试验报告,其强度必须符合设计要求。

4.11.3 幕墙工程施工试验记录

幕墙工程所用双组分硅酮结构胶应有混匀性及拉断试验报告；后置埋件有现场拉拔试验报告。试验报告由具备相应资质等级的检测单位出具。

4.12 钢结构工程施工试验记录

根据《钢结构工程施工质量验收规范》(GB 50205—2001)相关规定：高强度螺栓连接应有摩擦面抗滑移系数检验报告及复试报告，并实行有见证取样和送检；

施工中首次使用的钢材、焊接材料、焊接方法、焊后热处理等应进行焊接工艺评定，有焊接工艺评定报告，焊接工人必须持证上岗；

设计要求的一、二级焊缝应做缺陷检验，由有相应资质等级的检测单位出具超声波、射线探伤检验报告或磁粉探伤报告；

建筑安全等级为一级、跨度40m及以上的公共建筑钢网架结构，且设计有要求的，应对其焊接球、螺栓球节点进行节点承载力试验，并实行有见证取样和送检；

钢结构工程所使用的防腐、防火涂料应做涂层厚度检测，其中防火涂层应由具备相应资质的检测单位出具检测报告。

所有的试验报告由具备相应资质等级的检测单位出具。

4.13 木结构工程施工试验记录

胶合木工程的层板胶缝应有脱胶试验报告、胶缝抗剪试验报告和层板接长弯曲强度试验报告；轻型木结构工程的木基结构板材应有力学性能试验报告；木构件防护剂的保持量和透入度应有试验报告。

4.14 结构实体检测报告

根据《混凝土结构施工质量验收规范》(GB 50204—2002)关于混凝土结构子分部工程验收的规定：

条文10.1.1 对涉及混凝土结构安全的重要部位应进行结构实体检验。结构实体检验应在监理工程师(建设单位项目专业负责人)见证下，由施工项目技术负责人组织实施。承担结构实体检验的实验室应具有相应的资质。

根据国家标准《建筑工程施工质量验收统一标准》(GB 50300—2001)规定的原则，在混凝土结构子分部工程验收前应进行结构实体检验。结构实体检验的范围仅限于涉及安全的柱、墙、梁等结构构件的重要部位。结构实体检验采用由各方参与的见证抽样形式，以保证检验结果的公正性。对结构实体进行检验,并不是在子分部工程验收前的重新检验,而是在相应分项工程验收合格、过程控制使质量得到保证的基础上,对重要项目进行的验证性检查,其目的是为了加强混凝土结构的施工质量验收,真实地反映混凝土强度及受力钢筋位置等质量指标,确保结构安全。

条文 10.1.2 结构实体检验的内容应包括混凝土强度、钢筋保护层厚度以及工程合同约定的项目;必要时可检验其他项目。

考虑到目前的检测手段,并为了控制检验工作量,结构实体检验主要对混凝土强度、重要结构构件的钢筋保护层厚度两个项目进行。当工程合同有约定时,可根据合同确定其他检验项目和相应的检验方法、检验数量、合格条件,但其要求不得低于本规范的规定。当有专门要求时,也可以进行其他项目的检验,但应由合同作出相应的规定。

施工单位提供的对工程结构实体检测报告要求:
(1) 施工单位在施工过程中,应对结构实体进行检测,做好记录,并应通知现场监理参加及签名;
(2) 结构实体同条件养护试件;
(3) 结构实体钢筋保护层厚度检验报告。

工程质量监督机构对工程结构实体抽测要求:
(1) 工程质量监督机构主要对工程基础、主体结构中主要受力构件进行随机抽测。
(2) 混凝土工程主要检测基础、主体结构中的梁、板、柱、墙的混凝土强度,受力钢筋规格、数量、位置及钢筋混凝土保护层厚度等。
(3) 监督抽测时应对抽测部位(构件梁、板)几何尺寸、外观进行检查。
(4) 监督抽测结果不符合规范、标准、规定或设计要求的,质量监督机构责令施工单位委托法定检测单位进行专项检测,向质量监督机构出具检测报告。
(5) 经法定检测单位检测仍不符合规范、标准、规定或设计要求的工程,由建设单位或监理单位组织建设各方分析事故原因,分析事故原因应通知质量监督机构参加。
(6) 对于检测结果未达到设计要求时,由设计单位根据检测报告进行复核,出具加固补强或认可文件,并报质量监督机构。

4.15 知识和能力拓展

查阅相关规范,掌握各施工试验记录的主要指标及其合格性的判定。

4.16 思考题

(1) 混凝土、砂浆试块强度的判定方法有哪些?
(2) 混凝土施工试验的内容有哪些?

4.17 模拟实训题

结合便民服务大楼的工程背景，收集、整理结构、防水、保温、门窗、地面等半成品的施工试验记录资料。

单元 5 安全及功能检验资料

5.1 概述

根据《建筑工程施工质量验收统一标准》(GB 50300—2001)条文 3.0.3 的条款 8："对涉及结构安全和使用功能的重要分部工程应进行抽样检测。"实际上，其可以理解为一种**验证性**的检测；以往我们多偏重于工序过程中的检查或工序完成后的检查，但是有些工序完成后很可能改变前道工序的原有质量状况；如钢筋位置，混凝土浇筑完成，钢筋位置是否保持钢筋绑扎的原样，就很难判定；还有混凝土强度的实体检测、防水效果检测等等，都需要**验证性检测**，这样更有利于评价工程质量。

条文 5.0.4 的条款 3："单位(子单位)工程所含分部工程有关安全功能的检测资料应完整"，"主要功能项目的抽查结果应符合相关专业质量验收规范的规定"。作为单位工程质量验收合格的重要相关规定，单位工程有关安全、功能的检测按统一标准的规定，目的是确保工程的安全和使用功能，其检测项目尽可能在子分部、分部工程中完成，这种检测(检验)应由施工单位来做，检测过程中可请监理工程师或单位有关负责人参加监督检测，工作达到要求后形成检查记录，并签字认可。在单位工程验收时核查其资料是否完整，包括项目检测程序、检测方法、检验报告。通常主要功能抽测为有关项目最终的综合性的使用功能，如屋面淋水试验；若最终抽测项目效果不佳，或其他原因必须进行中间过程的有关项目检测，与有关单位制定检测方案，制定完善成品保护措施后进行。

条文 5.0.5 的条款 4："单位(子单位)工程质量验收，质量控制资料核查，安全和功能检验资料核查及主要功能抽查记录，观感质量检查应符合本标准附录 G 进行。"

根据相关规范，安全和功能检查项目主要有：

(1) 屋面淋水记录；

(2) 地下室防水效果检查记录；

(3) 有防水要求的地面蓄水试验记录；

(4) 建筑物垂直度、标高、全高测量记录；

(5) 抽气(风)道检查记录；

(6) 幕墙及外窗气密性、水密性、耐风压检测报告；

(7) 建筑物沉降观测记录；

(8) 节能、保温测试记录；

(9) 室内环境检测报告。

5.2 屋面淋水记录

根据《屋面工程质量验收规范》(GB 50207—2002)，条文 3.0.9："屋面工程完工后，应按本规范的有关规定对细部构造、接缝、保护层等进行外观检验，并应进行淋水或蓄水试验。"屋面工程必须做到无渗漏，才能满足使用功能要求，无论是防水层本身还是屋面细部构造，通过外观检验只能看到表面特征是否符合设计和规范的要求，很难判断是否会渗漏。

因此，屋面分部工程验收时，检查屋面有无渗漏、积水和排水系统是否畅通，只有经过雨后或持续淋水 2h 后使屋面处于工作状态经受实际考验，才能观察出是否渗漏；有可能做蓄水检验的屋面，其蓄水时间不应少于 24h。

在屋面分部工程验收的文件和记录中，在中间检查记录项目中，要求屋面由淋水或蓄水检验记录。体现了施工全过程的质量控制，必须做到真实准确，不得涂改和伪造，各级技术负责人签字后方可生效。

5.2.1 试验前应检查的资料

(1) 原材料、半成品和成品的质量证明文件、分项工程质量验收资料以及试验报告和现场检查记录；

(2) 使用沥青、卷材等防水材料、保温材料的防水工程的现场检查记录表；

(3) 自防水混凝土应检查混凝土试配、实际配合比、防水等级、试验结果等；

(4) 施工过程中出现的重大技术问题的处理记录和工程变更记录等。

5.2.2 试验记录的填写

(1) 结构形式：按照实际结构形式填写，如砖混、框架等；

(2) 检验部位：按实际试水部位填写，如屋面、浴室、厕所等；

(3) 检验过程及结果：指淋(蓄)水试验过程的简单情况，按检查的实际结果填写，应写明有无漏、渗等问题；

(4) 复查结果：如检查时有问题应进行复查，并填写复查结论，如初验后没有问题，可不进行复查，如工程验收时对防水工程验收有异议时，可进行复查。

(5) 按要求检查，内容、签字齐全为正确，无记录或后补记录为不正确。

屋面淋水蓄水试验记录

表 1-22

编号：

工程名称	便民服务大楼	分部工程名称	建筑屋面	项目经理	×××
施工图号	结施-31	检验部位	屋面	检验日期	×年×月×日×时起 ×年×月×日×时止
检验执行标准名称及编号	《屋面工程质量验收规范》（GB 50207—2002）				

检验过程及结果

（屋面做淋水试验，检查屋面坡度）；
（屋面蓄水试验，水淹没屋脊后做24h蓄水试验，检查屋面防水）；
屋面淋水排水畅通、无积水。屋面蓄水24h后检查无渗漏现象。

渗漏部位、面积及复检结果

年　月　日

验收结论	符合要求 施工单位 项目专业质量检查员（签名）：××× 项目专业技术负责人（签名）：××× ×年×月×日	符合要求 专业监理工程师（签名）：××× （建设单位项目专业技术负责人） ×年×月×日

5.3 地下室防水效果检查记录

根据《地下防水工程质量验收规范》(GB 50208—2002)的相关规定。地下防水工程是一个子分部工程，其分项工程的划分应符合规范相关条文规定。地下防水工程施工应按工序或分项进行验收，构成分项工程的各检验批应符合规范相应质量标准的规定。

根据统一标准关于子分部工程验收的要求，地下防水工程(子分部)的验收要有完整的验收文件和记录，地下室防水效果检查记录是地下防水工程验收文件和记录的重要内容之一，是在施工过程中对地下室外墙有防水要求的部位所做的防水试验记录。

5.4 有防水要求的地面蓄水试验记录

根据《建筑地面工程施工质量验收规范》(GB 50209—2002)条文8.0.3相关条款："有防水要求的建筑地面子分部工程的分项工程施工质量的蓄水试验记录，并抽查复验认定。"

凡浴室、厨房等有防水要求的房间必须进行蓄水试验，同一房间应做两次蓄水试验，分别在室内防水完成后及单位工程竣工后做；蓄水时最浅水位不能低于20mm，蓄水24h后撤水，检查无渗漏为合格，检查数量应是全部此类房间。检查时监理单位参加并签字认可。

地下室防水效果检查记录

表 1-23

工程名称	便民服务大楼	分部工程名称	地基与基础	项目经理	×××
施工图号	结施-07	检验部位	地下室一层	检验日期	×年×月×日
检验执行标准名称及编号	《地下室防水工程质量验收规范》(GB 50208—2002)				

检验过程及结果

  检查过程：检查人员用手触摸混凝土墙面或用吸墨纸(报纸)贴附背水墙面，检查①～⑤轴墙体的湿渍面积，有无裂缝和渗水现象。

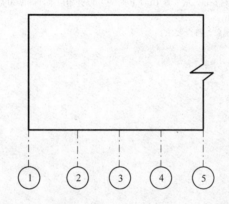

  检查结果：经检查地下一层查①～⑧轴背水内表面的混凝土墙面无湿渍及渗水现象。符合《地下室防水工程质量验收规范》(GB 50208—2002)的要求，可以进行下道工序施工。

渗漏部位及复检结果

                       年 月 日

验收结论	施工单位
	项目专业质量检查员(签名)：×××
	项目专业技术负责人(签名)：×××
	
	        ×年×月×日
		专业监理工程师(签名)：×××
		(建设单位项目专业技术负责人)
		
		        ×年×月×日

厕浴间、厨房间和有防水要求的地面蓄水试验记录

表 1-24

工程名称	便民服务大楼	分部工程名称	主体结构	项目经理	×××
施工图号	结施-15	检验部位	地上一层厕浴间	检验日期	×年×月×日×时起 ×年×月×日×时止
检验执行标准名称及编号	《建筑地面工程施工质量验收规范》(GB 50209—2002)				

检验过程及结果

　　检查方式为第二次蓄水；

　　将厕、浴间门口、地漏周围做围挡高5cm，从6月10日上午09：00开始放水，09：20放水完毕，蓄水最浅水位为20mm，蓄水至6月11日09：20，蓄水时间为24h；

　　11日上午09：30进行检查无渗漏现象，符合要求。

渗漏部位及复检结果

年　月　日

验收结论

施工单位

项目专业质量检查员(签名)：×××

项目专业技术负责人(签名)：×××

×年×月×日

专业监理工程师(签名)：×××
(建设单位项目专业技术负责人)

×年×月×日

5.5 建筑物垂直度、标高、全高测量记录

为了保证结构工程质量，控制建筑物的垂直度，施工单位应在施工期间、结构工程完工、单位工程竣工后分别对建筑物的垂直度和全高进行测量并记录。对超出允许偏差且影响结构性能的部位，要有技术处理方案和具体补救措施。其方案或措施要经建设单位或监理单位认可后进行处理。

针对不同结构形式的建筑，各专业施工质量验收规范都有关于其垂直度、标高、全高的测量的相关条文。如《混凝土结构工程施工质量验收规范》(GB 50204—2002)条文 8.3.2 规定了现浇结构的允许偏差；《砌体工程施工质量验收规范》(GB 50203—2002)条文 5.2.5 规定了垂直度(每层、全高)的允许偏差；《钢结构工程施工质量验收规范》(GB 50205—2001)条文 11.3.9 规定了主体结构总高度的允许偏差。这里不再赘述。

5.5.1 实施要点

施工过程中的测量：垂直度、标高测量在验收批中应及时进行检查验收，在基础、主体完成后进行阶段性抽查，并可以根据情况适当增加抽查次数。

竣工后的测量：垂直度、全高测量选定在建筑物四周转角处和建筑物的凹凸部位或女儿墙处，单位工程每项选定不应少于10点，其中前、背沿各4点，两侧各1点。

5.5.2 填写要求

垂直度测量：填写垂直度测量的实测值，并应说明垂直度测量平均值是否满足设计要求；

全高测量：填写全高测量的实测值，并应说明全高测量平均值是否满足设计要求；

结论：施工、监理单位依据实测结果，与标准对照后作出结论。

5.5.3 填写示例

建筑物垂直度、全高测量记录　　　　　　　　　　　　　　表 1-25

编号：

工程名称	便民服务大楼	项目经理	×××
施工图号	结施-27	检验日期	×年×月×日
检验执行标准名称及编号	《混凝土结构施工质量验收规范》(GB 50204—2002)		

		项目	允许偏差(mm)	实测结果									
				1	2	3	4	5	6	7	8	9	10
混凝土结构	垂直度	设计全高—m	$H/1000$ 且 ≤30	16	10	17	14	11	10	12	13	15	
	标高	设计全高—m	±30	+6	−4	−6	+8	+8	+1	−4	−3	+5	
砌体结构	垂直度	全高≤10m	10										
		全高≤10m	20										
多层及高层钢结构	全高	用相对标高控制安装											
		用设计标高控制安装	$+H/1000$ 且不应大于 30.0 $-H/1000$ 且不应小于 −30.0										

验收结论	经进行观测记录，实测偏差值符合规范要求 施工单位 项目专业质量检查员(签名)：××× 项目专业技术负责人(签名)：××× ×年×月×日	符合规范要求 专业监理工程师(签名)：××× (建设单位项目专业技术负责人) ×年×月×日

5.6 建筑物沉降观测测量记录

5.6.1 沉降观测资料

沉降观测资料应及时整理和妥善保存,作为工程技术档案的一部分。

对设计要求进行沉降观测的建筑物和构筑物,应按规范规定及时整理沉降观测资料,主要内容为:

(1) 根据水准点测量得出的每个观测点高程及其逐次沉降量;

(2) 根据建筑物和构筑物的平面图绘制的沉降量、地基荷载与延续时间三者的关系曲线图及沉降量分布曲线图;

(3) 计算出的建筑物和构筑物的平均沉降量,相对弯曲和相对倾斜值;

(4) 水准点的平面布置图和构造图,测量沉降的全部原始资料;

(5) 施工时建筑物和构筑物标高的水准测量记录及晴雨气象资料;

(6) 根据上述内容编写的沉降观测报告;

对施工单位在施工期间自行决定进行的沉降观测,一般只整理沉降观测记录。

5.6.2 沉降观测记录

沉降观测记录的内容为:工程名称,不同观测日期,不同工作状态下,根据水准点测量得出的每个观测点高程及其逐步沉降量。

(1) 观测点编号一栏内各观测点应与沉降观测示意图中的编号一致;

(2) 工程状态,对于一般民用建筑以某层楼面(或标高)为状态标志;对工业建筑以不同荷载阶段为状态标志;

(3) 每次沉降观测后,应检查每一观测点及相邻观测点间的沉降量及累积沉降量。如果沉降过大或沉降不均,应该及时采取措施。

5.6.3 沉降观测示意图

内容为工程名称、沉降观测点及水准基点平面布置示意图,沉降观测点标志示意图等。

表 1-26

沉降观测示意图

工程名称：便民服务大楼

沉降观测点及水准点平面布置示意图：

沉降观测点标志示意图

制图者：×××　　制图日期：　　×年×月×日

沉 降 观 测 记 录

表 1-27
编号：

工程名称													
观测点编号	第 一 次 2007年5月31日			第 二 次 2007年6月20日			第 三 次 2007年7月1日			第 四 次 2007年7月10日			
	标高(m)	沉降量(mm)		标高(m)	沉降量(mm)		标高(m)	沉降量(mm)		标高(m)	沉降量(mm)		
		本次	累计		本次	累计		本次	累计		本次	累计	
沉降观测结果表	1	3.797	0	0	3.797	0	0	3.797	0	0	3.796	1	1
	2	3.803	0	0	3.802	1	1	3.802	0	1	3.801	1	2
	3	3.795	0	0	3.795	0	0	3.794	1	1	3.794	0	1
	4	3.808	0	0	3.807	1	1	3.807	0	1	3.805	2	3
	5	3.800	0	0	3.799	1	1	3.799	0	1	3.798	1	2
	6	3.797	0	0	3.797	0	0	3.796	1	1	3.796	0	1
工程状态	地下室墙板、柱、顶板完			一层柱二层梁板完			二层柱三层梁板完			三层柱四层梁板完			
观测者	×××；×××			×××			×××			×××；×××			
记录者	×××			×××			×××			×××			
见证人	×××			×××			×××			×××			
项目专业技术负责人	×××			×××			×××			×××			

5.7 抽气风道检查记录

5.7.1 资料要求

排风道都应100%做通风检查,并作好通风记录;试验可在风道送口处划根火柴,观察火苗的转向和烟的走向,即可判别是否通风,也可采用其他适宜方法送风,并要对通风道外观进行检查,两项检验均合格后,才可验收。

按要求检查,内容完整签章齐全为符合要求,无记录或后补记录不符合要求。

5.7.2 实施要点

检查部位:指检查排风道的实际检查点,应详细填写楼层、单元。

检查记录:合格为"√",不合格记录为"×"。第一次检查不合格复检合格的在记录"×"后记录"√"。

监理(建设单位):指监理单位的专业监理工程师,签字有效,不委托监理时由建设单位的项目负责人签字。

施工单位专业技术负责人:指施工单位工程项目经理部级的专业技术负责人,签字有效。

通风(烟)道检查记录　　　　　　　　　　表1-28

工程名称	便民服务大楼	施工单位	××建设公司
依据标准		检查日期	×年×月×日
检查部位	检查记录		
	烟　道	风　道	
1单元二层东户	√	√	
1单元二层西户	√	√	
1单元三层东户	√	√	
1单元三层西户	√	√	
1单元四层东户	√	√	
1单元四层西户	√	√	
1单元五层东户	√	√	
1单元五层西户	√	√	
1单元六层东户	√	√	
1单元六层西户	√	×√	
验收结论	符合要求 施工单位 项目专业质量检查员(签名):××× 项目专业技术负责人(签名):××× ×年×月×日	符合要求 专业监理工程师(签名):××× (建设单位项目专业技术负责人) ×年×月×日	

5.8 幕墙及外窗气密性、水密性、耐风性检测报告

工程竣工前由具有相应资质的检测单位出具幕墙及外窗气密性、水密性、耐风压检测报告。相关的规范主要有：《建筑幕墙空气渗透性能检测办法》(GB/T 15226)、《建筑幕墙雨水渗透性能检测办法》(GB/T 15228)、《建筑幕墙风压变形性能检测办法》(GB/T 15227)、《建筑幕墙空气渗透平面内变形性能检测办法》(GB/T 18250)。主要进行空气渗透性能检测、雨水渗漏性能检测、风压变形性能检测、平面内变形性能检测。

(1) 工程名称：按合同工程名称填写。
(2) 幕墙类别：按幕墙实际类别填写。
(3) 四项性能检测：由有相应资质的检测机构进行检查，检查报告附后。
(4) 性能评定结果：依据标准填写，合格或不合格。
(5) 参加人员：按要求参与人员检测并签字。

5.9 室内环境检测报告

工程竣工前由具有相关资质的检测单位出具的室内环境检测报告，室内环境检测报告是民用建筑工程及其室内装修工程验收应提交的重要环保资料之一。相关规范主要有：《民用建筑工程室内环境污染控制规范》(GB 50325—2001)。

(1) 工程名称：按合同工程名称填写。
(2) 检测单位或区域：按实际填写。
(3) 被测面材料质量：按实际填写。
(4) 测试内容：按设计、质量验收规范及合同约定内容进行检测。
(5) 测试结果：按实际测试结果填写，检测报告附后。
(6) 评定意见：实际检测结果与标准对照后的结论性意见，如符合要求。
(7) 参加人员：按表式要求人员参与检测并签字。

5.10 节能、保温测试记录

工程竣工前由具有相应资质的检测单位出具的节能、保温测试报告。

(1) 工程名称：按合同工程名称填写。
(2) 测试单位：测试机构全称。
(3) 测试面材质：按实际测试面材质填写。
(4) 试验要求：按设计、质量验收规范及合同约定内容进行检测。
(5) 试验情况记录：按实际实验情况填写，有相应资质的检测单位所出具的报告附后。

(6) 评定意见：是否符合要求。
(7) 参加人员：按表式要求人员参与检测并签字。

5.11　知识和能力拓展

查阅验收规范，熟悉有关规范条文与条文说明，深入掌握安全功能检测资料的检测及判定。

5.12　思考题

(1) 全高垂直度的测量要点。
(2) 举例说明单位工程验收时安全功能资料的核查与抽查。

5.13　模拟实训题

结合便民服务大楼的工程背景，收集、填写和整理安全功能检验资料。

单元 6

质量问题和质量事故处理资料

6.1 概述

由于影响建筑工程质量的因素多而且复杂多变,建筑工程在施工和使用过程中往往会出现各种各样不同程度的质量问题,甚至质量事故。

凡是工程产品质量没有满足某个规定的要求,就称之为质量不合格。根据1989年原建设部颁布的第3号令《工程建设重大事故报告和调查程序规定》和1990年原建设部建工字第55号文件关于第3号部令有关问题的说明:凡是工程质量不合格,必须进行返修、加固或报废处理,由此造成的经济损失低于5000元的称之为质量问题,直接经济损失在5000元(含)以上的称之为质量事故。

凡出现一般及其以上工程质量事故的,均应填写质量事故处理记录,事故情况、原因及处理作简要说明,并应附详细书面报告。未发生一般及其以上工程质量事故的,应予以注明。见证人为项目总监理工程师。填报人员为项目经理,签字有效。

工程结构、安装等分部中出现需要检测的项目,其检测文件、设计复核认可文件、加固补强方案以及补强验收文件等,应进行汇总归档。

6.2 质量问题资料

6.2.1 质量问题的处理程序

发生工程质量问题时,应判其严重程度。对可以通过返修或返工弥补的质量问题,施工单位写出质量问题调查报告,提出处理方案,监理工程师审核后,批复承包单位处理,必要时应经建设单位和设计单位认可,处理结果应重新进行验收。

对需要加固补强的质量问题,或质量问题的存在影响下道工序和分项工程的质量时,施工单位停止有质量问题部位和与其有关联部位及下道工序的施工,施工单位写出质量问题调查报告,设计单位提出处理方案,并征得建设单位同意,批复承包单位处理,处理结果应重新进行验收。

6.2.2 质量问题的处理资料

施工单位进行质量问题调查并编写报告。调查的主要目的是明确质量问题的范围、程度、性质、影响和原因，为问题处理提供依据，调查应力求全面、详细、客观准确。

调查报告主要内容应包括：

(1) 与质量问题相关的工程情况；

(2) 质量问题发生的时间、地点、部位、性质、现状及发展变化等详细情况；

(3) 调查中的有关数据和资料；

(4) 原因分析与判断；

(5) 是否需要采取临时防护措施；

(6) 质量问题处理补救的建议方案；

(7) 涉及的有关人员和责任及预防该质量问题重复出现的措施。

质量问题处理处理完毕，监理工程师应写出质量问题处理报告，报建设单位和监理单位存档。主要内容包括：

(1) 基本处理过程描述；

(2) 调查与核查情况，包括调查的有关数据、资料；

(3) 原因分析结果；

(4) 处理的依据；

(5) 审核认可的质量问题处理方案；

(6) 实施处理中的有关原始数据、验收记录、资料；

(7) 对处理结果的检查、鉴定和验收结论；

(8) 质量问题处理结论。

6.3 质量事故资料

目前对工程质量事故通常采用按造成损失严重程度进行分类，一般分为：一般质量事故、严重质量事故、重大质量事故、特别重大事故。其中建设工程重大事故又分为四级。详细内容这里不再赘述。

6.3.1 质量事故的处理程序

工程质量事故发生后，质量事故发生单位迅速按类别和等级向相应的主管部门上报，并于24h内写出书面报告。调查组进行事故调查，提出技术处理意见，相关单位完成技术处理方案，施工单位制定详细的施工方案设计。施工单位完工自检后报验，有关各方进行检查验收，必要时应进行处理结果鉴定。

6.3.2 质量事故的处理方案

1. 修补处理

这是最常用的一类处理方案。通常当工程的某个检验批、分项或分部的质量虽未达到规定的规范、标准或设计要求，存在一定缺陷，但通过修补或更换器具、设备后还可达到要求的标准，又不影响使用功能和外观要求，在此情况下，可以进行修补处理。

2. 返工处理

当工程质量未达到规定的标准和要求，存在严重质量问题，对结构的使用和安全构成重大影响，且又无法通过修补处理的情况下，可对检验批、分项、分部甚至整个工程返工处理。

3. 不做处理

通常不用专门处理的情况有以下几种：①不影响结构安全和正常使用；②有些质量问题，经过后续工序可以弥补；③经法定检测单位鉴定合格；④出现的质量问题，经检测鉴定达不到设计要求，但经原设计单位核算，仍能满足结构安全和使用功能。

6.3.3 质量事故处理的验收结论

质量事故处理的验收结论通常有以下几种：①事故已排除，可以继续施工；②隐患已消除，结构安全有保证；③经修补处理后，完全能够满足使用要求；④基本上满足使用要求，但使用时应有附加限制条件，例如限制荷载等。⑤对耐久性的结论；⑥对建筑物外观影响的结论。

对短期内难以作出结论的，可提出进一步观测检验意见。

6.3.4 质量事故的处理资料

质量事故调查报告应包括以下主要内容：

(1) 事故单位发生的单位名称，工程(产品)名称、部位、时间、地点；
(2) 事故概况和初步估计的直接损失；
(3) 事故发生原因的初步分析；
(4) 事故发生后采取的措施；
(5) 相关各种资料(有条件时)。

工程质量事故处理报告主要内容：

(1) 工程质量事故情况、调查情况、原因分析；
(2) 质量事故处理的依据；
(3) 质量事故技术处理方案；
(4) 实施技术处理施工中有关问题和资料；
(5) 对处理结果的检查鉴定和验收；
(6) 质量事故处理结论。

6.4 知识和能力拓展

查阅相关规范，熟悉质量问题、质量事故的分类，掌握质量问题和质量事故的处理程序，及相关处理资料的整理、填写。

6.5 思考题

(1) 质量问题和质量事故的调查报告和处理报告的主要内容。
(2) 针对不同的工程实际情况，灵活运用质量事故的处理方案。

6.6 模拟实训题

便民服务大楼二层柱子混凝土强度设计要求为C35，同条件养护试块强度为28MPa，请对此进行处理，并提交完整的处理资料。

单元 7

工程施工验收资料

7.1 概述

检验批、分项、分部(子分部)、节能单位(子单位)工程的划分及验收。

1. 检验批

(1) 检验批的划分

检验批是按一定的方式汇总起来专供检验用的,由一定数量的材料、构配件或安装项目组成的批次。依据《建筑工程施工质量验收统一标准》(GB 50300—2001)条文 4.0.5:分项工程可由一个或若干检验批组成,检验批可根据施工及质量控制和专业验收需要按楼层、施工段、变形缝等进行划分。

如:某六层住宅工程,中间设置一道变形缝,砖砌体施工时按楼层分段验收,该主体结构砌体结构子分部工程中砖砌体分项工程的检验批就有 $2\times6=12$ 个。

(2) 检验批的验收

依据《建筑工程施工质量验收统一标准》(GB 50300—2001)条文 5.0.1:

检验批合格质量应符合下列规定:①主控项目和一般项目的质量经抽样检验合格;②具有完整的施工操作依据、质量检查记录。

检验批的验收是最基本、最小的验收单位。对检验批进行验收有助于及时纠正施工中出现的质量问题,便于控制施工过程。

2. 分项工程

(1) 分项工程的划分

分项工程的划分是按照工程的具体情况,既便于质量管理和工程质量控制,也便于质量验收。依据《建筑工程施工质量验收统一标准》(GB 50300—2001)条文 4.0.4:分项工程应按主要工种、材料、施工工艺、设备类别等进行划分。具体划分可按标准(GB 50300—2001)附录 B 采用。

(2) 分项工程的验收

依据《建筑工程施工质量验收统一标准》(GB 50300—2001)条文 5.0.2:分项工程质量验收合格应符合下列规定:①分项工程所含的检验批均应符合合格质量的规定;②分项工程所含的检验批的质量验收记录应完整。

分项工程的验收是在检验批的基础上进行,一般情况下,二者具有相同或者相近的性质,只是批量的大小不同而已。但是就验收而言，存在部分检测项目无法在检验批验收时进行实测、实量，就不得不放入分项工程中进行实测、实量。如混凝土强度的合格性判定、砂浆强度的合格性判定、全高垂直度、总高指标等。

3. 分部工程

(1) 分部工程的划分

依据《建筑工程施工质量验收统一标准》(GB 50300—2001)条文 4.0.3：分部工程的划分应按下列原则确定：①分部工程的划分应按专业性质、建筑部位确定；②当分部工程较大或较复杂时，可按材料种类、施工特点、施工程序、专业系统及类别等划分为若干子分部工程。具体划分可按标准(GB 50300—2001)附录 B 采用。

建筑与结构工程按主要部位划分为地基与基础、主体结构、装饰装修及屋面 4 个分部。为方便管理又将每个分部工程划分为几个子分部工程。如：主体结构分部工程按照材料不同划分为混凝土结构、劲钢(管)混凝土结构、砌体结构、钢结构、木结构、网架和索膜结构六个子分部工程。

地基与基础分部工程，包括±0.000 以下的结构及防水分项工程。凡有地下室的工程其首层地面下的结构(现浇混凝土楼板或预制楼板)以下的项目，均纳入"地基与基础"分部工程，其他如地面、门窗等分项工程仍纳入建筑装饰装修分部。没有地下室的工程，墙体以防潮层为界，室内以地面垫层以下分界，灰土、混凝土等垫层应纳入装饰工程的建筑地面子分部工程。桩基础以承台上皮为界。

凡是±0.000 以上的承重构件都为主体分部。对非承重墙的规定：凡使用板块材料，经过砌筑、焊接的隔墙纳入主体分部工程，如各种砌块、加气条板等。凡是采用轻钢、木材等用铁钉、螺丝或胶类粘结的均纳入装饰装修分部工程，如轻钢龙骨、木龙骨的隔墙、石膏板隔墙等。

地下防水列入"地基与基础"分部，地面防水列入"建筑装饰装修"分部，墙面防水列入"主体结构"分部工程。

(2) 分部工程的验收

依据《建筑工程施工质量验收统一标准》(GB 50300—2001)条文 5.0.3，分部(子分部)工程质量验收合格应符合下列规定：①分部(子分部)工程所含的分项工程的质量均应验收合格；②质量控制资料应完整；③地基与基础、主体结构和设备安装等分部工程有关安全及功能的检验和抽样检测结果应符合有关规定；④观感质量验收应符合要求。

4. 节能工程验收

根据《建筑节能工程施工质量验收规范》(GB 50411—2007)规定，节能工程作为建筑工程的一项分部工程，必须验收合格以后才能进行单位工程的验收。规范明确将节能工程设计文件情况、进场材料设备质量、施工过程质量控制、系统调试与运行检测 4 个环节作为施工和验收的重点，实现全过程管理。节能验收具有"一票否决权"。任何单位工程的竣工验收应在建筑节能分部工程验收合格后方可进行。

(1) 建筑节能分项工程的划分

建筑节能工程划分为墙体节能工程、幕墙节能工程、门窗节能工程、屋面节能工程等10个分项。建筑节能工程应按照分项工程进行验收。当节能分项工程的工程量较大时，可将分项工程划分为若干个检验批进行验收。建筑节能分项工程和检验批的验收应单独填写验收记录，节能验收资料应单独组卷。

(2) 节能工程的验收

依据《建筑节能工程施工质量验收规范》(GB 50411—2007)条文15.0.5，建筑节能分部工程质量验收合格应符合下列规定：①分项工程应全部合格；②质量控制资料应完整；③外墙节能构造现场实体检验结果应符合设计要求；④严寒、寒冷和夏热冬冷地区的外窗气密性现场实体检测结果应合格；⑤建筑设备工程系统节能性能检测结果应合格。

5. 单位工程

(1) 单位工程的划分

1) 房屋建筑(构筑物)单位工程划分

依据《建筑工程施工质量验收统一标准》(GB 50300—2001)条文4.0.2，单位工程的划分依据以下原则：①具备独立施工条件并能形成独立使用功能的建筑物及构筑物为一个单位工程；②建筑规模较大的单位工程，可将其能形成独立使用功能的部分为一个子单位工程。

如一个单位工程由28层塔楼和裙房共同组成，就可以将塔楼与裙房划分为子单位工程，裙房施工完成后先以子单位工程进行验收，并以子单位工程办理竣工备案手续。

2) 室外单位工程划分

室外工程根据专业类别和工程规模划分单位(子单位)工程，见表1-29。

室外工程划分　　　　　　　　　　　　　　　　　　　表1-29

单位工程	子单位工程	分部(子分部)工程
室外建筑环境	附属建筑	车棚，围墙，大门，挡土墙，垃圾收集站
	室外环境	建筑小品，道路，亭台，连廊，花坛，场坪绿化
室外安装	给水排水与采暖	室外给水系统，室外排水系统，室外供热系统
	电气	室外供电系统，室外照明系统

如：室外的架空线路、电缆线路、路灯等建筑电气安装工程组成一个单位工程；道路、围墙等工程组成一个单位工程。

(2) 单位工程的验收

单位工程的验收也称竣工验收，是建筑工程投入使用前的最后一次验收。依据《建筑工程施工质量验收统一标准》(GB 50300—2001)条文5.0.4，单位(子单位)工程质量验收合格应符合下列规定：①单位(子单位)工程所含的分部(子分部)工程的质量均应验收合格；②质量控制资料应完整；③单位(子单位)工程所含分部工程有关安全和功能的检测资料应完整；④主要功能项目的抽查结果应符合相关专业质量验收规范的规定；⑤观感质量验收应符合要求。

7.2 工程施工验收资料的填写

7.2.1 检验批验收表的填写

检验批由监理工程师或建设单位项目技术负责人组织项目专业质量检查员等进行验收，表的名称应在制订专用表格时就印好，前边印上分项工程的名称。表的名称下边注上"质量验收规范的编号"。

1. 检验批的编号

检验批表的编号按全部施工质量验收规范系列的分部工程、子分部工程统一为9位数的数码编号，写在表的右上角，前6位数字均印在表上，后留两个□，检查验收时填写检验批的顺序号。其编号规则为：

前边二个数字是分部工程的代码，01～09：地基与基础为01，主体结构为02，建筑装饰装修为03，建筑屋面为04，建筑给水排水及采暖为05，建筑电气为06，智能建筑为07，通风与空调为08，电梯为09。

第3、4位数字是子分部工程的代码。

第5、6位数字是分项工程的代码。

其顺序号见GB 50300—2001附录B表B.0.1，建筑工程分部（子分部）、分项工程划分表。

第7、8位数字是各分项工程检验批验收的顺序号。由于在大量高层或超高层建筑中，同一个分项工程会有很多检验批的数量，故留了2位数的空位置。

如地基与基础分部工程，无支护土方子分部工程，土方开挖分项工程，其检验批表的编号为010101□□，第一检验批编号为：010101◎①。

还需说明的是，有些子分部工程中有些项目可能在两个分部工程中出现，这就要在同一个表上编2个分部工程及相应子分部工程的编号：如砖砌体分项工程在地基与基础和主体结构中都有，砖砌体分项工程检验批的表编号为：010701□□、020301□□。

有些分项工程可能在几个子分部工程中出现，这就应在同一个检验批表上编几个子分部工程及子分部工程的编号。如建筑电气的接地装置安装，在室外电气、变配电室、备用和不间断电源安装及防雷接地安装等子分部工程中都有。其编号如下。4行编号中的第5、6位数字的分别是：第一行09是室外电气子分部工程的第9个分项工程，第二行的06是变配电室子分部工程的第6个分项工程，其余类推。

060109□□；
060206□□；
060608□□；
060701□□。

另外，有些规范的分项工程，在验收时也将其划分为几个不同的检验批来验收。如混凝土结构子分部工程的混凝土分项工程，分为原材料及配合比设计、混凝土施工两个检验批来验收。又如建筑装饰装修分部工程建筑地面子分部工程中的基层分项工程，其中有几种不同的检验批。故在其表名下加标罗马数字(Ⅰ)、(Ⅱ)、(Ⅲ)……。

2. 检验批验收记录表的填写

(1) 项目工程概况

单位(子单位)工程名称：本工程实际名称，按合同文件上的单位工程名称填写，与设计图纸、建筑规划许可证、施工证等相符。子单位工程标出该部分的位置。

分部(子分部)工程名称：按验收规范划定的分部(子分部)名称填写。

验收部位：该检验批所在分部及图纸位置填写，如主体二层①～⑧轴。

施工单位：总包单位名称。

项目经理：总包单位本项目经理姓名。

分包单位：分项工程的分包方单位名称。如防水分项工程施工的防水专业队名称。有分包单位时才填，没有时就不填写。

分包项目经理：分包单位本项目经理姓名。无分包单位则不填写。

(注：以上人员部分由资料员统一填写，不需要本人签字，只表明其身份)。

施工执行标准名称及编号：为建立健全质量管理体系，搞好过程控制，体现全过程的管理，要求各企业依据操作工艺制定企业标准。若施工单位无企业标准，可执行国家、地方或行业标准。但是不论是执行哪种标准，在此栏要填写施工执行标准名称、编号、批准人、批准时间、执行时间(若执行国家、地方或行业标准，也要经过本企业总工批准)。

(2) 施工质量验收规范的规定栏

质量验收规范的规定填写具体的质量要求，在制表时就已填写好验收规范中主控项目、一般项目的全部内容，但由于表格的地方小，不能将多数指标全部内容填写下，所以，只将质量指标归纳、简化描述或题目及条文号填写上，作为检查内容提示，以便查对验收规范的原文；对计数检验的项目，将数据直接印出来。如果是将验收规范的主控、一般项目的内容全摘录在表的背面，这样方便查对验收条文的内容。但是，根据以往的经验，这样做就会引起只看表格，不看验收规范的后果，规范上还有基本规定、一般规定等内容，他们虽然不是主控项目和一般项目的条文，但这些内容也是验收主控项目和一般项目的依据。所以验收规范的质量指标不宜全抄过来，而且，验收资料的填写，应依据现场检查结果和实测数据，表格规定栏及背面不全文抄录也规避了"编造"资料的情况。

(3) 主控项目、一般项目施工单位检查评定记录

填写方法分以下几种情况，判定是否验收均按施工质量验收规定进行判定。

1) 对定量项目直接填写检查的数据。

2) 对定性项目，当符合规范规定时，采用打"√"的方法标注；当不符合规范规定时，采用打"×"的方法标注。

3) 有混凝土、砂浆强度等级的检验批，按规定制取试件后，可填写试件编号，待试件试验

报告出来后，对检验批进行判定，并在分项工程验收时进一步进行强度评定及验收。

4）对既有定性又有定量的项目，各个子项目质量均符合规范规定时，采用打"√"来标注；否则采用打"×"来标注。无此项内容的打"/"来标注。

5）对一般项目合格点有要求的项目，应是其中带有数据的定量项目；定性项目必须基本达到。定量项目其中每个项目都必须有80%以上的（混凝土保护层为90%）检测点的实测数值达到规范规定。其余20%按各专业施工质量验收规范规定，通常不得超过规定值的150%，钢结构不得超过规定值的为120%。

"施工单位检查评定记录"栏的填写，有数据的项目，将实际测量的数值填入格内，超企业标准的数字，而没有超过国家验收规范的用"○"将其圈住；对超过国家验收规范的用"△"圈住。

（4）监理（建设）单位验收记录

通常监理人员应进行平行、旁站或巡回的方法进行监理，在施工过程中，对施工质量进行察看和测量，并参加施工单位的重要项目的检测。对新开工程或首件产品进行全面检查，以了解质量水平和控制措施的有效性及执行情况，在整个过程中，随时可以测量等。在检验批验收时，对主控项目、一般项目应逐项进行验收。对符合验收规范规定的项目，填写"合格"或"符合要求"，对不符合验收规范规定的项目，暂不填写，待处理后再验收，但应做标记。

（5）施工单位检查评定结果

施工单位自行检查评定合格后，应注明"主控项目全部合格，一般项目满足规范规定要求"。

专业工长（施工员）和施工班组长栏目由本人签字，以示承担责任。专业质量检查员代表企业逐项检查评定合格，将表填写清楚并写明结果，签字后，交监理工程师或建设单位项目专业技术负责人验收。

（6）监理（建设）单位验收结论

主控项目、一般项目验收合格，混凝土、砂浆试件强度待试验报告出来后判定，其余项目已全部验收合格，注明"同意验收"。专业监理工程师或建设单位项目专业技术负责人签字。

7.2.2 分项工程验收表的填写

分项工程验收由监理工程师组织项目专业技术负责人等进行验收。

需要注意以下几点，一是检查检验批是否将整个工程覆盖了，有没有漏掉的部位（内容的覆盖缺乏可操作性）；二是检查有混凝土、砂浆强度要求的检验批，到龄期后能否达到规范规定；三是检查全高垂直度指标的实测实量结果；四是将检验批的资料统一，依次进行登记整理，方便管理。

表的填写：表名填上所验收分项工程的名称，表头及检验批部位、区段，施工单位检查评定结果，由施工单位项目专业质量检查员填写，由施工单位的项目专业技术负责人检查后给出评价并签字，交监理单位或建设单位验收。

监理单位的专业监理工程师（或建设单位的专业负责人）应逐项审查，同意项填写"合格或符合要求",不同意项暂不填写,等处理后再验收,但应做标记。注明验收和不验收的意见,如同意验收并签字确认,不同意验收请指出存在问题,明确处理意见和完成时间。

7.2.3 分部(子分部)工程验收表的填写

分部(子分部)工程的验收,比 GBJ 300—88 标准增加了内容,是质量控制的一个重点。由于单位工程体量的增大,复杂程度的增加,专业施工单位的增多,为了分清责任,及时整修等,分部(子分部)工程的验收就显得较重要,以往一些到单位工程验收的内容,移到分部(子分部)工程来了,除了分项工程的核查外,还有质量控制资料核查;安全、功能项目的检测;观感质量的验收等。

分部(子分部)工程应由施工单位将自行检查评定合格的表填写好后,由项目经理交监理单位或建设单位验收。由总监理工程师组织施工项目经理及有关勘察(地基与基础部分)、设计(地基与基础及主体结构等)单位项目负责人进行验收,并按表的要求进行记录。

1. 表名及表头部分

表名:分部(子分部)工程的名称填写要具体,写在分部、(子分部)工程的前边,并分别划掉分部或子分部。

表头部分的工程名称填写工程全称,与检验批、分项工程、单位工程验收表的工程名称一致。

结构类型填写按设计文件提供的结构类型。层数应分别注明地下和地上的层数。

施工单位填写单位全称。与检验批、分项工程、单位工程验收表填写的名称一致。

技术部门负责人及质量部门负责人多数情况下填写项目的技术及质量负责人,只有地基与基础、主体结构及重要安装分部(子分部)工程应填写施工单位的技术部门及质量部门负责人。

分包单位的填写,有分包单位时才填,没有时就不填写,主体结构不应进行分包。分包单位名称要写全称,与合同或图章上的名称一致。分包单位负责人及分包单位技术负责人,填写本项目的项目负责人及项目技术负责人。

2. 验收内容,共有四项内容

(1) 分项工程。按分项工程第一个检验批施工先后的顺序,将分项工程名称填写上,在第二格栏内分别填写各分项工程实际的检验批数量,即分项工程验收表上的检验批数量,并将各分项工程评定表按顺序附在表后。

施工单位检查评定栏,填写施工单位自行检查评定的结果。核查一下各分项工程是否都通过验收,有关有龄期试件的合格评定是否达到要求;有全高垂直度或总的标高的检验项目的应进行检查验收。自检符合要求的打"√"标注,否则打"×"标注。有"×"的项目不能交给监理单位或建设单位验收,应进行返修达到合格后再提交验收。监理单位或建设单位由总监理工程师或建设单位项目专业技术负责人组织审查,在符合要求后,在验收意见栏内签注"同意验收"意见。

(2) 质量控制资料。应按 GB 50300—2001 表 G.0.1-2 单位(子单位)工程质量控制资料核查记录中的相关内容来确定所验收的分部(子分部)工程的质量控制资料项目,按资料核查的要求,逐项进行核查。能基本反映工程质量情况,达到保证结构安全和使用功能的要求,即可通过验收。全部项目都通过,即可在施工单位检查评定栏内打"√"标注检查合格。并送监理单位或建设单位验收,监理单位总监理工程师组织审查,在符合要求后,在验收意见栏内签注"同意验收"意见。

有些工程可按子分部工程进行资料验收,有些工程可按分部工程进行资料验收,由于工程不同,不强求统一。

(3) 安全和功能检验(检测)报告。这个项目是指竣工抽样检测的项目,能在分部(子分部)工程中检测的,尽量放在分部(子分部)工程中检测。检测内容按 GB 50300—2001 表 G.0.1-3 单位(子单位)工程安全和功能检验资料核查及主要功能抽查记录中相关内容确定核查和抽查项目。在核查时要注意,在开工之前确定的项目是否都进行了检测;逐一检查每个检测报告,核查每个检测项目的检测方法、程序是否符合有关标准规定;检测结果是否达到规范的要求。检测报告的审批程序签字是否完整。在每个报告上标注审查同意。每个检测项目都通过审查,即可在施工单位检查评定栏内打"√"标注检查合格。由项目经理送监理单位或建设单位验收,监理单位总监理工程师或建设单位项目专业负责人组织审查,在符合要求后,在验收意见栏内签注"同意验收"意见。

(4) 观感质量验收。实际不单单是外观质量,还有能启动或运转的要启动或试运转,能打开看的打开看,有代表性的房间、部位都应走到,并由施工单位项目经理组织进行现场检查,经检查合格后,将施工单位填写的内容填写好后,由项目经理签字后交监理单位或建设单位验收。监理单位由总监理工程师或建设单位项目专业负责人组织验收,在听取参加检查人员意见的基础上,以总监理工程师或建设单位项目专业负责人为主导共同确定质量评价,好、一般、差。由施工单位的项目经理和总监理工程师或建设单位项目专业负责人共同签认。如评价观感质量差的项目,能修理的尽量修理,如果确难修理时,只要不影响结构安全和使用功能的,可采用协商解决的方法进行验收,并在验收表上注明,然后将验收评价结论填写在分部(子分部)工程观感质量验收意见栏内。

3. 验收单位签字认可

按表列参与工程建设责任单位的有关人员应亲自签名,以示负责,以便追查质量责任。

勘察单位可只签认地基基础分部(子分部)工程,由项目负责人亲自签认;

设计单位可只签地基基础、主体结构及重要安装分部(子分部)工程,由项目负责人亲自签认;

施工单位、总承包单位必须签认,由项目经理亲自签认,有分包单位的分包单位也必须签认其分包的分部(子分部)工程,由分包项目经理亲自签认。

监理单位作为验收方,由总监理工程师亲自签认验收。如果按规定不委托监理单位的工程,可由建设单位项目专业负责人亲自签认验收。

7.2.4 单位(子单位)工程验收表的填写

单位(子单位)工程质量验收由五部分内容组成,每一项内容都有自己的专门验收记录表,而单位(子单位)工程质量竣工验收记录表(GB 50300—2001 表 G.0.1-1)是一个综合性的表,是各项目验收合格后填写的。

单位(子单位)工程由建设单位(项目)负责人组织施工(含分包单位)、设计单位、监理等单位(项目)负责人进行验收。单位(子单位)工程验收表中的表 G.0.1-1 由参加验收单位盖公章,并由负责人签字。表 G.0.1-2、3、4 则由施工单位项目经理和总监理工程师(建设单位项目负责人)签字。

1. 表名及表头的填写:

(1) 将单位工程或子单位工程的名称(项目批准的工程名称)填写在表名的前边,并将子单位或单位工程的名称划掉。

(2) 表头部分,按分部(子分部)表的表头要求填写。

2. 验收内容之一是"分部工程",对所含分部工程逐项检查

首先由施工单位的项目经理组织有关人员逐个分部(子分部)进行检查评定。所含分部(子分部)工程检查合格后,由项目经理提交验收。经验收组成员验收后,由施工单位填写"验收记录"栏。注明共验收几个分部,经验收符合标准及设计要求的几个分部。审查验收的分部工程全部符合要求,由监理单位在验收结论栏内,写上"同意验收"的结论。

3. 验收内容之二是"质量控制资料核查"

这项内容有专门的验收表格(表 G.0.1-2),也是先由施工单位检查合格后,再提交监理单位验收。其全部内容在分部(子分部)工程中已经审查。通常单位(子单位)工程质量控制资料核查,也是按分部(子分部)工程逐项检查和审查,一个分部工程只有一个子分部工程时,子分部工程就是分部工程,多个子分部工程时,可一个一个地检查和审查,也可按分部工程检查和审查。每个子分部、分部工程检查审查后,也不必再整理分部工程的质量控制资料,只将其依次装订起来,前边的封面写上分部工程的名称,并将所含子分部工程的名称依次填写在下边就行了。然后将各子分部工程审查的资料逐项进行统计,填入验收记录栏内。通常共有多少项资料,经审查也都应符合要求。如果出现有核定的项目时,应查明情况,只要是协商验收的内容,填在验收结论栏内,通常严禁验收的事件,不会留在单位工程来处理。这项也是先施工单位自行检查评定合格后,提交验收,由总监理工程师或建设单位项目负责人组织审查符合要求后,在验收记录栏格内填写项数。在验收结论栏内,写上"同意验收"的意见。同时要在 GB 50300—2001 表 G.0.1-1 单位(子单位)工程质量竣工验收记录表中的序号 2 栏内的验收结论栏内填"同意验收"。

4. 验收内容之三是安全和主要使用功能核查及抽查结果

这项内容有专门的验收表格(GB 50300—2001 表 G.0.1-3)这个项目包括两个方面的内容。一是在分部(子分部)进行了安全和功能检测的项目,要核查其检测报告结论是否符合设计要求,二是在单位工程进行的安全和功能抽测项目,要核查其项目是否与设计内容一致,抽测的程序、方法是否符合有关规定,抽测报告的结论是否达到设计要求及规范规定。这个项目也是由施工单位检查评定合格,再提交验收,由总监理工程师或建设单位项目负责人组织审查,程序内容基本是一致的。按项目逐个进行核查验收。然后统计核查的项数和抽查的项数,填入验收记录栏,并分别统计符合要求的项数,也分别填入验收记录栏相应的空档内。通常两个项数是一致的,如果个别项目的抽测结果达不到设计要求,则可以进行返工处理达到符合要求。然后由总监理工程师或建设单位项目负责人在验收结论栏内填写"同意验收"的结论。

如果返工处理后仍达不到设计要求,就要按不合格处理程序进行处理。

5. 验收内容之四是观感质量验收

观感质量检查的方法同分部(子分部)工程,单位工程观感质量检查验收不同的是项目比较多,是一个综合性验收。实际是复查一下各分部(子分部)工程验收后,到单位工程竣工的质量变化,成品保护以及分部(子分部)工程验收时,还没有形成部分的观感质量等。这个项目也是先由施工单位检查评定合格,提交验收。由总监理工程师或建设单位项目负责人组织审查,程序和内容基本是一致的。按核查的项目数及符合要求的项目数填写在验收记录栏内,如果没有影响结构安全和使用功能的项目,由总监理工程师或建设单位项目负责人为主导意见,评价好、一般、差,则不论评价为好、一般、差的项目,都可作为符合要求的项目。由总监理工程师或建设单位项目负责人在验收结论栏内填写"同意验收"的结论。如果有不符合要求的项目,就要按不合格处理程序进行处理。

6. 验收内容之五是综合验收结论

施工单位应在工程完工后,由项目经理组织有关人员对验收内容逐项进行查对,并将表格中应填写的内容进行填写,自检评定符合要求后,在验收记录栏内填写各有关项数,交建设单位组织验收。综合验收是指在前五项内容均验收符合要求后进行的验收,即按 GB 50300—2001 表 G.0.1-1 单位(子单位)工程质量竣工验收记录表进行验收。验收时,在建设单位组织下,由建设单位相关专业人员及监理单位专业监理工程师和设计单位、施工单位相关人员分别核查验收有关项目,并由总监理工程师组织进行现场观感质量检查。经各项目审查符合要求时,由监理单位或建设单位在"验收结论"栏内填写"同意验收"的意见。各栏均同意验收且经各参加检验方共同同意商定后,由建设单位填写"综合验收结论",可填写为"通过验收"。

7. 签字验收

参加验收单位签名勘察单位、设计单位、施工单位、监理单位、建设单位都同意验收时,其各单位的单位项目负责人要亲自签字,以示对工程质量的负责,并加盖单位公章,注明签字验收时的年、月、日。

7.3 施工验收资料的整理

施工验收资料的编制、整理,应按检验批—分项—分部(子分部)—单位(子单位)进行汇总。

7.3.1 单位(子单位)工程竣工验收资料附表

(1) 单位(子单位)工程质量竣工验收记录表。
(2) 单位(子单位)工程质量控制资料核查记录表。
(3) 单位(子单位)工程安全和功能检验资料核查及主要功能抽查记录表。
(4) 单位(子单位)工程观感质量检查记录表。

7.3.2 地基基础分部验收资料附表

(1) 基础分部工程质量验收记录表。
(2) 质量控制资料核查记录表。
(3) 安全和功能检验资料核查及主要功能抽查记录表。
(4) 观感质量检查记录表。
(5) 分项(检验批)工程质量验收记录表。

7.3.3 主体分部验收资料附表

(1) 主体分部工程质量验收记录表。
(2) 质量控制资料核查记录表。
(3) 安全和功能检验资料核查及主要功能抽查记录表。
(4) 观感质量检查记录表。
(5) 分项(检验批)工程质量验收记录表。

7.3.4 建筑装饰装修分部验收资料附表

(1) 建筑装饰装修分部工程质量验收记录表。
(2) 质量控制资料核查记录表。
(3) 安全和功能检验资料核查及主要功能抽查记录表。
(4) 观感质量检查记录表。
(5) 分项(检验批)工程质量验收记录表。

7.3.5 建筑屋面分部验收资料附表

(1) 建筑屋面分部工程质量验收记录表。
(2) 质量控制资料核查记录表。
(3) 安全和功能检验资料核查及主要功能抽查记录表。
(4) 观感质量检查记录表。
(5) 分项(检验批)工程质量验收记录表。

7.4 案例

普陀区六横镇人民政府便民服务大楼工程的检验批、分项、分部、单位工程验收表的填写示例。便民服务大楼为15层带地下室的框架—剪力墙结构，由××建筑公司承建，工程于2006年12月1日开工，2008年4月31日竣工。

砖砌体工程检验批质量验收记录表 GB 50203—2002

表1-30

020301 □1

单位(子单位)工程名称			便民服务大楼							一层1~8轴砌体		
分部(子分部)工程名称			主体分部			验收部位				一层1~8轴砌体		
施工单位			××建筑公司			项目经理				×××		
分包单位			/			分包项目经理				/		
施工执行标准名称及编号			砖墙砌筑施工工艺标准(QB 68006—2006)									
施工质量验收规范的规定				施工单位检查评定记录							监理(建设)单位验收记录	
主控项目	1	砖强度等级	设计要求	复验，见试验报告×××							合格	
	2	砂浆强度等级	设计要求	试块编号×××								
	3	水平灰缝砂浆饱满度	≥80%	85	95	94	84	82				
	4	斜槎留置	第5.2.3条	/								
	5	直槎拉结筋及接槎处理	第5.2.4条	√								
	6	轴线位移	≤10mm	9	6	4	6	4	8	7	5	2	4
	7	垂直度(每层)	≤5mm	4	4	3	2	3	1	5	4	4	3
一般项目	1	组砌方法	第5.3.1条	√							合格	
	2	水平灰缝厚度	8~12mm	11	9	8	10	12	9	11	8	11	10
	3	基础顶面、楼面标高	±15mm	7	8	−6	9	11					
	4	表面平整度	清水：5mm	4	3	5	2	2					
	5	门窗洞口高、宽	±5mm	4	3	−2	−3	4	1	2	−2	4	3
	6	外墙上下窗口偏移	20mm	12	8	10	12	6					
	7	水平灰缝平直度	清水：7mm	5	6	4	4	5					
	8	清水墙游丁走缝	20mm	10	12	14	8	6	15				
		专业工长(施工员)		×××					施工班组长		×××	
施工单位检查评定结果		主控项目全部合格，一般项目满足规范规定要求										
		项目专业质量检查员：×××									×年×月×日	
监理(建设)单位验收结论		同意验收 专业监理工程师：××× (建设单位项目专业技术负责人)									×年×月×日	

砖砌体分项工程质量验收记录表

表 1-31

工程名称	便民服务大楼	结构类型	框架剪力墙	检验批数	15
施工单位	××建筑公司	项目经理	×××	项目技术负责人	×××
分包单位	/	分包单位负责人	/	分包项目经理	/

序号	检验批部位、区段	施工单位检查评定结果	监理(建设)单位验收结论
1	一层 1~8 轴砖砌体	√	合格
2	二层 1~8 轴砖砌体	√	合格
3	三层 1~8 轴砖砌体	√	合格
4	四层 1~8 轴砖砌体	√	合格
5	五层 1~8 轴砖砌体	√	合格
6	六层 1~8 轴砖砌体	√	合格
7	七层 1~8 轴砖砌体	√	合格
8	八层 1~8 轴砖砌体	√	合格
9	九层 1~8 轴砖砌体	√	合格
10	十层 1~8 轴砖砌体	√	合格
11	十一层 1~8 轴砖砌体	√	合格
12	十二层 1~8 轴砖砌体	√	合格
13	十三层 1~8 轴砖砌体	√	合格
14	十四层 1~8 轴砖砌体	√	合格
15	十五层 1~8 轴砖砌体	√	合格

说明：
1. 全高垂直度：检查 4 点分别为 7、9、14、7，最大值为 14。
2. 砂浆试块抗压强度依次为：8.2、8.9、8.1、8.6、9.2、8.8，平均值 8.6MPa≥7.5MPa，最小 8.1MPa≥5.6MPa。

检查结论	合格 项目专业 技术负责人：××× ×年×月×日	验收结论	同意验收 监理工程师：××× (建设单位项目专业技术负责人) ×年×月×日

主体结构分部(子分部)工程验收记录

表 1-32

工程名称	便民服务大楼	结构类型	框架剪力墙	层 数	十五层
施工单位	××建筑公司	技术负责人	×××	质量部门负责人	×××
分包单位	/	分包单位负责人	/	分包技术负责人	/

序号	分项工程名称	检验批数	施工单位检查评定	验收意见
1	砖砌体	15	√	
2	模板	30	√	
3	钢筋	30	√	同意验收
4	混凝土	30	√	
5	现浇结构	15	√	
6	装配式结构	30	√	
	质量控制资料		√	同意验收
	安全和功能检验(检测)报告		√	同意验收
	观感质量验收		好	同意验收

验收单位	分包单位:/	项目经理:/	年 月 日
	施工单位:××建筑公司	项目经理:×××	×年×月×日
	勘察单位:/	项目负责人:/	年 月 日
	设计单位:浙江建院建筑设计院	项目负责人:×××	×年×月×日
	监理(建设)单位:××监理公司	总监理工程师:××× (建设单位项目专业负责人)	×年×月×日

单位(子单位)工程质量竣工验收记录表　　　　　表 1-33

工程名称	便民服务大楼	结构类型	框架剪力墙	层数/建筑面积	15层/13946.6m²
施工单位	××建筑公司	技术负责人	×××	开工日期	2006年12月1日
项目经理	×××	项目技术负责人	×××	竣工日期	2008年4月31日

序号	项目	验收记录	验收结论
1	分部工程	共6分部，经查6分部符合标准及设计要求6分部	同意验收
2	质量控制资料核查	共23项，经审查符合要求23项，经核定符合规范要求0项	同意验收
3	安全和主要使用功能核查及抽查结果	共核查12项，符合要求12项，共抽查3项，符合要求3项，经返工处理符合要求0项	同意验收
4	观感质量验收	共抽查15项，符合要求15项，不符合要求0项	同意验收
5	综合验收结论	通 过 验 收	

验收单位	建设单位	监理单位	施工单位	设计单位
	(公章) 单位(项目)负责人 ×年×月×日	(公章) 总监理工程师 ×年×月×日	(公章) 单位负责人 ×年×月×日	(公章) 单位(项目)负责人 ×年×月×日

单位(子单位)工程质量控制资料核查记录　　　　表 1-34

工程名称		便民服务大楼	施工单位	××建筑公司	
序号	项目	资料名称	份数	核查意见	核查人
1	建筑与结构	图纸会审、设计变更、洽谈记录	6	符合要求	×××
2		工程定位测量、放线记录	16	符合要求	
3		原材料出厂合格证书及进场检(试)验报告	40	符合要求	
4		施工试验报告及见证检测报告	85	符合要求	
5		隐蔽工程验收记录	64	符合要求	
6		施工记录	40	符合要求	
7		预制构件、预拌制混凝土合格证	4	符合要求	
8		地基基础、主体结构检验及抽样检测资料	4	符合要求	
9		分项、分部工程质量验收记录	1	符合要求	
10		工程质量事故及事故调查处理资料	31/4	符合要求	
11		新材料、新工艺施工记录			
12					
1	给排水与采暖	图纸会审、设计变更、洽谈记录	3	符合要求	×××
2		原材料出厂合格证书及进场检(试)验报告	15	符合要求	
3		管道、设备强度试验、严密性试验记录	14	符合要求	
4		隐蔽工程验收记录	12	符合要求	
5		系统清洗、灌水、通水、通球试验记录	20	符合要求	
6		施工记录	12	符合要求	
7		分项、分部工程质量验收记录	8/1	符合要求	
8					
1	建筑电气	图纸会审、设计变更、洽谈记录	2	符合要求	×××
2		原材料出厂合格证书及进场检(试)验报告	30	符合要求	
3		设备调试记录			
4		接地、绝缘电阻测试记录	5	符合要求	
5		隐蔽工程验收记录	20	符合要求	
6		施工记录	4	符合要求	
7		分项、分部工程质量验收记录	11/1	符合要求	
8					

续表

工程名称		便民服务大楼	施工单位		××建筑公司	
序号	项目	资料名称	份数	核查意见		核查人
1	通风与空调	图纸会审、设计变更、洽谈记录				
2		材料出厂合格证书及进场检（试）验报告				
3		制冷、空调、水管道强度试验、严密性试验记录				
4		隐蔽工程验收记录				
5		制冷设备运行调试记录				
6		通风、空调系统调试记录				
7		施工记录				
8		分项、分部工程质量验收记录				
1	电梯	土建布置图纸会审、设计变更、洽商记录				
2		设备出厂合格证书及开箱检验记录				
3		隐蔽工程验收记录				
4		施工记录				
5		接地、绝缘电阻测试记录				
6		负荷试验、安装置检查记录				
7		分项、分部工程质量验收记录				
8						
1	智能建筑	图纸会审、设计变更、洽谈记录、竣工图、及设计说明				
2		材料、设备出厂合格证书及技术文件及进场检（试)验报告				
3		隐蔽工程记录				
4		系统功能测定及设备调试记录				
5		系统技术、操作和维护手册				
6		系统管理、操作人员培训记录				
7		系统检测报告				
8		分项、分部工程质量验收记录				

结论：

完整

总监理工程师：×××

施工单位项目经理：×××　　　　×年×月×日　　　　（建设单位项目负责人）　　　　×年×月×日

单位(子单位)工程安全和功能检验资料核查及主要功能抽查记录　　　　表1-35

工程名称		便民服务大楼		施工单位	××建筑公司	
序号	项目	安全和功能检查项目	份数	核查意见	抽查结果	核查(抽查人)
1	建筑与结构	屋面淋水试验记录	1	符合要求		×××
2		地下室防水效果检查记录				
3		有防水要求的地面蓄水试验记录	4	符合要求	符合要求	
4		建筑物垂直度、标高、全高测量记录	3	符合要求		
5		抽气(风)道检查记录	4	符合要求		
6		幕墙及外窗气密性、水密性、耐风压检测报告	1	符合要求		
7		建筑物沉降观测测量记录				
8		节能、保温测试记录				
9		室内环境检测报告				
10						
1	给排水与采暖	给水管道通水试验记录	4	符合要求		×××
2		暖气管道、散热器压力试验记录	6	符合要求		
3		卫生器具满水试验记录	4	符合要求	符合要求	
4		消防燃气管道压力试验记录				
5		排水干管通球试验记录	4	符合要求		
6						
1	电气	照明全负荷试验记录	1	符合要求		×××
2		大型灯具牢固性试验记录				
3		避雷接地电阻测试记录	1	符合要求		
4		线路、插座、开关接地检验记录	1	符合要求	符合要求	
5						
1	通风与空调	通风、空调系统试运转记录				
2		风量、温度测试记录				
3		洁净室内洁净度测试记录				
4		制冷机组试运行调试记录				
5						
1	电梯	电梯运行记录				
2		电梯安全装置检测报告				
1	智能建筑	系统试运行记录				
2		系统电源及接地检测报告				
3						

结论：

　　完整

　　　　　　总监理工程师：×××

施工单位项目经理：×××　　　　×年×月×日(建设单位项目负责人)　　　　　　　　　×年×月×日

单位(子单位)工程观感质量检查记录   表 1-36

工程名称		便民服务大楼		施工单位							××建筑公司			
序号		项目	抽查质量情况									质量评价		
												好	一般	差
1	建筑与结构	室外墙面	√	√	○	√	√	√	○	√	√	√	√	
2		变形缝	√	○	√	√	√	○					√	
3		水落管、屋面	√	○	√	○	○	√	○				○	
4		室内墙面	√	√	√	○	√	√	√	○	√	√		
5		室内顶棚	○	√	√	√	√	○	√	√	√		○	
6		室内地面	○	√	√	○	○	√	○	√	√		○	
7		楼梯、踏步、护栏	○	○	√	○	√	√	√	○	√		√	
8		门窗	○	○	○	○	○	○	○	○	○		○	
1	给水排水与采暖	管道接口、坡度、支架	○	○	○	√	○	○	√	○	○		○	
2		卫生器具、支架、阀门	○	○	○	○	○	○	○	○			○	
3		检查口、扫除口、地漏	○	○	√	○	○	○	○	○			○	
4		散热器、支架	○	○	√	○	○	○	○	○			○	
1	建筑电气	配电箱、盘、板、接线盒	○	○	○	○	○	○	○	○			○	
2		设备器具、开关、插座	√	√	√	√	○	√	√	√	○	√	√	
3		防雷、接地	√	○	○	○							○	
1	通风与空调	风管、支架												
2		风口、风阀												
3		风机、空调设备												
4		阀门、支架												
5		水泵、冷却塔												
6		绝热												
1	电梯	运行、平层、开关门												
2		层门、信号系统												
3		机房												
1	智能建筑	机房设备安装及布局												
2		现场设备安装												
3														
		观感质量综合评价											一般	

检查结论	同意验收 总监理工程师：××× 施工单位项目经理：　　×年×月×日　　(建设单位项目负责人)　　×年×月×日

7.5　知识和能力拓展

查阅各施工质量验收规范，熟悉有关规范条文与条文说明，建立规范标准意识，并将其应用于施工验收资料的编制、整理中。

7.6　思考题

（1）举例说明单位（子单位）、分部（子分部）、分项、检验批的划分。
（2）单位（子单位）、分部（子分部）工程验收附表的核查要点。

7.7　模拟实训题

结合便民服务大楼的工程背景，填写分项、分部、单位工程的施工验收资料。

项目 2

安全资料管理

能力目标： 要求学生会对一般单位工程安全资料管理台账进行分类；对分部分项工程安全资料按台账分类能进行收集、整理、录入填写、审核、组卷；安全资料管理能达到规范的要求。

安全资料管理是施工企业和施工现场整个管理体系一个组成部分，它包括为制定、实施、审核和保持"安全第一、预防为主"方针和安全管理目标所需的组织结构、计划活动、职责、程序、过程和资源。

安全资料管理不仅是为了满足工程项目部自身安全生产的要求，同时也是为了满足相关方（政府、社会、投资者、业主、银行、保险公司、雇主和分包方等）对施工现场安全生产保证体系的持续改善和安全生产保证能力的信任，并以资料和数据形式提供关于体系和现状客观证据。

工程项目部建立安全资料管理，是为了实现"安全第一，预防为主"方针，确保建筑施工生产安全和人员的生命健康、安全，规范施工企业安全管理行为，强化从业人员安全意识及防范知识，提高企业领导、安全管理人员的安全生产和文明施工管理水平，提高企业在市场竞争中的形象和信誉，从而扩大商机，显示企业的社会责任感。

《中华人民共和国安全生产法》第二章第十七条——生产经营单位的主要负责人对本单位安全生产工作负有下列职责：

（一）建立、健全本单位安全生产责任制；

（二）组织制定本单位安全生产规章制度和操作规程；

（三）保证本单位安全生产投入的有效实施；

（四）督促、检查本单位的安全生产工作，及时消除生产安全事故隐患；

（五）组织制定并实施本单位的生产安全事故应急救援预案；

（六）及时、如实报告生产安全事故。

《建筑工程安全生产管理条例》第21条规定："施工单位主要负责人依法对本单位的安全生产工作全面负责。施工单位应当建立健全安全生产责任制度和安全生产教育培训制度，制定安全生产规章制度和操作规程，保证本单位安全生产条件所需要资金的投入，对所承担的建设工程进行定期和专项安全检查，并做好安全检查记录"。可见，安全资料管理应包含安全工作的主要内容：①建立健全安全生产责任制度；②制定安全生产规章制度和操作规程；③保证本单位安全生产条件所需要资金的投入和安全生产准备工作；④对所承担的建设工程进行定期和专项安全检查；⑤安全事故的处理。

安全资料台账包括安全生产的依据资料（安全制度、职责和规程）、安全生产的准备资料、安全用品和设施的合格证明资料、安全生产实施资料、分项工程安全验收资料、文明施工和安全教育和安全事故的处理七个方面。

为贯彻执行建设部颁发的强制性行业标准《建筑施工安全检查标准》（JGJ 59—99），强化施工现场安全管理工作，规范施工现场安全资料，提高施工现场文明施工、安全生产工作水平，全面提高现场安全技术资料台账管理档次，安全资料管理需满足以下规定。

（1）安全管理资料的填写与制作，必须遵循"如实记录工作、真实反应现状"的原则，使现场与业内管理真正统一起来。

（2）安全资料台账应针对施工现场，使其具有真实性、科学性，各类台账严禁代签、漏签；资料书写字迹要清楚，应及时跟上施工进度，随时准备接受上级部门的检查。

(3) 表式中的各类名称、单位等必须采用全称,且应与施工合同协议的名称相一致。严禁使用简称。

(4) 安全资料中的空格一般都必须填写,对一时无法填写的(如暂时不掌握的)可以暂时空缺,待了解后,及时补充填写清楚。

安全资料台账集中了施工现场主要的安全资料,除了管理资料给出各种要求外,各项目还应根据自己工程特点,补充相关的安全管理资料。还应根据行业部门的规定及各省、市建筑管理部门的规定,增加具体的书面资料。同时,随着行业管理的不断完善,管理部门将会不断出台一些新的管理措施与要求,并作为施工现场安全管理的痕迹,记录到安全管理资料中,从而使安全资料跟上形势发展的需要。

单元 1

安全生产依据资料

1.1 概述

《中华人民共和国安全生产法》第五条——生产经营单位的主要负责人对本单位的安全生产工作全面负责。生产经营单位的主要负责人指施工企业的主要负责人和施工项目的负责人。安全管理的首要任务是生产经营单位或施工项目应制定安全目标和明确责任，制定各项安全生产管理制度和各工种安全技术操作规程——即建立安全生产的依据资料。本单元包括三方面内容，即安全生产责任与目标管理、各项安全生产管理制度和各工种安全技术操作规程。

1.2 安全生产依据资料

1.2.1 安全生产职责与目标

1. 企业主要人员及主要职能部门安全生产责任制

"企业主要人员"指公司党组织负责人、公司经理、分管安全负责人、公司总工、技术负责人、公司安全部门负责人；"企业主要部门"是指公司安全管理部门、技术部门、动力设备部门。以上责任制一般由公司统一制订。

2. 项目部管理人员安全生产责任制

"项目部管理人员"指项目部管理班子组成人员（包括班组长）。该责任制通常由项目经理根据公司的要求，并结合项目特点、组织形式、岗位分工的不同来制定。

3. 安全生产目标责任书或经济承包协议书

该安全生产目标责任制是公司向项目经理下达施工任务时同时对项目经理提出的项目安全责任目标要求，通常在工程开工前三天内签订，甲方代表由公司经理签字并盖章，乙方代表由项目经理签字并盖项目部章。安全生产责任书中应有目标管理，并将目标进行分解，且有详细奖罚条款。本资料作为项目的安全责任纲领性文件，应及时收编归档保存。

4. 项目部安全管理目标责任制

项目部安全管理目标责任书中，应包括项目部与各班组和项目部与各管理人员签订的目标责任制，且有分解的责任目标内容。该目标责任书在工程开工前签订，甲方由项目经理与安全员签字，乙方由班组长与班组安全员签字（班组安全员可由班组长本人兼职）。该责任书可由公司协助制订。

5. 项目部安全生产组织网络

项目部安全生产组织网络应由项目经理及有关人员组成，其中安全员（按规定配备），工地专（兼）职消防员、治安保卫人员、卫生责任人员和保健急救人员必须参加。该网络图由项目经理根据公司的要求，并结合项目特点、组织形式、岗位分工的不同，会同项目相关技术人员来制订，在图中填入相应人员名字。

6. 项目部安全生产责任制考核规定及记录

项目部安全生产责任制考核规定及记录由公司统一制订考核制度与考核表，项目部根据制定的奖罚制度在工程项目结束或年度经济分配中进行奖罚兑现，对于考核分值不合格的项目经理，公司将撤销该项目经理岗位，对于考核分值在一年内有两次不合格的管理人员，项目部将取消其上岗资格。公司对项目经理每半年进行一次考核，项目经理对管理人员每季度进行一次考核。

7. 项目部安全目标责任考核规定及记录

该安全目标责任考核规定及记录由公司统一制订（安全管理目标责任书与目标考核表），项目部根据所制定的目标管理，对各管理人员及班组长每月进行一次考核。

1.2.2 各项安全生产管理制度

安全生产管理制度包括施工组织设计与专项安全施工方案编审制度；安全措施计划执行制度；安全技术交底制度；架体、设备安装验收制度；施工机具进场验收与保养维修制度；班组安全活动制度；门卫值班和治安保卫制度；消防防火责任制度；卫生保洁制度；不扰民措施等。

1.2.3 各工种安全技术操作规程

凡施工现场涉及到的工种都应制订安全技术操作规程；包括混凝土搅拌机安全操作规程；砂浆搅拌机安全操作规程；卷扬机安全操作规程；木工圆锯安全操作规程；木工平刨安全操作规程；钢筋对焊机安全操作规程；钢筋切断机安全操作规程；钢筋弯曲机安全操作规程；塔吊安全操作规程；临时用电安全操作规程；焊接作业"十不烧"规定等。

1.3 案例

1.3.1 经济承包责任制示例

建设单位与施工单位经济承包责任制
（建设工程承发包安全管理协议）

发包单位：<u>普陀区六横镇人民政府</u> （甲　方）

立协单位： 　　　　　　　　　以下简称：

承包单位：<u>××建筑安装工程有限公司</u> （乙方）

甲方将本建筑安装工程项目发(分)包给乙方施工，为贯彻"安全第一，预防为主"的方针，根据《××市招标、承包工程安全管理暂行规定》和国家有关法规，明确双方的安全生产责任，确保施工安全，双方在签订建筑安装工程合同的同时，签订本协议。

一、承包工程项目

1. 工程项目名称：便民服务大楼
2. 工程地址：××市××区××路××号
3. 承包范围：便民服务大楼项目
4. 承包方式：双包

二、工程项目期限

自 2006 年 12 月 1 日起开工至 2008 年 4 月 31 日完工。

三、协议内容

1. 甲乙双方必须认真贯彻国家，××市和上级劳动保护、安全生产主管部门颁发的有关安全生产、消防工作的方针、政策，严格执行有关劳动保护法规、条例、规定。

2. 甲乙双方都应有安全管理组织体制，包括抓安全生产的领导，各级专职和兼职的安全干部，应有各工种的安全操作规程、特种作业人员的审证考核制度及各级安全生产岗位责任制、定期安全检查制度和安全教育制度等。

3. 甲乙双方在施工前要认真勘察现场：

(1) 工程项目应由甲方编制施工组织总设计；

(2) 工程项目由乙方按甲方的要求自行编制施工组织设计，并制定有针对性的安全技术措施计划，严格按施工组织设计和有关安全要求施工。

4. 甲乙双方的有关领导，必须认真对本单位职工进行安全生产制度及安全技术知识教育，增强法制观念，提高职工的安全生产思想意识和自我保护的能力，督促职工自觉遵守安全生产纪律、制度和法规。

5. 施工前，甲方应对乙方的管理、施工人员进行安全生产进场教育，介绍有关安全生管理制度、规定和要求，乙方应组织召开管理、施工人员安全生产教育会议，并通知甲方委托有关人员出席会议，介绍施工中有关安全、防火等规章制度及要求；乙方必须检查、督促施工人员严格遵守、认真执行。

根据工程项目的内容与特点，甲乙双方应做好安全技术交底，并有交底的书面材料，交底材料一式两份，由甲乙双方各执一份。

6. 施工期间，乙方指派×××同志负责工程项目的有关安全、防火工作；甲方指派×××同志负责联系、检查、督促乙方执行有关安全、防火规定。甲乙双方应经常联系，相互协助检查和处理工程施工有关的安全、防火工作，共同预防事故发生。

7. 乙方在施工期间必须严格执行和遵守甲方的安全生产、防火管理的各项规定，接受甲方的督促、检查和指导。甲方有协助乙方搞好安全生产、防火管理以及督促检查的义务，对于查出的隐患，乙方必须限期整改。对甲方违反安全生产规定、制度等情况，乙方有要求甲方整改的权力，甲方应该认真整改。

8. 在生产操作过程中的个人防护用品，由各方自理，甲乙双方都应督促施工现场人员自觉穿戴好防护用品。

9. 甲乙双方人员对各自所在的施工区域、作业环境、操作设施设备、工具用具等必须认真检查，发现隐患，立即停止施工，并由有关单位落实整改后方准施工。一经施工，就表示该施工单位确认施工场所、作业环境、设施设备、工具用具等符合安全要求和处于安全状态。施工单位对施工过程中由于上述因素不良而导致的事故后果负责。

10. 由甲方提供的机械设备、脚手架等设施，在搭设、安装完毕提交使用前，甲方应会同乙方共同按规定验收，并做好验收及交付使用的书面手续，严禁在未经验收或验收不合格的情况下投入使用，否则由此发生的后果概由擅自使用方负责。

11. 乙方在施工期间所使用的各种设备以及工具等均由乙方自备。如甲乙双方必须相互借用或租赁，应由双方有关人员办理借用或租赁手续，制订有关安全使用和管理制度。借出方应保证借出的设备和工具完好并符合安全要求，借入方必须进行检验，并做好书面记录。借入使用方一经接收，设备和工具的保管、维修应由借入使用方负责，并严格执行安全操作规程。在使用过程中，由于设备、工具因素或使用操作不当而造成伤亡事故，由借入使用方负责。

12. 甲乙双方的人员，对施工现场的脚手架、各类安全防护设施、安全标志和警告牌，不得擅自拆除、更动。如确实需要拆除更动的，必须经工地施工负责人和甲乙方指派的安全管理人员的同意，并采取必要、可靠的安全措施后方能拆除。任何一方人员，擅自拆除所造成的后果，均由该方人员及其单位负责。

13. 特种作业必须执行国家《特种作业人员安全技术培训考核管理规定》，经省、市、地区的特种作业安全技术考核站培训考核后持证上岗。并按规定定期审证，进本市施工的外省市特种作业人员还须经本市有关特种作业考核站进行审证教育；中、小型机械的操作人员必须按规定做到"定机定人"和持证操作；起重吊装作业人员必须严守"十不吊"规定，严禁违章、无证操作；严禁不懂电器、机械设备的人，擅自操作使用电器、机械设备。

14. 甲乙双方必须严格执行各类防火防爆制度，易燃易爆物品场所严禁吸烟及动用明火，消防器材不准挪作他用。电焊、气割作业应按规定办理动火审批手续，严格遵守"十不烧"规定，严禁使用电炉。冬期施工如必须采用明火加热的防冻措施时，应取得防火主管人员同意，落实防火、防中毒措施，并指派专人值班。

15. 乙方需用甲方提供的电气设备，在使用前应先进行检测，并做好检测记录，如不符合安全规定的应及时向甲方提出，甲方应积极整改，整改合格后方准使用，违反本规定或不经甲方许可，擅自乱拉电气线路造成的后果均由肇事者单位负责。

16. 贯彻先订合同后施工的原则。甲方不得指派乙方人员从事合同外的施工任务，乙方应拒绝合同外的施工任务，否则由此造成的一切后果均由有关方负责。

17. 甲乙双方在施工中，应注意地下管线及高压架空线路的保护。甲方对地下管线和障碍物应详细交底，乙方应贯彻交底要求。如遇有情况，应及时向甲方和有关部门联系，采取保护措施。

18. 乙方在签订建筑安装施工合同后，应自觉地向地区(县)劳动局劳动保护监察科(股)等有关部门办理开工报告手续。

19. 贯彻谁施工谁负责安全的原则。甲、乙人中在施工期间造成伤亡、火警、火灾、机械等重大事故(包括甲、乙方责任造成对方人员、他方人中、行人伤亡等)，双方应协同进行紧急抢救伤员和保护现场，按国务院及上海市有关事故报告规定在事故发生后的24h内及时报告各自的上级主管部门及市、区(县)劳动保护监察部门等有关机构。事故的损失和善后处理费用，应按责任协商解决。

20. 其他未尽事宜。

21. 本协议的各项规定适用于立协单位双方，如遇有同国家和本市的有关法规不符者，应按国家和本市的有关规定执行。

22. 本协议经立协双方签字、盖章有效，作为合同正本的附件一式六份，甲、乙双方各执两份，送区(县)劳动局劳动保护监察科(级)及有关部门各一份备案。

23. 本协议与工程合同正本同日生效，甲、乙双方必须严格执行，由于违反本协议而造成伤亡事故，由违约方承担一切经济损失。

甲　　方：单位名称<u>普陀区六横镇人民政府</u>(盖章)　　　乙　　方：单位名称<u>××建筑工程有限公司</u>(盖章)
法定代表人<u>×××</u>(签章)　　　　　　　　　　　　　　法定代表人<u>×××</u>(签章)
代　　表<u>×××</u>(签字)　　　　　　　　　　　　　　　代　　表<u>×××</u>(签字)
地　　址<u>××市××区×××弄×号</u>　　　　　　　　　地　　址<u>××市××区×××弄×号</u>
电　　话<u>××××××</u>　　　　　　　　　　　　　　　电　　话<u>××××××</u>
　　　　　　　　　　　　　　　　　　　　　　　　　　　日　　期：2006年11月1日

施工单位与项目部经济承包项目工程责任合同

为加强企业内部的经营管理，充分调动员工的生产积极性，保证在个人职位上贯彻执行行业管理的各项标准、法规、规范、规程及项目部的规章制度，全面履行工程承包合同对业主的承诺，确保工期、质量、安全、文明施工、环保卫生等的目标管理，提高企业的经济效益，达到工程创优、创市级文明卫生工地等预期目标，本工程按项目法施工并委托×××项目经理承包经营组织施工。

根据企业内部项目法施工的实施细则及上级的有关规定，项目实行独立核算，全额经济承包指标，包工包料承包经营。保证完成各项决议、决定、指令和超额完成下达的各项任务。现双方协商一致，签订本合同，双方共同遵守执行。

一、签约双方

公　　司（甲方）：××建筑工程有限公司

项目经理（乙方）：便民服务大楼项目经理×××

二、工程名称

便民服务大楼　工程地点：××市××区××弄×号

三、工程概况

建筑面积：13946.6m^2　　　　　　　　　　　　　　　　　结构类型：框架-剪力墙

四、合同方式

1. 乙方项目经理担保贷款180000元为项目承包押金，抵押承包、承担风险。

2. 成本单列，独立核算，包工包料，全额承包。

3. 工程中标合同价加工程调整预算价为工程项目承包价。

五、承包范围

以工程招标文件的工程范围及工程承包合同的内容、业主提供的设计施工图纸、设计变更等全部项目为承包的工程范围。

六、完成下列责任

负责组织健全项目部的生产指挥、经营管理系统，做到指挥管理系统完整，制度健全，政令畅通，指挥有力，保证完成和超额完成下达的施工计划、质量计划、安全生产及文明施工计划、竣工计划及各项综合治理计划。竣、交工工程质量优良品率高，工期缩短。指标如下：

1. 负责组织健全劳动力定额、原材料定额、机械设备定额、能源定额、资金定额等五大定额的管理，达到管理系统健全完整，定额先进合理，严格管理，各种消耗降低，工程成本降低率3％。

2. 上缴费用（工程中标合同价加工程调整预算价为工程项目承包价）：按经济承包责任状的规定，全面完成年、季、月的各项经济指标。

3. 工程期限

开工日期：2006年12月1日，竣工日期：2008年4月31日，总工期：540天。

4. 工程质量：负责组织和健全项目部的全面质量管理保证体系，达到管理体系完整，制度标准健全，质量管理措施落实，工程质量全面创优，指标如下：

(1) 评定达到浙江省优质结构、"钱江杯"工程；

(2) 无重大质量事故和质量返工、材料浪费现象；

(3) 各项质量评定在90分以上，创优率达90％。

（* 不创建"钱江杯"工程则工程质量每降低一个等级，承包金额即降低一个百分点。）

5. 安全生产

(1) 贯彻落实安全生产方针、政策、法规和各项规章制度，结合项目工程特点及施工全过程的情况，指定本项目各项安全生产管理办法或提出要求，并监督其实施；

(2) 在组织项目工程承包及聘用业务人员时，必须本着加强安全工作的原则，根据工程特点确定安全工作的管理体制和人员，并明确各业务承包人的安全责任和考核指标，支持、指导安全管理人员的工作；

(3) 健全和完善用工管理手续，录用外包队伍必须及时向有关部门申报，严格用工制度与管理，适时组织上岗安全教育，要对外包单位的健康与安全负责，加强劳动保护工作；

(4) 组织落实施工组织设计中安全技术措施，组织并监督项目工程施工中安全技术交底制度和设备、设施验收制度的实施；

(5) 领导、组织施工现场定期的安全生产检查，发现施工生产中的不安全问题，组织制定措施，及时解决。对上级提出的安全生产与管理方面的问题，要定时、定人、定措施予以解决；

(6) 发生事故，要做好现场保护与抢救工作，及时上报，组织、配合事故的调查，认真落实制订防范措施，吸取事故教训；

(7) 对外包加强文明安全管理，做到使用外包评定；

(8) 负责组织、健全安全生产保证体系，达到体系完整，制度健全，管理控制有力，保证生产安全。指标如下：

1) 月工伤事故频率控制在 1.5‰ 以下，杜绝死亡事故(发生死亡事故一人，承包金额即减少一个百分点)；

2) 无火灾事故，无重大机械事故；

3) 各项安全技术措施达标 90 分以上，具体管理目标如下：

① ××市安全保证体系贯标工地；

② ××市标化工地。

6. 文明施工

(1) ××市文明工地；

(2) 无严重扰民；

(3) 月综合检查评分在 90 分以上。

七、机械动力、材料供应

1. 材料由乙方自行采购，并按实际价格列入工程成本。

2. 有关机械动力、周转材料、劳务使用、技术服务等项业务，为全面达到承包经营目的，均应签订相应的合同。

八、双方责权

甲方：

1. 甲方为工程中标承包单位，协同乙方全面履行承包合同，办理一切有关工程承建业务事宜，协调同业主及其他管理部门的关系。

2. 负责解决工程项目施工所需人、财、物的调配、供应。保证工程所需资金，及时支付工程费用，帮助乙方及时解决施工中所遇到的疑难问题，监督有关部门做好对工程的各项服务工作，使之全面实施工程合同中对业主的各项承诺，确保工程顺利进行。

3. 帮助乙方建立工程成本台账，工程项目的成本核算。负责项目班子费用开支，工程总分包结算，工程款等往来业务工作。

4. 对乙方承包经营中的施工质量、工作标准、工程进度、安全生产、文明施工、人事安排、劳务使用、经济分配等进行协调、监督、检查、处罚，对违反项目法施工管理制度的可行使经济赔偿和辞退的权利。

5. 为乙方提供企业对项目法施工管理的标准、规范、规章制度等配套管理文件及资料。

6. 严格履行经营承包合同，兑现承包奖罚。

乙方：

1. 负责工程项目正式开工前的一切施工准备工作。精心策划施工现场平面布置，立体规划现场布局，对所有分部、分项工程实行工序程序管理。

2. 代表甲方全面履行工程承包合同，协调同业主、设计单位及其他管理部门的工作关系，代替甲方做好工程总包管理工作及各分包单位的协调管理工作，履行工程总包合同条款。

3. 负责办理工程施工中的一切工程技术资料签证工作，填报各类报表资料，会同甲方做好工程结算、交工验收和工程保修。

4. 严格执行上级有关规章制度，接近甲方有关部门对工作的检查和监督。

5. 乙方受甲方委托，全额承包经营工程项目，在项目承包中有劳务选择、调配、人事安排、物资租赁、成本控制、计酬分配等权利。

6. 认真签订各种横向到边、竖向到底的服务合同及责任合同，健全各种规章制度，在管理上不得有漏洞。

7. 承担重大质量事故的责任，承担所施工工程拖延工期的责任，承担重大安全事故的责任，承担由于管理不善而发生的重大治安灾害性事故的责任。

8. 承担材料浪费赔偿责任：

（1）项目法施工的所有员工因违章操作、违章指挥、违反工序操作造成的质量返工，必须按材料进场价格赔偿材料费、返工费；

（2）各级管理人员对作业层签发的工序操作、施工组织设计、指令等技术文件和生产指挥文件，因违反科学管理或因签发文件自身存在技术管理问题而造成的质量返工，由主管负责人和签发人按职位共同承担赔偿材料费和返工费；

（3）因违章指挥、工作失职发生的安全事故，由责任人承担法律责任和经济处罚。

9. 指导和督促商务经理做好以下工作：

（1）安排好各工期的材料、机械设备、劳动力、均衡进场。

（2）组织做好预决算的终审，达到对预算无漏项；各项取费合理、结算及时；报批预算书质量高，向业主收取费用及时，对外单位的拖欠款催促归还。

（3）及时办理材料价差的签证，及时催取材料结转费用。

（4）做好施工工程预算外项目、增加项目、修改项目、重大施工技术措施等项目的签证，及时办理手续，及时报批、及时做预算、结算。

（5）组织做好分包工程结算的审查，做到结算手续完整，资料齐全，审批无漏洞，费用有节约。

（6）组织做好项目部的成本核算、原材料核算、机械费用核算、人工费核算、管理费核算、能源费用核算、专用基金核算等，核算制度健全，核算资料完整、真实；建立健全工程耗料台账，进行人工费、材料费、机械费等项目的核算，降低消耗，减少浪费。

10. 指导和督促技术经理做好以下工作：

（1）组织好施工进度网络计划，严格控制总工期；做好工程质量管理工作和临建工程管理工作，完成各期质量计划，不断提高施工技术水平和工程质量，创优质工程和名牌工程。

（2）编制施工组织设计、编制施工用电组织设计、编制安全技术措施、编制和修改文明施工管理细则、编制架子搭设方案、编制节约材料措施、编制季节性施工措施及环保措施等。

（3）编制各工序作业指导书。

（4）督促做好工序程序管理、技术管理，落实好各项技术责任制及各项技术措施；各种图纸、文件、资料、原始记录、档案材料等齐全、真实完好。

（5）督促做好工程质量管理，按照全面质量管理的标准落实质量责任制，达到管理制度完善，质量合格率、优良率高、创优质工程和名牌工程目标。

（6）组织做好计量、标准化、信息、档案、规章制度管理，力争各项工作达到同行业先进管理水平。

11. 指导和督促执法经理做好以下工作：

（1）在项目部建立法律、法规自控体系，监督各项标准、规范、规章制度的贯彻执行，达到管理目标的实现。

（2）督促做好施工生产安全管理，达到严格贯彻执行安全技术标准和安全管理标准，各项安全措施落实到位。

(3) 督促做好全面质量检查保证体系，达到管理体系完整，制度标准健全，质量管理措施落实。

进场人员必须经安全教育考试合格上岗，特殊工种持证上岗。

(4) 发生工伤事故应及时上报，按"三不放过"原则处理，不准隐瞒不报(包括未遂事故)。

(5) 使用分包单位必须填报申请表和签定安全生产责任合同，不使用不符合进场手续的分包单位。

12. 组织搞好材料、机械设备、工具、能源等管理，严格执行定额用料、限额领料和租赁办法，降低物质消耗。

13. 根据甲方的安排，积极推行现代化管理方法，推行现场"一图九表"管理法和新技术、新工艺、新材料的研究开发，加快实现现代化管理步伐。

14. 严格执行各项财务费用开支规定和成本核算规定，严格执行财务一支笔审批制度，做好内部财务管理。

15. 每月组织一次经济活动分析，组织做好各期的经济核算。重要项目按工程进度或工作进展情况适时进行分析，达到每次分析主要问题透彻，措施明确、有力。

16. 协助甲方做好工程任务开拓和施工任务的接揽工作。在搞好在手工程的前提下及施工能力有富余的情况下，积极承揽其他施工任务，争取做到有后继工程(甲方按承揽工程奖励比例进行奖励)。

17. 认真贯彻执行上级有关行政管理工作的标准、规定和甲方规定，组织好职工生活服务和行政管理工作。

18. 做好综合治理工作，有关工作达到上级标准，要求无刑事案件、无治安案件、无灾害性治安事故、无聚众闹事或到市以上政府上访人员。

九、分配及奖罚

1. 项目领导班子人员工资费用在承包管理费中开支，列入承包工程成本，费用开支按甲方有关规定办理。

2. 劳务人员工资费用由甲方劳资、经营部门按签证任务单办理结算，财务计发，列入工程承包经营成本。

3. 乙方全面完成经营承包合同利润指标，甲方奖给乙方经营承包奖 180000 元(以工程承包降低额的 3% 计算承包)。甲方按以上原则及计奖方法计发乙方月度承包奖(月度承包奖预留 40%，待工程完工，结算办完后再进行结算兑现)。

4. 工程成本降低额达不到承包合同指标，甲方扣罚项目经理承包抵押金 8000 元。押金担保罚款由项目经理承担。

5. 乙方全面完成经营承包合同指标，甲方另行嘉奖 100000 元。

6. 有关工程所获工期奖、质量奖等奖金，由双方另行协商分配原则及办法。

7. 有关其他奖罚，按工程承包合同有关条款及甲方有关奖罚条例办理。

8. 发生死亡事故，减发奖励总额 20%，发生重伤、重大人为机械事故，减发奖励总额 10%，事故当月工伤频率每超过 0.5‰，罚款 5000 元(月工伤指标 1.5‰)。

9. 未发生死亡事故，增加奖励总额 20%。创市级文明、标化工地各奖励 5000 元。

10. 工程获"白玉兰"奖，增加奖励总额 15%，获"鲁班奖"，增加奖励 20%。

十、其他

1. 以上责任合同每月由公司领导班子考核。

2. 本合同经法人代表和项目经理签字后生效，工程交工验收、结清款项、保修期满，承包兑现后失效。

3. 本合同未尽事宜，双方另行商定，签订补充协议，同样有效。

4. 经营承包合同纠纷，均由上一级经济部门裁决。

5. 本合同一式十份，甲、乙方各执五份。

甲方代表：公司经理×××

乙方代表：项目经理×××

签订合同时间：2006 年 11 月 25 日

1.3.2 现场安全员的安全责任示例

现场安全员的安全责任

一、坚持四项基本原则,贯彻执行党和国家对安全生产方针及劳动保护政策法规,模范执行安全生产各级各项规章制度。

二、做好安全生产的宣传教育和管理工作,总结交流和推广先进经验,组织安全学习,做好安全日记。

三、掌握安全生产情况,调查研究生产中的不安全问题,提出改进意见和措施,组织安全活动和定期安全检查。

四、参加审查施工组织设计(施工方案)和编制安全技术措施计划,督促检查贯彻情况。

五、与有关部门共同做好新工人、特殊工种工人的安全技术训练、考核、发证工作。

六、做好现场工人、新工人入场安全教育。

七、制止违章指挥和违章作业,遇有严重险情,有权暂停生产,并报主管领导处理。

八、对违反安全条例和有关安全技术劳动法规的行为,经说服劝阻无效,有权越级上报。

××市××建筑工程有限公司
便民服务大楼项目部(盖章)

1.3.3 安全技术交底制度示例

安全技术交底制度

一、安全技术交底的指导思想是,"安全第一、预防为主"。

二、建立安全技术交底制度是制止事故发生的有效途径,能否正确对待是关系到企业生存的大问题。"安全技术交底"应在开工前编制完成并经过审批,方可使用。

三、要有针对性。编制安全技术措施的技术人员必须掌握工程概况、各工种施工方法、场地环境,并熟悉安全法规标准等,才能编写出对各工种有针对性的"安全技术交底"。

四、针对不同工程特点可能造成的施工危害,从安全技术上采取措施,消除危险,保证施工安全。

五、要针对不同的工程特点、不同的施工方法、各种机械设备、施工中有毒、有害、易爆、易燃等作业,以及施工周围的不同环境,制订安全技术交底,交底应贯彻于全部施工工序之中,并力求细致全面。

六、工程项目部实行二级安全技术交底,即项目部向班组进行安全技术交底,班组向员工进行安全技术交底。

七、安全技术交底随任务单,按工种分部分项进行交底,交底内容要有针对性、可靠性及可行性,写明注意事项和安全措施。

××市××建筑工程有限公司
便民服务大楼项目部(盖章)

1.3.4 事故报告制度示例

事故报告制度

为了及时了解和研究工伤事故，以便采取消除伤亡事故的措施，保证安全生产，参照国家工人职员伤亡事故报告规程，特制订如下制度：

一、发生一切事故和重大事故苗子，立即组织检查，并立即保护好现场，立即上报上级有关单位（重大事故须在24h内上报各级机关部门，除抢救人员外，保护好现场）。

二、立即组织专门调查组，对事故发生的原因作详细的调查，对现场实物、现场人员均作调查。

三、分析、调查与事故有关的一切证词证物，上报上一级有关单位作出判定。

四、对职工进行现场安全教育，做到"四不放过"：事故原因分析不清不放过，事故责任者、群众没有受到教育不放过，没有防范措施不放过，上级对事故未处理不放过。

五、妥善处理好伤员。

六、总结、讨论、研究、制订有效的措施，并贯彻执行。

××市××建筑工程有限公司
便民服务大楼项目部（盖章）

1.3.5 混凝土工安全技术操作规程示例

混凝土工安全技术操作规程

一、车子向料斗倒料，应有挡车措施，不得用力过猛和撒把。

二、用井架运输混凝土，小车把不得伸出笼外，车轮前后要档牢，稳起稳落。

三、浇筑混凝土使用的溜槽及串筒节间必须连接牢固；操作部位应有护身栏杆，不准直接站在溜槽上操作。

四、用输送泵输送混凝土，管道接头、安全阀必须完好，管道的架子必须牢固，输送前必须试送，检修必须卸压。

五、浇筑框架、梁、柱混凝土，应设操作台，不得直接站在模板上或支撑上操作。

六、浇捣拱形结构，应自两边拱脚对称同时进行；浇圈梁、雨篷、阳台，应设防护措施；浇捣料仓，下口应先行封闭，并铺设临时脚手架，以防人员下坠。

七、不得在混凝土养护窑（池）边上站立和行走，并注意窑盖板和地沟孔洞，防止失足坠落。

八、预应力灌浆，应严格按照规定压力进行，灌浆管道应畅通，阀门接头要严密牢固。

九、使用振捣棒必须配备触电保护器，穿胶鞋，湿手不得接触开关，电源线不得破皮漏电。

十、夜间浇筑混凝土时，应有足够的照明设备。

××市××建筑工程有限公司
便民服务大楼项目部（盖章）

1.4　知识和能力拓展

（1）查找并阅读各管理岗位的安全生产责任制，分析各管理岗位之间如何配合完成安全管理工作。

（2）归纳工种的安全技术操作规程是从哪些方面来编制的，有哪些编写的框架？

1.5　思考题

（1）阅读《建筑工程安全生产管理条例》第四章，施工单位的安全责任。

（2）查找"安全生产方针"、"安全生产目标"、"安全管理指导思想"。

1.6　模拟实训题

（1）结合便民服务大楼工程背景，写出混凝土、脚手架、抹灰等工种的安全技术操作规程。

（2）结合便民服务大楼工程背景，试收集或摘录项目部管理人员安全责任书或经济承包协议书。

单元 2

安全生产准备资料

2.1 概述

《建设工程安全生产管理条例》第二章第 10 条规定"建设单位在申请领取施工许可证时，应当提供建设工程有关安全施工措施的资料。"该条例的第五章第 42 条规定"建设行政主管部门在审核发放施工许可证时，应当对建设工程是否有安全施工措施进行审查，对没有安全施工措施的，不得颁发施工许可证。"在开工前，应对施工组织设计进行审查，特别对施工现场总平面布置图和消防安全标志布置平面图、专项安全施工方案进行审查，并会签施工组织设计（或施工方案）审批会签表。对危险性较大的工程应组织专家组进行论证审查，形成的书面报告应作为安全专项施工方案的附件。在各分部（分项）工作前，应对各分部（分项）进行安全技术交底。本单元的安全技术准备资料包括施工组织设计和分部（分项）工程安全技术交底两方面内容。

2.2 安全生产准备资料

2.2.1 施工组织设计（含工程概况表）

工程概况表应根据其所要求内容认真填定；施工组织设计要根据工程特点、施工方法、劳动组织、作业环境、新技术、新工艺、新设备等情况在防护、技术、管理上制订较全面、具体、有针对性的安全技术措施，该安全措施应根据实际编写，能有效地指导施工；由项目技术负责人编制，公司技术部门审核，经企业技术负责人批准，报监理公司审核，签名盖章后方可实施。

1. 施工现场总平面布置图和消防安全标志布置平面图

要标出运输道路、临时用电线路、给排水布置、总分配电箱布置；仓库、加工车间、作业场区、主要材料堆放、机具布置、办公区、生活设施、消防器具、安全标志位置等，标出指北针。

2. 专项安全施工方案

建设部颁布的建质〔2004〕213 号文，关于《危险性较大工程安全专项施工方案编制及专家论证审查办法》中第三条"危险性较大的工程是指依据《建设工程安全生产管理条例》第二十六条所指的七项分项分部工程，并应当在施工前单独编制安全专项施工方案。"这七项分项分部工程分别是：(1)基坑支护与降水工程，开挖深度超过 5m(含 5m)的基坑(槽)并采用支护结构施工的工程，或基坑虽未超过 5m，但地质条件和周围环境复杂、地下水位在坑底以上等工程；

(2)土方开挖工程，开挖深度超过5m(含5m)的基坑、槽的土方开挖；(3)模板工程；(4)起重吊装工程；(5)脚手架工程，包括①高度超过24m的落地式钢管脚手架；②附着式升降脚手架；③悬挑式脚手架；④门式脚手架；⑤挂式脚手架；⑥吊篮脚手架；⑦卸料平台；(6)拆除、爆破工程；(7)其他危险性较大的工程。

建质[2004]213号文中第四条规定，"建筑施工企业专业工程技术人员编制的安全专项施工方案，由施工企业技术部门的专业技术人员及监理工程师进行审查，审查合格，由施工企业技术负责人、监理单位总监理工程师签字。"

工程专业技术较强的项目如打桩、基坑支护与土方开挖、模板(包括承重架)支拆、脚手架、施工用电、物料提升机、外用电梯、塔吊、起重吊装等均要编制专项的安全施工方案，内容要求有针对性，根据工程实际编写，能有效地指导施工。专项安全施工方案必须由项目技术负责人编制，公司技术科审核，经企业技术负责人审查批准后，报监理公司审核，签名盖章后方可实施。

(1)落地式脚手架施工方案的要求

1)根据工程实际编制脚手架专项施工方案，方案要有针对性，能有效地指导施工，明确安全技术措施。

2)搭设高度在25m以下的外架应有搭拆方案，绘制架体与建筑物拉结详图、现场杆件立面和平面布置图。

3)搭设高度超过25m且不足50m的外架，应采取双钢管立杆或缩小间距等加强措施，除应绘制架体与建筑拉结详图、现场杆件立面、平面布置图外，还应说明脚手架基础做法。

4)搭设高度超过50m的外架，应采用分段悬挑脚手架。

5)搭设在楼板上要验算楼板承载力。

(2)悬挑式脚手架施工方案的要求

悬挑式脚手架必须编制专项施工方案。方案应有设计计算书(包括对架体整体稳定性、支撑杆的受力计算)，有针对性较强的、较具体的搭设拆卸方案和安全技术措施，并画出架体与建筑物拉结详图、平面、立面图以及节点详图。

(3)基坑支护施工方案的要求

1)基础施工前必须进行地质勘探和了解地下管线情况，根据土质情况和基础深度编制专项施工方案。施工方案应与施工现场实际相符，能指导实际施工。其内容包括：放坡要求或支护结构设计、机械类型选择、开挖顺序和分层开挖深度、坡道位置、坑边荷载、车辆进出道路、排水降水措施及监测要求等。对重要的地下管线采取相应措施。

2)基础施工应进行支护，基坑深度超过5m时，应对基坑支护结构进行设计计算，有设计计算书和施工图纸。

(4)模板工程施工方案

1)施工方案内容包括模板的制作、安装及拆除等施工工序、方法及根据混凝土输送方法制定针对性的安全措施。

2)现场浇混凝土模板的支撑系统必须进行设计计算，设计计算书应绘制细部构造大样图，对材料规格尺寸、接头方法、间距及剪刀撑设置等均应详细注明。

(5) 临时用电施工方案的要求

临时用电施工方案内容应包括：工程概况、用电负荷计算书、确定导线截面和电器的类型、规格、电气平面图和接线系统图，制定安全用电技术措施和电气防火措施。

(6) 起重吊装施工方案的要求

专项施工方案应包括起重机型号选择、平面布置、吊装工艺及相应的安全技术措施。

(7) 塔吊的施工方案要求

塔吊安装拆卸的专项施工方案，能够指导现场施工，其内容应包括：基础要有设计计算书和施工详图（附墙节点图）。安装前准备工作，安拆作业要点，塔吊的安全措施。特别是多塔施工安全措施、操作要求等。

(8) 施工升降机的施工方案要求（人货两用梯）

施工升降机安拆的专项施工方案内容应包括：基础应有设计计算书，并有施工详图（附墙节点图）所使用的施工升降机简介，施工升降机安装准备工作，升降机的安装，升降机的安全措施，升降机的拆除方案，拆除准备，拆除时安全措施。

(9) 物料提升机（龙门架、井架）的施工方案要求

专项施工方案的内容：基础的要求（含基础图），井架的选用、安装顺序、物料提升机缆风绳、吊篮、卷扬机的要求、安全防护装置、安全防护措施、拆卸程度、提升机的管理工作。

建设部建质〔2004〕213号文第五条规定，建筑施工企业应当组织专家组进行论证审查的工程有：

1) 深基坑工程，开挖深度超过5m（含5m）或地下室三层以上（含三层），或深度虽未超过5m（含5m）但地质条件和周围环境及地下管线极其复杂的工程；

2) 地下暗挖工程；

3) 高大模板工程，水平混凝土构件模板支撑系统高度超过8m，或跨度超过18m，施工总荷载大于$10kN/m^2$，或集中线荷载大于$15kN/m$的模板支撑系统；

4) 30m及以上高空作业的工程；

5) 大江、大河中深水作业的工程；

6) 城市房屋拆除爆破和其他土石大爆破工程。

第六条 专家论证审查

1) 建筑施工企业应当组织不少于5人的专家组，对已编制的安全专项施工方案进行论证审查。

2) 安全专项施工方案专家组必须提出书面论证审查报告，施工企业应根据论证审查报告进行完善，施工企业技术负责人、总监理工程师签字后，方可实施。

3) 专家组书面论证审查报告应作为安全专项施工方案的附件，在实施过程中，施工企业应严格按照安全专项方案组织施工。

2.2.2 分部（分项）工程安全技术交底

安全技术交底必须与下达施工任务同时进行，先进行分部交底，再进行分项交底，对固定

场所的工种(包括后勤人员)可定期每月交底一次,对非固定场所的工种及分项按每层交底一次(对结构未变化的楼层,如标准层等可每隔二层交底一次)。

(1) 新进场班组必须先进行安全技术交底再上岗。

(2) 安全技术交底应包括工作场所的安全防护设施、安全操作规程及安全注意事项。

(3) 安全技术交底内容应按分部施工顺序先后填定,分项工程按实际作业内容填写。

(4) 季节性施工,特殊作业环境等也须进行安全技术交底。

(5) 在分部安全技术交底时被交底人由全体作业人员本人签名,在分项及工种安全技术交底时被交底人由相应班组全体作业人员本人签名或操作工本人签名。

(6) 分部(分项)安全技术交底时间应在各分部(分项)上岗前,交底人为工地技术总负责或施工员。

(7) 根据施工现场实际情况对公司制订的交底内容作相应补充。

2.3 案例

2.3.1 施工组织设计审批会签表示例

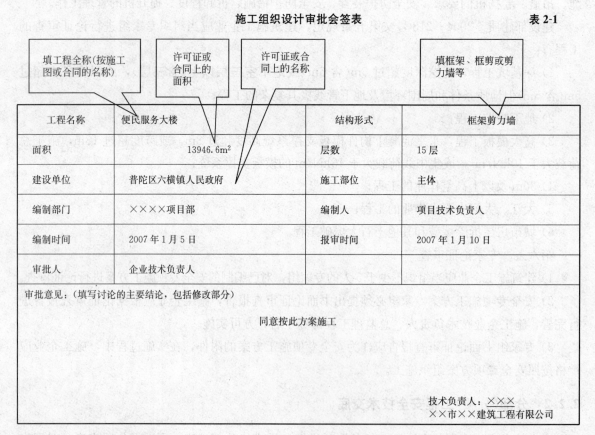

施工组织设计审批会签表　　　　　　　表 2-1

工程名称	便民服务大楼	结构形式	框架剪力墙
面积	13946.6m²	层数	15层
建设单位	普陀区六横镇人民政府	施工部位	主体
编制部门	××××项目部	编制人	项目技术负责人
编制时间	2007年1月5日	报审时间	2007年1月10日
审批人	企业技术负责人		

审批意见:(填写讨论的主要结论,包括修改部分)

同意按此方案施工

技术负责人:×××
××市××建筑工程有限公司

注:会签表后附施工组织设计。

2.3.2 模板工程施工方案施工组织设计报审表示例

施工组织设计(方案)报审表　　　　　表 2-2

（模板工程施工方案）

工程名称：便民服务大楼　　　　　　　　　　　　　　　　　　　　编号：2-1-6-1

致：××市××区××建设监理有限公司(监理单位)
　　我方已根据施工合同的有关规定完成了　便民服务大楼模板　工程施工组织设计(方案)的编制，并经我单位上级技术负责人审查批准，请予以审查。
　　附：施工组织设计(方案)

承包单位：××市××建筑工程有限公司
（盖技术专用章）
项目经理：×××
日期：2007-2-20

专业监理工程师审查意见：
　　同意便民服务大楼模板工程施工方案
　　请施工单位精心准备、精心组织施工，实施中发现有需要变更时，
　　及时组织编写施工方案，并及时报批。

项目监理机构：××市××监理有限公司(盖章)
专业监理工程师：×××
日期：2007-2-21

总监理工程师审核意见：
　　同意按此方案施工
　　该方案仅适用于便民服务大楼模板工程

项目监理机构：××市××监理有限公司(盖章)
总监理工程师：×××
日期：2007-2-21

2.3.3 某模板工程模板拆除申请示例

模板拆除(安全)申请表　　　　　　　　　　　　　　　表 2-3

说　明

模板拆除应由作业班组负责人向项目部安全科模板拆除审批人提出申请,批准后经专业监理工程师核准方可拆除:

一、模板拆除(安全)申请,混凝土强度应符合下列条件:
现浇结构的模板及其支架拆除时的混凝土强度,应符合设计要求;当设计无具体要求时,应符合下列规定:
(1)侧模,在混凝土强度能保证其表面及棱角不因拆除模板而受损坏后,方可拆除;
(2)底模在混凝土强度符合下表要求时方可拆除;
(3)拆摸所需混凝土强度以同条件养护标准混凝土试块抗压强度为依据。

现浇结构拆模时所需混凝土强度表

结构类型	结构跨度(m)	按设计的混凝土强度标准值的百分率计(%)
板	≤2	50
	>2,≤8	75
	>8	100
梁、拱、壳	≤8	75
	>8	100
悬臂构件	—	100

注:本表中"设计的混凝土强度标准值"系指与设计混凝土强度等级相应的混凝土立方体抗压强度标准值。

二、为保证本工程混凝土结构及外观质量不因模板拆除而受到损伤,同时为满足模板周转和工期要求,在施工技术措施上采用二次拆除法,即每一层楼面的模板在混凝土强度满足上表的前提上先拆除剪力墙板、楼面顶板和其他部位的侧模。待混凝土强度达到100%时再拆除梁底板、门窗、洞口、楼梯和悬挑结构的底模。

三、因篇幅有限仅提供3号楼模板拆除(安全)申请表目录和下列模板拆除(安全)申请表几个实例,因其他模板拆除(安全)申请表的申请程序、形式和内容类同,故省略不再重复。

模板拆除(安全)申请表

表 2-4
安 5-6

编号：0023

单位名称	××市××建筑工程有限公司	工程名称	便民服务大楼
混凝土浇捣日期	2007年3月25日，3月26日	设计拆模强度	设计强度C35 拆模强度100%
混凝土实际强度	地下室1～8轴102%，19～36轴103%	试块报告编号	2007-619,620
拆除部位	地下室、梁、楼梯、悬挑结构底板及门窗模板	监护人	×××，×××
拆模警戒范围	全部拆除、一块不留、梁底2m段加顶撑	拆除班组	木工班组组长×××

拆模安全技术措施：

1. 进入施工现场人员必须戴好安全帽，严禁穿硬底鞋及有跟鞋作业。
2. 工作前应先检查使用的工具是否牢固，扳手等工具必须用绳链系挂在身上，钉子必须放在工具袋内，以免掉落伤人。工作时要思想集中，防止钉子扎脚和空中滑落。
3. 由于混凝土强度已达到100%，拆除所有支撑和模板，不得留有悬空模板。
4. 拆除模板一般用长撬棒，不准人站在正在拆除的模板上；在拆除楼板模板时，要注意整块模板掉下，尤其是用定型模板做平台模板时，更要注意。拆除门窗洞口模板时，操作人员应站在门窗洞口外拉支撑，防止模板突然全部掉落伤人。
5. 拆模时，临时脚手架必须牢固，不得用拆下的模板作脚手板。脚手板搁置必须牢固平稳，不得有空头板，以防踏空坠落。
6. 安装与拆除5m以上的模板，应搭脚手架，并设防护栏杆，防止上下在同一垂直面操作。
7. 拆模时必须设置警戒区域，并派人监护。拆模必须拆除干净彻底不得保留有悬空模板。拆下的模板要及时清理，堆放整齐。
8. 拆除模板时工人应相互配合由外向内拆除。拆除楼梯、阳台底模时，不得一次将顶撑全部拆除，应分批拆下顶撑，然后按顺序拆下搁栅、底模，以免发生模板在自重荷载下一次性大面积脱落。
9. 模板及支撑垂直运输时，吊点必须符合重心要求，以防坠落伤人。

申请人：×××，×××　　　　　　　　　　　　　　　　　　　　2007年4月27日
工地审批负责人：×××　　　　　　　　　　　　　　　　　　　　2007年4月27日
监理单位核准人：×××　　　　　　　　　　　　　　　　　　　　2007年4月27日

混凝土试块抗压强度检测报告

表 2-5

委托单位	×××市××建筑工程有限公司											委托编号 第2007-605号
工程部位	地下室1~18轴梁、柱、板、梯											报告编号 第2007-619号
												报告日期 2007.4.26
设计强度等级	日期		龄期(d)	受压面积(mm)	坍落度(mm)	混凝土生产单位	每m³混凝土水泥用量(kg)	水泥品种、强度等级、生产厂	工程名称	养护条件	检测结果			折合标准试块抗压强度(MPa)	达到设计强度(%)	备注
	成型	试压									破坏荷重(kN)	抗压强度(MPa)	强度代表值(MPa)			
C35	3月25日	4月26日	32	22500	130	××混凝土厂	335	Po42.5 ××水泥厂	便民服务大楼	同条件自然养护	810	36	35.7		102	
											792	35.2				
											913	35.8				

检测方法 GBJ 81—8□ 强度值仅供模拟参考

评定依据 GBJ 107—87
见证单位：×××市××区建设监理有限公司
见证人：×××　证号：1717
审核：×××　　　批准：×××

单位：×××市××建筑工程质量检测中心

2.3.4 分部(分项)工程安全技术交底示例

分部(分项)工程、各工种及其他安全技术交底记录表　　　　　表 2-6

单位工程名称	便民服务大楼	分部(分项工程)及工种名称	基坑支护及开挖施工		
交底时间	2007-03-20	交底人	×××	交底单编号	03
技术交底内容					
交底内容： 1. 所有操作人员应严格执行有关"操作规程"。 2. 现场施工区域应有安全标志和围护设施。 3. 基坑施工期间应指定专人负责基坑周围地面变化情况的巡查。如发现裂缝或坍陷，应及时加以分析和处理。 4. 坑壁渗水、漏水应及时排除，防止因长期渗漏而使土体破坏，造成挡土结构受损。 5. 对拉锚杆件、紧固件及锚桩，应定期进行检查，对滑楔内土方及地面加强检查和处理。 6. 挖土期间，应注意挡土结构的完整性和有效性，不允许因土方的开挖遭受破坏。 7. 其他可参照建筑地基基础工程施工质量验收规范(GB 50202—2002)。 　　　　　　　　　　　　　　　　　　　　　承包单位：××市××建筑工程有限公司 　　　　　　　　　　　　　　　　　　　　　　　　　　（盖技术专用章） 　　　　　　　　　　　　　　　　　　　　　　　　　　项目经理：××× 　　　　　　　　　　　　　　　　　　　　　　　　　　日期：2007-03-20					
项目经理	×××		被交底人姓名	×××	

2.4　知识和能力拓展

（1）阅读建设部颁布的建质〔2004〕213号文，关于《危险性较大工程安全专项施工方案编制及专家论证审查办法》的通知。

（2）落地式脚手架施工方案的安全技术要求有哪些？

（3）试述生产六大纪律的内容。

2.5　思考题

（1）回顾相关课程中关于施工组织设计、施工现场总平面布置图和消防安全标志布置平面图的安全技术，这些资料有哪些实际意义。

（2）一完整项目的专项安全施工方案一般都包括哪些方面？

（3）施工前需要单独编制安全专项施工方案的分部分项工程包括哪些？

（4）施工前，有哪些工程建筑施工企业应当组织专家组进行论证审查？

2.6 模拟实训题

(1) 结合便民服务大楼工程背景,试编制土方开挖分项安全技术交底内容。
(2) 结合便民服务大楼工程背景,试编制主体结构混凝土分项的安全技术交底内容。

单元 3
安全用品和设施的合格证明资料

3.1 概述

近年来,从施工现场安全生产情况看,安全用品设施的合格证明已成为现场安全控制的一个重要环节和重要方面。安全材料、防护用具等安全物资的质量是施工安全生产的基础。施工单位应通过供货合同约定安全物资的产品质量和验收要求以及对进场安全物资进行验收,并形成记录等。按照 JGJ 59—99 及行业管理要求,对某些产品进入建筑市场及施工现场,行业管理部门还有特殊规定,如产品的准产证、准用证等。各企业在采购中必须按行业管理部门印发的生产厂商名单,确定采购对象。

3.2 有关部门批准的施工文件

有关部门批准的施工文件包括企业安全资格证书、企业安全生产许可证、施工许可证、安监手续、建设用地许可证、建设工程许可证、夜间施工审批表、治安许可证、排污许可证等。以上各文件项目部应及时收集纳入台账。

3.3 安全用品和设施的合格证明

1. 安全防护用品合格证书

安全帽、安全网、安全带等安全防护用品应提供生产许可证、出厂检测报告、产品合格证,一并附入台账。

2. 机械产品合格证

物料提升机、塔吊、施工电梯、附着式升降脚手架应提供特种设备制造许可证(生产许可证)、出厂合格证、检测报告、设计文件、使用说明书等,小型机械应提供产品合格证。

3. 配电箱产品合格证

配电箱应提供生产许可证、出厂合格证、检测报告、3C 认证证书。

4. 钢管、扣件产品合格证

钢管、扣件应提供生产许可证、出厂合格证、检测报告,并经监理见证到检测中心检测。

5. 施工资质证书

应提供工民建或建安、装饰、地基基础、市政等专项施工资格证书复印件附入台账。

6. 人身意外伤害保险证明

项目部应及时到安监站办理人身意外伤害保险,并将保险单复印件附入台账。

上述各文件(证书)应列明细目录表。

3.4 案例

3.4.1 安全帽检验报告示例

检 验 报 告

表2-7

第1页共3页

原始编号:M-409　试件数量:7顶
检验依据:GB 2811—89　注册商标:坚盾
温　度:30℃　相对湿度:60%
规格形号:Y类
塑壳、卷沿、五筋,
插接,编织带衬;
AS-2型。
主要检验设备:AQM冲击试验机,安全帽防护性能试验装置。
检验结论:经检验该样本符合GB 2811—89标准中"Y"
类规定的要求,判该样本合格。
检　验:×××
校　对:×××
审　核:×××

安全帽检验报告

×检劳字 2005 第 033××号

第 2 页共 3 页

原始编号：M-409 使用场所：一般作业
受检单位：××市××塑料制品有限公司

序号	检验项目	单位	条款	技术要求	检验结果	判定
1	结构形式		4	帽壳顶部应加强塑衬，应有后箍，无后箍衬其下额带应为"Y"形，有后箍衬可单根，帽箍能调节，大小额部要透气、吸汗	符合	合格
2	帽壳内部尺寸	mm	5.1	长：195～250	235	合格
				宽：170～240	180	合格
				高：120～150	124	合格
3	帽舌尺寸	mm	5.2	10～70	46	合格
4	帽沿尺寸	mm	5.3	0～70°，向下倾 0～60°	10	合格
5	透气孔隙	mm	5.4	≥400 特殊用途例外	0	无
6	帽箍尺寸	mm	5.5	510～660	580	合格
7	垂直间距	mm	5.6	塑衬 25～50，棉衬 30～50	40	合格
8	佩带高度	mm	5.7	80～90	99	不合格
9	水平间距	mm	5.8	5～20	13	合格
10	帽壳内突物高	mm	5.9	≤6，周围有软垫	0	合格
11	重量	g	7	≤430（不含附件）	375	合格（接下表）

安全帽检验报告

×检劳字 2005 第 033××号

第3页共3页

原始编号：M-409 使用场所：一般作业

受检单位：××市××塑料制品有限公司

序号	检验项目		单位	条款	技术要求	检验结果	判定
12	基本技术性能	冲击吸收	N	9.1.1	50℃处理冲击力≤4900	2420	合格
					－10℃处理冲击力≤4900	2690	合格
					淋水处理冲击力≤4900	2330	合格
		耐穿刺		9.1.2	铜锥不接触头模(50℃)	不接触头模	合格
13	特殊技术性能	电绝缘	mA	9.2.1	泄漏电流≤1.2	—	—
		阻燃	S	9.2.2	续燃时间≤5	—	—
		侧向刚性	mm	9.2.3	最大≤40，残余≤15	—	—
		抗静电	Ω	9.2.4	表面电阻率≤1×10^4	—	—
14	包装标记				四项永久性标记	符合	合格
	备 注		特殊技术性能根据使用场所选测				

××省技术监督×劳动保护产品 产品质量检验站

二00×年×月×日

表2-8

×××市××塑料制品有限公司生产的"安全帽(塑料)"

经审查，符合有关条件，特发此证，以资证明。

证书编号 XK 20-1010010

有效期至2009年3月4日止

2007年×月×日

××××××劳动部

全国工业产品生产

许 可 证

3.4.2 安全用品采购验收资料示例

安全用品采购验收资料附件　　　　　　　　　　表 2-9

用品名称：钢筋切断机　　　　　　　　　　　　　　安 3-2-1

内部(工地)材料调拨单							
2007 年 5 月 20 日　　　　　　　　　　　　　　　字第 001 号							
用途：调入便民服务大楼使用							
编号	材料名称	规格	单位	数量	单价	金额	备注
1	扣件	十字卡	只	5000			公司库存调入三期3号楼
2	扣件	转卡	只	2500			公司库存调入三期3号楼
3	扣件	接卡	只	8000			公司库存调入三期3号楼
调入单位(工地)：便民服务大楼				调出单位(工地)：××市××建筑工程有限公司库存			
收料人：×××				发料人：×××			
负责人：×××				制单人：×××			

建筑材料、设备、构配件进场检验记录					
工程名称	便民服务大楼		进场日期	2007 年 5 月 20 日	
物资名称	扣件、十字卡、转卡、接卡	单位	台	数量	8300
物资来源　××市××建筑安装工程有限公司库存 检验结果： 扣件在使用完毕入库前都经过整理加油，配齐螺丝，校对丝牙，仓库存放条件较好，未发现锈蚀，可以使用。			检验部门： 材设科：××× 安装科：××× 监　理：×××		
			日　期	2007.5.20	
备注：建筑材料、设备、构配件必须经检验合格方可进入施工现场。					

注：采购资料附件、合格证或质保书、检测资料等证明材料。
（每页只能用于一种安全用品的粘贴）

3.5　知识和能力拓展

（1）查找《建设工程安全生产管理条例》中各建设单位（建设单位、施工单位等）关于安全防护用品和设施的安全责任条款。

（2）试述安全防护用品与设施的安全与安全目标的关系。

3.6　思考题

（1）安全防护用品一般有哪些？

（2）有关部门批准的施工文件有哪些？

3.7　模拟实训题

结合便民服务大楼工程背景，列出塔吊、施工电梯、钢管脚手架合格证清单。

单元 4

安全检查及日常记录

4.1 概述

安全生产实施资料包括安全检查、班组活动和工地安全日记。该阶段记录的各类检查和活动资料均是现场的安全活动,其内容应严格按记录说明或注解要求进行填写记录;其中的技术要求还应符合国家、行业及地方的有关规定。

4.2 安全检查及日常记录

4.2.1 安全检查

根据安全生产检查制度要求,安全检查要有计划、有布置、有总结评比,且要与经济责任挂钩。

(1) 安全生产检查分定期检查和不定期检查,检查次数公司组织不定期检查,每月至少一次,项目部组织每月两次定期检查和不定期检查,各项检查均应在检查记录表中反映。

(2) 安全生产检查记录表中应真实反映各项检查后发现的安全问题和事故隐患,并按"三定"(定人、定时、定措施)要求实施整改,有关整改落实人员均应签字;对整改事项应由安全员进行复检签字。

(3) 项目部安全生产检查为安全员。

(4) 工程基础、主体、结顶、装饰四个阶段须进行安全检查评分。当保证项目中有一项不得分或保证项目小计得分不足 40 分时,此检查评分表不应得分。合格应在 70 分以上,优良应在 80 分以上,标化应在 90 分以上。

(5) 行业安全管理部门和企业检查后签发的事故隐患通知书,项目部应及时整改,且有整改回执单,事故隐患通知书和整改回执单均应附入台账。

4.2.2 班组活动

根据班组安全活动制度要求,各班组应每天开展班前上岗三活动(上岗交底、上岗检查、上岗教育)和班后下岗检查活动,并做好记录纳入台账。在台账"活动类别"一栏应填写班前、班后或班组讲评。

4.2.3 工地安全日记

主要记录施工现场当天安全生产工作情况，要有针对性，如项目部安全活动、安全例会、职工遵章守纪情况，定期的治安保卫检查和卫生检查情况，不定期对职工开展卫生防病教育情况以及上级领导来工地检查、工地自查等情况，每天记录由安全员填写。将教育、检查、验收、交底等各台账按日期相应记入台账中。

4.3 案例

4.3.1 安全检查记录表示例

以便民服务大楼主体标准层施工为背景，给出安全检查、班组活动、工地安全日记（三选一）的通用编制。

安全检查记录表　　　　　　　　　　　　　　　表 2-10

安6-1

检查类型：定期安全检查　　　　　　　　　　　　　　　　　　　　　　　　　　　编号：007

单位名称	××市××建筑工程有限公司	工程名称	便民服务大楼	检查时间	2007年5月30日
检查单位	公司质检科	参加部门：项目部、技术科、安全科、技术科、综合办、材料科			
检查项目或部位	施工现场、安全资料				
参加检查人员	公司：×××、×××，项目部及各科室×××、×××、×××、×××、×××				

检查记录：
1. 茶桶无防护设施；氧气、乙炔储存、堆放不规范；有两人未扣安全帽带。
2. 附着升降脚手架底排隔离封闭不严，安全竹笆连接点太稀，安全立网有孔洞。
3. 木工间刨花、木屑等成堆，圆盘锯无开关箱。
4. 对焊机开关柄坏了、切断机漏油、砂轮开关损坏。
5. 塔吊旁挂箱电源直接从瓷插接出。
6. 油库无灭火机。
7. 安全资料缺漏，记录比较简单，口语化。

检查结论及复查意见：
1. 宿舍区、施工现场各搭设一个茶水棚，氧气、乙炔存放间距必须大于10m，两人不扣安全帽扣，应在周安全活动时间进行安全教育。
2. 附着升降脚手架底排隔离应全部封闭，重物全部清除，安全竹笆与护栏连接点每块不少于四点，破损的立刻换掉，立网孔洞修补，作到全封闭（由施工机械服务公司负责，使用部门保持合格状态）。
3. 木工间必须在一天内清理干净，分类堆放（由木工×××负责）。
4. 所有电气设备由修理部电工组×××负责全面检查保养，两天内完成。
5. 安全资料应按施工现场安全生产保证体系管理资料规定制作、收集、整理、排序、记录，向规范化靠拢（资料员×××负责）。

经复查，以上问题均已落实整改。

检查负责人：×××　　复查人：技术科：×××　　安全科：×××

复查日期：2007年6月2日
填表人：×××

4.3.2 安全生产检查记录表示例

安全生产检查记录表　　　　　　　　　　　　　　　　　表 2-11

时　间	2007年4月28日	组织者		项目部
检查人员	项目部××	各科室：	××	×××、×××、×××
施工进度	主体五层	检查部位		施工现场
经检查存在如下隐患： 1. 施工用电有三处未做到"一机一闸、一漏电开关"。电线架设未采用绝缘子。 2. 附着升降脚手架个别穿墙螺栓有松动，螺杆螺纹外露不足三牙，链条及导轮轨润滑不足。 3. 楼层内少量临边洞口未设防护。				
定措施、定人员、定时间整改具体内容： 1. 三处施工用电整改为"一机、一闸、一漏电开关、一插座"，电线架设用绝缘子固定（由电工×××一天内完成，材料科配合购买移动电箱）。 2. 由施工机械服务公司负责对附着升降脚手架进行保修，除紧固穿墙螺栓、加润滑油外，安全控制系统应进行检查（三天完成）。 3. 对所有临边洞口作检查，全部安装上防护栏杆、防护盖及安全平网（由架子班组负责，一天完成）。				
整改落实人签字：				2007年4月28日
复核结论	经复查，上述问题已作整改，符合要求。			
	复核人签字：	技术科：×××	安全科：×××	2007年4月30日

　　　　　　　　　　　　　　　　　　　　　　　　　　　　　　　　　填表人：×××

4.3.3 班组安全活动记录表示例

班前安全活动、周讲评记录　　　　　　　　　　　　　　　　表 2-12

安 8-3

工地名称	便民服务大楼	班组名称	泥工班	工种	泥工
班组人员名单： 　　组长××× 　　组员×××、×××、×××、×××、×××、×××、 　　×××、×××、×××、×××、×××					
周一记录 　　第十六层1～32轴商品混凝土浇捣。上班时间上午7时。 　　1. 全组共15人，本周无人缺席，每个人劳动防护用品均佩戴整齐。 　　2. 混凝土泵车到来之前，检查操作面，离地2m以上的框架、过梁、雨篷、悬空小平台是否已搭设操作平台，临边施工时注意是否有可靠防护。特殊情况下如无可靠安全设施，必须系好安全带并扣好保险钩，或架设安全网。 　　　　　　　　　　　　　　　　　　　　　　　　　　　　　记录人：××× 　　　　　　　　　　　　　　　　　　　　　　　　　　　　　2007年8月7日					
缺席人员姓名：×××					
周二记录 　　第十六层33～64轴商品混凝土浇捣。上班时间上午7时。 　　1. 全组共15人，缺席×××一人，因病休息。每个人劳动防护用品均佩戴整齐。 　　2. 使用振动机前应检查电源电压，移动电箱放置是否安全，电线长度是否够长，机械运转是否正常，振动机移动时不能硬拉电线，更不能在钢筋和其他锐利物上拖拉，防止割破、拉断电线而造成触电死亡事故。 　　　　　　　　　　　　　　　　　　　　　　　　　　　　　记录人：××× 　　　　　　　　　　　　　　　　　　　　　　　　　　　　　2007年8月8日					
缺席人员姓名：×××					
周三记录 　　第六层填充墙砌筑。上班时间上午7时，一人迟到。 　　填充墙砌筑前先检查，临边洞口防护栏杆是否齐全，走道及跳板通道是否绑扎牢固，是否有挡头板，经检查符合要求后方可施工。					

续表

墙身砌体高度超过1.2m以上时，应搭设脚手架；墙身高度超过4m时，采用里脚手的必须设置安全网。脚手架上堆料不得超过规定荷载。同一块脚手板上操作人员不应超过2人。 　　　　　　　　　　　　　　　　　　　　　　　　　　　　　　　　　　　　记录人：××× 　　　　　　　　　　　　　　　　　　　　　　　　　　　　　　　　　　　　2007年8月9日 迟到人：××× 周四记录 　　第六层填充墙砌筑，上班时间上午7时。全组15人分成5小组，无缺席。 　　检查个人劳动保护用品齐全，使用正确。 　　上班前应对绳索、夹具、临时脚手架和其他运输工具、施工安全设施进行检查。砌块应分散堆放。在楼面卸下堆放砌块时，应尽量避免冲击，严禁倾卸及撞击楼板。采用里脚手砌筑外墙时，应检查四周是否张好安全网。 　　　　　　　　　　　　　　　　　　　　　　　　　　　　　　　　　　　　记录人：××× 缺席人员姓名：无　　　　　　　　　　　　　　　　　　　　　　　　　　　2007年8月10日
周五记录 　　第六层填充墙砌筑，上班时间上午7时。全组15人分成5小组，无人缺席。 　　检查个人劳动保护用品齐全，使用正确，在作业过程中要扣好安全帽带。 　　脚下要注意朝天钉，临边洞口注意防护。脚手板上小砌块堆放不得超过3皮。同一块脚手板上操作人员不应超过2人。 　　　　　　　　　　　　　　　　　　　　　　　　　　　　　　　　　　　　记录人：××× 缺席人员姓名：无　　　　　　　　　　　　　　　　　　　　　　　　　　　2007年8月11日
加班日记录 　　周六、周日加班。第十七层1～24轴混凝土浇捣，参加人数15人。 　　上班时间上午7：00～11：30时，下午1：30～18：30时。班前检查个人劳动防护用品、振动器。 　　加班人员身体健康，睡眠充足，精神状态良好。 　　安全施工技术交底：注意临边洞口防护，确有难度要系好安全带，扣好安全结，正确使用振动器。 　　　　　　　　　　　　　　　　　　　　　　　　　　　　　　　　　　　　记录人：××× 缺席人员姓名：无　　　　　　　　　　　　　　　　　　　　　　　　　　　2007年8月12日
周安全活动讲评内容： 　　本周泥工班全体员工遵守劳动纪律，遵照安全操作规程施工作业，能正确使用个人劳动保护用品，未发生安全事故。但个别同志还存在大胆冒险作业情况，在没有可靠防护的临边悬臂板上作业时，未系安全带、未扣安全结，应立刻改正，下周不再发生此类事情。下周作业前各自检查自己的移动电箱、振动机等施工用具。 　　　　　　　　　　　　　　　　　　　　　　　　　　　　　　　　　　　　主持人：××× 　　　　　　　　　　　　　　　　　　　　　　　　　　　　　　　　　　　　2007年8月13日

4.4　知识和能力拓展

阅读《建筑工程安全生产监督管理工作导则》关于安全检查的要求。

4.5　思考题

（1）安全检查的要求和意义。
（2）工地安全日记和班组安全活动台账的内容依据。

4.6　模拟实训题

结合便民服务大楼工程背景，列出安全检查、班组活动、工地安全日记台账的提纲。

单元 5

分项工程安全验收资料

5.1 概述

分项工程的安全验收是安全管理的关键环节，分项工程的安全资料就要体现项目的动态过程。分项工程安全验收资料包含外脚手架搭设安全验收表；基坑支护安全验收表；模板工程；"三宝"、"四口"验收表；施工用电验收表；物料提升机安全验收表等。检查表的格式介绍和填写方法、用词等，有代表性内容所依据的规范条款。

5.2 分项工程安全验收资料

1. 外脚手架搭设安全验收表

外脚手架在验收前应先验证专项安全施工方案、材料产品合格证和检测报告，搭设操作人员上岗证，在符合要求后再验收；落地式与挑架要分开验收；验收部位每三排验收一次，验收结果填写应量化(有数据的填写具体数据)，项目经理、安全员、架子工班长及有关验收人员均全部本人签名，验收结论写"验收合格，同意使用"。

2. 基坑支护安全验收表

基坑支护在验收前应先验证基坑支护安全施工方案，支护结构设计计算书和施工图纸，并查阅"变形监测记录"和"沉降观测记录"，在符合要求后再验收。验收结果填写应量化，参加验收的有关人员均应本人签名，验收结论写"验收合格，同意使用"。

3. 模板工程安全验收表

模板工程在验收前应先验证模板工程专项安全施工方案、钢管与扣件检测报告和根据混凝土输送方法制定针对性的安全措施，在符合要求后再验收。模板工程验收按施工顺序分层(部)验收，验收结论填写应量化，参加验收的所有人员均应签名，验收结论填写同上。

(1) 模板拆除申请审批表

模板拆除申请人一般为木工班长，批准人为工地技术负责人或施工员，拆除部位混凝土试块实际强度，应提供检测单位提供的7天试块强度或回弹数据，拆除理由为该部位混凝土强度符合《混凝土结构工程施工及验收规范》(GB 50204—92)第2.4.1条或2.4.2条规定。

(2) 模板拆除前混凝土强度报告

在混凝土浇捣时做28d试块，同时增做一组试块，该组试块到达7d后试压，试压结果作为模板拆除时混凝土强度的依据。

4. "三宝"、"四口"安全验收表

"三宝"、"四口"在验收前应先验收安全帽、安全带、安全网出厂合格证、生产许可证和检测报告，在符合要求后再验收。"三宝"、"四口"验收按施工顺序分层（部）验收，验收结论填写应量化，参加验收的所有人员均应签名，验收结论填写同上。

5. 施工用电安全验收表

（1）施工用电在验收前应先验证专项施工方案、配电箱三证和3C认证证书、电工上岗证，待符合要求后再验收。验收时间分现场施工用电安装好后与在主体分部开工前共两次，验收结果填写应量化，所有参加验收的人员均应签名，验收结论写"验收合格，同意使用"。

（2）接地电阻测试记录

对施工现场总配电箱、各分配电箱及各开关箱每一个月检测一次。

6. 物料提升机安全验收表

物料提升机在验收前应先验证专项施工方案、特种设备制造许可证（生产许可证）、出厂合格证、检测报告，物料提升机由专业资质单位搭拆，操作人员证件待符合要求后再验收。每台机械验收一次，验收结果填写应量化，安装单位和施工单位共同验收，所有参加的人员均应签名，验收结论写"验收合格，同意使用"。

7. 外用电梯安全验收表

外用电梯在验收前应先验证专项施工方案、特种设备制造许可证（生产许可证）、出厂合格证、检测报告，操作人员证件，外用电梯由专业资质单位搭拆，待符合要求后再验收。外用电梯每次顶升均要验收，验收结果填写应量化，安装单位和施工单位共同验收，所有参加验收的人员均应签名，验收结论写"验收合格，同意使用"。

8. 塔吊安全技术验收表

塔吊在验收前应先验证专项施工方案、特种设备制造许可证（生产许可证）、出厂合格证、检测报告，塔吊司机与塔吊指挥（每台2个）证件，塔吊由专业资质单位搭拆，待符合要求后再验收。塔吊每次顶升均要验收，验收结果填写应量化，安装单位和施工单位共同验收。所有参加验收的人员均应签名，验收结论写"验收合格，同意使用"。

9. 起重吊装安全验收表

起重吊装在验收前应先验证专项施工方案、出厂合格证，司机与指挥证件待符合要求后再验收。验收结果填写应量化，所有参加验收的人员均应签名，验收结论写"验收合格，同意使用"。

10. 施工机具安全验收表

施工机具在验收前应先验证出厂合格证，然后再验收。验收结果填写应量化，所有参加验收的人员均应签名，验收结论写"验收合格，同意使用"。

5.3 案例

5.3.1 主体脚手架安全验收表的填写示例

落地式外脚手架搭设技术要求验收表　　　　　　　　　　　　　表 2-13

工程名称：便民服务大楼　　　　　　　　　　　　　　　　　　验收部位：便民服务大楼外脚手架

序号	验收项目	技术要求	验收结果
1	立杆基础	基础平整夯实、硬化，落地立杆垂直稳放在混凝土地坪、混凝土预制块、金属底座上，并设纵横向扫地杆。外侧设置 20cm×20cm 的排水沟，并在外侧设 80cm 宽以上的混凝土路面	合格
2	架体与建筑物拉结	脚手架与建筑物采用刚性拉结，按水平方向不大于 7m，垂直方向不大于 4m 设一拉结点，转角 1m 内和顶部 80cm 内加密	合格
3	立杆间距与剪刀撑	脚手架底部(排)高度不大于 2m，其余不大于 1.8m，立杆纵距不大于 1.8m，横距不大于 1.5m。如搭设高度超过 25m 采用双立杆或缩小间距；如超过 50m 应进行专门设计计算。脚手架外侧从端头开始，按水平距离不大于 9m，角度在 45°～60°左右连续设置剪刀撑，并延伸到顶部大横杆以上	合格
4	脚手板与防护栏杆	25m 以下脚手架：顶层、底层、操作层及操作层上下层必须满铺，中间至少满铺一层；25m 以上架子应层层满铺；脚手板应横向铺设，用不细于 18 号铅丝双股并联绑 4 点绑扎；脚手架外侧应用标准密目网全封闭，用不细于 18 号铅丝双股并联绑扎在外立杆内侧；脚手架从第二步起必须在 1.2m 和 30cm 高设同质材料的防护栏杆和踢脚杆，脚手架内侧如遇门窗洞也应设防护栏杆和踢脚杆。脚手架外立杆高于檐口 1～1.5m	两处有漏洞
5	拉杆搭接	立杆必须采用对接(顶排立杆可以搭接)，大横杆可以对接或搭接，剪刀撑和其他杆件采用搭接，拱接长度不小于 40cm，并不少于两只扣件紧固；相邻杆件的接头必须错开一个档距，同一平面上的接头不得超过总数的 50%，小横杆两端伸出立杆净长度不小于 10cm	合格
6	架体内封闭	当内立杆距墙大于 20cm 时应铺设站人片，施工层及以下每隔 3 步和底排内立杆与建筑物之间应用密目网或其他措施进行封闭	合格
7	脚手架材质	钢管应选用外径 48mm、壁厚 3.5mm 的 A3 钢管，无锈蚀、裂纹、弯曲变形，扣件应合标准要求	合格
8	通道	脚手架外侧设来回之字形斜道，坡道不大于 1:3，宽度不小于 1m，转角处平台面积不小于 3m²，立杆应单独设置，不能借用脚手架外立杆，并在 1.3m 和 30cm 高分别设防护栏和踢脚杆，外侧应设剪刀撑，并用合格的密目式安全网封闭，脚手板横向铺设，并每隔 30cm 左右设防滑条。外架与各楼层之间设置进出通道	合格
9	卸料平台	吊物卸料平台和井架卸料平台应单独设计计算，编制搭设方案，有单独的支撑系统；平台采用 4cm 以上木板铺设，并设防滑条，临边设 1.2m 设护栏和 30cm 设踢脚杆，四周采用密目式安全网封闭。卸料平台应设置限载牌，吊物卸料平台须用型钢作支撑	合格
验收结论意见	验收合格，同意使用	验收人员	项目经理：××× 技术负责人：××× 安全员：××× 施工员：×××，××× 日　期：2007 年 2 月 25 日

5.3.2 基坑支护安全技术要求验收表示例

基坑支护安全技术要求验收表 表2-14

施工单位：×××建筑工程有限公司　　　　　　　　　　　　　　　验收部位：便民服务大楼基坑

序号	验收项目	技术要求	验收结果
1	临边防护	基坑深度不超过2m的可采用1.2m高栏杆防护，深度超过2m的基坑施工必须采用密目式安全网做封闭围护；临边防护栏杆离基坑边口的距离不得小于50cm	合格
2	坑壁支护	坑槽开挖时设置的边坡应符合安全要求；坑壁支护做法及地下管线的加固措施必须符合施工方案要求；支护设施产生变形应有加固措施	合格
3	排水措施	基坑施工应按方案设置有效的排水措施，深基坑施工采用坑外降水的，必须有防止临近建筑物沉降的措施	合格
4	坑边荷载	基坑边堆土、料具堆放数量和距基坑边距离等应符合施工方案要求。机械设备施工与基坑边距离不符合安全要求时，应有具体措施	合格
5	上下通道	基坑施工必须设专用上下通道，通道的设置必须满足安全施工要求	合格
6	土方开挖	应按施工方案和堆积挖土，不得超挖。机械作业位置应稳定、安全，挖土机作业半径范围内严禁人员进出	合格
7	基坑支护变形监测	基坑支护结构应按方案进行变形监测；对毗邻建筑物和重要管线、道路应进行沉降观测，并有记录	合格
8	作业环境	作业人员应有稳定、安全的立足处；垂直、交叉作业时应设置安全隔离防护措施，夜间施工应设置足够的照明灯具	合格

验收结论意见	验收合格，同意使用	验收人员	项目经理：××× 技术负责人：××× 安全员：××× 施工员：×××，××× 日期：2007年2月25日

5.3.3 "三宝"、"四口"防护安全技术要求验收表示例表

"三宝"、"四口"防护安全技术要求验收表　　　　　　　　表 2-15

施工单位：×××建筑工程有限公司　　　　　　　　　　　　　　　验收部位：便民服务大楼五层标高

序号	验收项目	技术要求	验收结果
1	安全帽	安全帽应符合 GB 2811—89 标准，不得使用缺衬、缺带及破损的安全帽	两人安全帽缺带
2	安全网	安全网必须有产品生产许可证和质量合格证及建筑安全监督管理部门发放的准用证	合格
3	安全带	安全带应使用条例 GB 6095—85 标准的产品，生产厂家须经劳动部门批准	合格
4	楼梯口、电梯井口防护	楼梯口设置1.2m高防护栏杆和30cm高踢脚杆，杆件里侧挂密目式安全网，电梯井口设置1.2～1.5m高防护栅门，其中底部18cm为踢脚板，电梯井内自二层楼面起不超过两层(不大于10m)拉设一道平网，防护设施定型化、工具化，牢固可靠	合格
5	预留洞口、坑井防护	1.5m² 以内的预留洞口、坑井须用固定盖板防护，1.5m² 以上的洞口四周设18cm高踢脚杆和60cm、1.2m两道水平杆，杆件里侧用密目式安全网围护，洞口张挂水平安全网，防护设施应形成定型化、工具化	合格
6	通道口防护	进料(人)通道口、进出建筑物主体通道口和场地内、外道路中心线与建筑(或外架)边缘距离分别小于5m和7.5m的通道应搭设双层防护棚，各类防护棚应有单独的支撑系统，不得悬挑在外架上	合格
7	阳台、楼板屋面等临边防护	阳台、楼板、屋面等临边应设置1.2m和60cm两道水平杆，并在立杆里侧用密目式安全网封闭，防护设施与建筑物应固定连接	合格
验收结论意见	验收合格，同意使用	验收人员	项目经理：××× 技术负责人：××× 安全员：×××，××× 施工员：×××，××× 日期：2007年2月25日

5.3.4 模板支撑系统验收单示例

模板支撑系统验收单

表 2-16

模板工程名称：便民服务大楼地下一层，1~18 轴　　施工部位：梁、柱、墙板、楼板、楼梯、阳台
施工单位：×××市××建筑工程有限公司　　支撑材料：钢管、木方料

安 6-3-1

序号	验收项目	验收要求	检点记录	结果
1	施工方案	方案完整，计算科学，审批手续齐全。作业前应进行安全交底，交底资料完整	方案科学完整，经审批手续齐全	施工方案符合要求，资料齐全
2	支撑材质	支撑立柱材质：木杆应用松木或杉木，不得采用易变形、腐朽、折裂、枯节的木材；如采用钢管，管子外径不得小于 φ48×3.5，钢管应无严重锈蚀、裂纹、变形	17	φ48×3.5 钢管合格，松木方料材质良好
		立柱底部的垫块材料，应符合设计要求，不得用破块垫高	8	垫块采用木方料
3	立柱稳定	按施工组织设计要求，支撑高度为 3.1m 时，立柱间水平支撑设 3 道水平支撑，纵横向剪刀支撑符合设计要求。立柱间距符合设计要求，纵向 800mm，横向 800mm	18	符合设计图纸及规范要求
4	木杆连接及扣件	立柱接长杆件接头应错开，扣件距离不得小于 500mm，木杆接长按设计要求。支撑杆件连接应采用符合要求的材料，不得用铁丝、麻绳等绑扎。采用扣件固定其紧固力矩为 4.5~5N·m，钢管支撑应采用对接，不准搭接	5	连接紧固所采用的材料、形式符合规定
5	作业环境	2m 以上高处支模作业，操作人员应有可靠的立足点、防护设施完善	20	搭设操作平台四周护栏

验收意见：
施工方案完整，计算科学，审批手续齐全。资料齐全，支撑材料采用 φ48×3.5 钢管，方木、夹板符合要求，墙板结构的几何尺寸符合设计及规范要求，模板支撑措施可靠。立柱、支撑及手续完整，变形、裂纹、锈蚀等满足施工工艺要求和设计施工规范。连接可靠、规范，强度、刚度满足施工规范和设计规范。高处作业均已搭设了操作平台，设置防护栏杆。验收合格。

验收时搭设高度	3.1m	验收日期	8月16日	合格牌编号	027		地下一层 1~18 轴模板支撑验收交接记录		
						移交部门	木工班组	模板支撑完成、验收合格，提请接收	
						接收部门	钢筋班组	符合要求，同意接收	
							混凝土浇捣组	同意接收（施工过程请木工跟班监护）	
参加验收人员签名：×××，×××，×××									
验收人员签名	×××		搭设班组及负责人	×××		×××		施工负责人	×××

5.4 知识和能力拓展

(1) 分项工程安全验收资料包括哪些内容？
(2) 查找并整理外脚手架搭设、基坑支护等各分项安全技术要求。
(3) 分项工程安全验收与安全管理的关系。

5.5 思考题

(1) "三宝"、"四口"所指的内容？
(2) 外脚手架搭设的验收标准。
(3) 基坑支护安全验收标准。
(4) 模板工程的安全验收标准。

5.6 模拟实训题

结合便民服务大楼工程背景，填写分项工程安全验收表。

单元 6

文明施工和安全教育

6.1 概述

安全教育是安全控制工作的重要环节，安全教育的目的是提高全员安全素质、安全管理水平和防止事故。文明施工又是安全生产的外在表现和必要的保证。加强对职工进行安全教育和培训，是党和政府一贯实施的安全生产基本原则，《中华人民共和国建筑法》第 46 条规定，"建筑施工企业应当建立健全劳动安全生产教育培训制度，加强对职工安全生产的教育培训；未经安全生产教育培训的人员，不得上岗作业。"它以法律条文的形式，提出建筑施工企业应当建立健全劳动安全生产教育培训制度，说明了教育培训工作的重要性。建设部于 1997 年 5 月 4 日印发了《建筑业企业职工安全培训教育暂行规定》（建教〈1997〉83 号），对新工人的三级安全培训教育，企业法定代表人，项目经理，其他管理、技术人员、特殊工种、待岗、转岗、换岗及其他职工的安全培训教育，都做了时间、内容等规定。JGJ 59—99 对安全教育也作了具体规定，使施工现场职工的安全教育工作，有了一个量化的标准。

（1）应当为本项目工作的所有职工建立职工劳动保护教育卡，并装订在管理资料中。做好相关的安全教育工作。掌握职工工作调动及进出项目情况，及时进行登录和注销。

（2）根据建设部关于安全培训教育中有关学时的规定，汇录表的"备注栏"及教育卡中的"现场、班组、变换工种、年度安全生产教育"都应当注明安全培训教育的时间（学时），以便于对该职工的年度安全教育学时进行统计。

（3）职工劳动保护教育卡中的安全考核试卷应当妥善保存备查。

（4）安全生产奖惩记录一般是记载较严重的违章违纪和较大的奖励情况（如因违章导致了伤亡事故或危险肇事事故的及在抢险救灾中表现突出的有功人员，制止事故发生的人员。其中，有些还包括对个人的行政处分和嘉奖）。

（5）关于"双证制"问题。按照各地行业管理的要求，一般建筑企业的安全员、电工、塔吊（包括人货电梯）装拆人员及附着升降脚手架装拆人员，必须同时取得劳动部门和建设行政管理部门颁发的安全员及专业操作人员的培训操作证，方可上岗。

6.2 安全教育和文明施工

6.2.1 安全教育

1. 职工花名册

职工花名册登记是已经过三级安全教育的职工（包括管理人员、班组长、特种工、机械操作工、食堂人员、卫生保洁员等），如经公司、项目部、班组三级教育的，在相应空格打"√"。

2. 职工三级安全教育登记卡

教育登记卡中应有具体的安全教育内容、教育日期、教育时间、教育者姓名及教育者职务。

（1）公司级教育者应为公司安全员，项目部级教育者应为工地安全员，班组级教育者应为各班班组长；以上教育者和被教育者均应本人签字。

（2）教育时间：公司级累计15学时，项目部级累计15学时，班组级累计20学时。

3. 变换工种教育登记表

有变换工种的应根据新工种内容进行新技术操作规程教育和新岗位的安全技术教育，并登记在变换工种教育登记表中。

4. 职工安全知识考试

职工安全知识考试包括管理人员安全教育考试卷，泥工、木工、钢筋工、电工、焊工、登高工等试卷。以上考试卷由企业统一命题，考试结束统一用红笔批改。

5. 项目管理人员年底培训记录及有关岗位证书复印件

项目管理人员（包括保健急救员）应按规定每年参加安全培训，项目经理培训时间不得少于30学时，专职安全管理人员不少于40学时，特种作业人员不少于20学时，可由企业注册地或工程所在地建设行政主管部门组织培训；其他管理人员不得少于20学时，一、二级企业可自行组织培训，三、四级企业应委托培训，并把培训情况填入管理人员年度培训记录表中；各管理人员（包括项目经理、技术负责人、施工员、安全员、质检员、资料员、财会员、预算员）上岗证书复印件附入台账，上岗证书均要为本公司职工。

（1）特种作业人员和机械操作人员花名册

特种作业人员一般包括塔吊司机、塔吊指挥、施工电梯司机、电工、电焊工、登高工、场内机动车等；小型机械操作人员包括井架卷扬机、钢筋冷拉卷扬机、混凝土搅拌机、砂浆搅拌机、木工圆锯、木工平刨、钢筋切断机、钢筋切割机、钢筋弯曲机等操作人员。小型机械操作人员由企业统一组织培训、考试、统一发证。

（2）特种作业人员和机械操作人员上岗证复印件

特种作业人员（包括机械操作人员）上岗证复印件必需经公司工程管理处验证后使用，并附入台账，杜绝无证上岗，过期的特种作业证书要及时复审。

6.2.2 文明施工技术措施

（1）根据工地管理若干规定要求，由工地技术总负责人编制施工现场文明施工技术措施，措施中有大门、灯箱、围墙、会议室、办公室、生活设施等具体内容。经企业技术负责人审查批准、总监理工程师审核签名盖章后方可实施。

（2）文明施工和技术要求验收表：由文明施工专管员负责基础阶段、主体阶段两次验收，验收结果填写应量化(有数据的应填写具体数据),有关验收人员均应全部本人签名。

(3) 施工现场消防安全管理检查记录表:建筑物每层应配备消防设施,高层建筑(30m及以上)应随层做消防水源管道(不小于2寸立管,设增压泵,留有消防水源接口),配备足够灭火器材。定期每月两次进行施工现场消防安全管理检查,检查内容包括易燃易爆物品堆放间、木工间、油漆间、食堂间、职工宿舍、外脚手架、每层楼梯踏步等消防防火重点部位是否采取必要的消防安全措施。配备专用消防器材,消防器材数量是否足够,放置位置是否正确、固定是否可靠,灭火器是否过期,是否有专人负责等。

(4) 施工现场动用明火审批表:动用明火动火人一般为电焊(气焊)工,监护人一般为专(兼)职消防员,动火起止时间为一星期,申请人根据工作内容一般为钢筋班长,批准人为项目经理,审批意见写"具备灭火条件,同意动用明火"。

6.3 案例

6.3.1 安全知识考试卷

项目安全考核试卷

一、填空题

1. 新入场的工人(包括合同工、外协施工人员、实习人员、代培人员)未进行_____,或培训不合格人员不得参加施工。

2. 非特种作业人员从事特种作业或使用未经专业培训考核和考核不合格的人员上岗,属于_____违章行为。

3. 电工或用电设备操作人员酒后上岗,属于_____违章行为。

4. 在无安全防护或_____的高空作业时,施工人员不系安全带属于严重违章。

5. 特种作业人员未持证上岗,或使用_____、私自涂改等无效上岗证属违章行为。

6. 电工、电焊工等特殊工种及小型用电设备操作人员上岗时按规定穿戴必要的_____。

7. 未报告电工实施停电而移动_____和固定式用电设备属违章行为。

8. 不得私自拆除设备上的安全、照明、信号、防火、防爆和_____及显示仪表。

9. 施工人员不得赤脚或穿拖鞋进入现场或穿_____从事高处作业。

10. 施工人员进入现场_____安全帽,并系好安全帽带。

11. 现场新老员工之间有_____的责任,进入现场的所有人员必须服从项目的各项安全管理规定,对违反规定的单位或个人,任何人均有责任_____,工人对上级的违章指挥有权拒绝,或向其上级领导和安全部门举报

二、选择题

1. 施工人员在施工现场吸烟属于什么行为?

A. 严重违章　　　　　B. 一般违章
C. 重大隐患　　　　　D. 可以吸烟

2."三宝、一器"及扣件、个人防护用品不经验收或验收不合格不得投入使用中的"三宝"指的是什么？

A. 安全帽　　　　　　B. 安全带
C. 安全网　　　　　　D. 灭火器

3."三宝、一器"及扣件、个人防护用品不经验收或验收不合格不得投入使用中的"一器"指的是什么？

A. 漏电保护器　　　　B. 变压器
C. 空气开关　　　　　D. 灭火器

4. 严重违章或重大隐患，对工程项目、分包单位或严重违章者处以罚款的金额为？

A. 100～500 元　　　　B. 100～300 元
C. 500～1000 元　　　 D. 500～3000 元

5. 在同一专业分包，由于安全生产管理存在三项以上（含三项）严重违章或重大隐患，对工程项目罚款多少元？

A. 100～500 元　　　　B. 100～300 元
C. 500～1000 元　　　 D. 500～3000 元

6. 违章或隐患，对工程项目或违章者处以每项多少元的罚款？

A. 100～500 元　　　　B. 100～300 元
C. 300～1000 元　　　 D. 500～3000 元

7. 现场未设电器管理负责人，施工现场的电工等级与临时用电工程的难易程度和技术复杂性不相适应，属于哪类行为？

A. 严重违章　　　　　B. 一般违章
C. 重大隐患　　　　　D. 可以施工

三、论述题

1. 根据《中华人民共和国安全生产法》试述安全生产的方针。
2. 您所在的工种的安全生产责任制是什么？如何确保无安全事故发生？

项目安全考核答案

一、填空题

1. 答案：三级安全教育
2. 答案：严重违章
3. 答案：严重违章
4. 答案：防护设施不全
5. 答案：逾期未审
6. 答案：防护用品

7. 答案：配电箱

8. 答案：警示标志

9. 答案：带钉易滑鞋

10. 答案：必须戴好

11. 答案：传、带、帮

二、选择题

1. 答案：B. 一般违章
2. 答案：A. 安全帽
   B. 安全带
   C. 安全网
3. 答案：A. 漏电保护器
4. 答案：D. 500~3000元
5. 答案：D. 500~3000元
6. 答案：C. 300~1000元
7. 答案：A. 严重违章

三、论述题

1. 答案："安全第一、预防为主"

2. 答案：

2.1 认真学习、严格执行安全技术操作规程、制度规定和决定。

2.2 积极参加安全活动，认真执行安全交底，不违章作业。并虚心听取，积极整改有关人员提出的不安全问题。

2.3 在作业时，要严格做到"眼观六面（上、下、左、右、前、后）安全定位，措施得当安全操作"。

2.4 发扬团结友爱精神，在遵守安全规章制度等方面做到互相帮助、互相监督。对新工人要积极传授安全生产知识，维护一切安全设施和防护用具，不经领导批准不准拆改。做到正确使用。

2.5 工人有维护自身安全生产的权力。对施工前不进行安全交底，对施工现场存在不安全隐患未及时排除，对现场无安全防护措施或措施不落实，对领导的违章指令性，工人有权拒绝施工，并有责任积极提出意见。对现场发生的已、未遂事故，应立即向领导报告。

6.3.2 安全教育记录表示例

安全教育记录　　　　　　　　　表 2-17

安 8-2

教育类别：暑期安全生产教育　　　教育课时：2 学时　　　　2007 年 7 月 10 日

单位名称：××市××建筑工程有限公司	主讲单位(部门)	综合科	主讲人	×××
工程名称：便民服务大楼	受教育单位(部门)	后勤、食堂及各班组	人数	10 人

教育内容：

  针对目前气温高、雨量大、对环境卫生、饮食卫生带来的负面影响较大。工地环境卫生、宿舍卫生、饮食卫生、茶水供应等问题必须引起管理人员和各部门有关责任人员的重视。召开有关人员会议做好夏季卫生工作，保障员工身心健康。

会议内容：

  1. 按照卫生标准和环境卫生作业要求，设置生活"五有"设施，即食堂、宿舍(更衣室)、厕所、医务室(医药急救箱)、茶水供应点(茶水桶)。
  2. 实行卫生包干落实责任人。
  3. 宿舍统一使用 36V 低电压。厕所、浴室专人管理，定时清扫，保持整洁。落实各项除四害措施，控制"四害"孳生。
  4. 食堂管理须符合××市职工食堂有关规定。炊事员必须实行健康证和卫生上岗证持证上岗，达到地区卫生防疫站标准食堂的规定。
  5. 医务室确定现场巡回医疗的时间，做好卫生防病的宣传教育工作，定期检查食堂卫生情况。
  6. 调整作息时间，适应夏令工作需要。

参加对象签名：

综合科×××、×××、×××

后勤管理人员×××、×××、×××、×××、×××、×××、×××

注：教育类别分：变换工种、操作规程和技能、经常性、季节性、节假日等。

记录人：×××

6.3.3 三级动火许可证示例

表 2-18
安 5-5-3

三级动火许可证

单位名称	×××市×××建筑工程有限公司		工程名称	便民服务大楼
动火须知	1. 在非固定的、无明显危险因素的场所进行动火作业等均属三级动火。 2. 三级动火申请人应在三天前提出，批准最长期限为7d，期满后应重新办证，否则视作无证动火。 3. 三级动火作业由所在班组填写，经本单位项目部施工负责人审查批准，动火监护人及存查。 4. 本表一式三联：动火人、动火监护人及存查。		动火部位	斜屋面钢筋连接、限位、预埋件制作与安装
			动火时间	9月13日 8时30分～9月20日 18时30分
		防火措施	1. 焊工必须持证上岗。无证人员不准进行焊、割作业。 2. 进入施工现场必须戴好安全帽，穿好防护服，正确使用劳动防护用品。 3. 高处作业若无可靠防护，必须扣好安全带。 4. 焊、割作业必须遵守焊接安全操作技术规程。 5. 焊、割下来的铁件必须集中在楼层，用垂直升降设备运输到地面。 6. 监护人员在作业前应察看现场，消除隐患，并做好各工种协调工作；作业中，应跟班看护；作业后，做好下班前的清理工作，并把焊接设备撤离现场，以防他人动火。	
焊工姓名	×××、×××、××× 02-99024、02-960806、02-99036			
			监护人姓名	×××
申请动火人签名：			批准人姓名：	安全科：×××
焊工班长：××× 日期：2007年9月13日				技术科：××× 安全科：××× 日期：2007年9月13日

6.4　知识和能力拓展

（1）文明施工与安全管理之间的关系。
（2）安全教育与文明施工的关系。
（3）试编制安全教育的台账提纲。

6.5　思考题

（1）文明施工与安全管理之间的关系。
（2）安全教育的内容，安全教育的意义。
（3）文明施工的内容，文明施工的意义。

6.6　模拟实训题

要求便民服务大楼项目主体标准层施工为背景，列出文明施工台账的提纲。

单元 7

安全事故的处理

7.1 概述

建设工程安全生产管理，坚持安全第一、预防为主的方针。生产经营活动中发生的造成人员伤亡或者直接经济损失的生产安全事故的报告和调查处理，依照《生产安全事故报告和调查处理条例》(2007)实施。

(1) 对事故隐患进行控制的目的，就是要确保不合格设施不使用、不合格过程不通过、不安全行为不放过，从而确保安全无事故。对事故隐患的处理，应由项目部组织实施。

对事故隐患的处理方式，按安保体系标准规定，共有5种：

1) 停止使用、封存；
2) 指定专人进行整改以达到规定要求；
3) 进行返工以达到规定要求；
4) 对有不安全行为的人员进行教育或处罚；
5) 对不安全生产的过程重新组织。

纠正(不安全行为、过程、设施)、预防(事故)措施的复查验证，一般有以下两种情况：

1) 对存在隐患的安全设施、安全防护用品的整改措施落实情况，必要时由工程项目部安全部门，组织有关专业人员对其进行复查验证，并做好记录。只有排除险情，采取可靠措施后，方可恢复使用或施工。

2) 上级或政府行业主管部门提出的事故隐患通知，由工程项目部及时报告企业主管部门，同时制定措施，实施整改。自查合格后，报企业主管部门复查，再报有关上级或政府行业主管部门消项。

(2) 按建设部规定，必须每月按时逐级(即由工程项目部报企业，企业汇总后，再报其上级主管部门)上报事故月报表。无论当月本项目是否发生伤亡事故，一律填写事故月报表(一式两份)并盖上项目部公章后，一份报企业主管部门，一份留在管理资料内。事故月报表按有关国家标准及建设部规定要求填写。

7.2 工伤事故处理

1. 安全生产月报表

每月按要求填写安全生产月报表，填报时间为次月1～2日，并经公司安全管理部门盖章认可。

2. 伤亡事故报表

伤亡事故不论大小，凡发生工伤事故的应认真填写伤亡事故报表，并附上事故调查报告和有关处理情况，伤亡事故报表由公司管理部门盖章认可。

3. 伤亡事故处理情况

发生伤亡事故必须按规定进行报告，并认真按"四不放过"（事故原因调查不清不放过，事故责任不明不放过，事故责任者和群众未受到教育不放过，防范措施不落实不放过）的原则进行调查处理。处理根据有关劳动保护法规。

7.3 案例

便民服务大楼项目的事故背景及伤亡事故报表。

7.4 知识和能力拓展

（1）查找《建筑工程安全生产管理条例》第七章法律责任相关条款。
（2）利用网络，查找国内近几年发生的重大安全事故的背景、安全原因分析。

7.5 思考题

（1）安全生产月报表的作用？
（2）查找资料，了解伤亡事故处理的原则和程序。

7.6 模拟实训题

结合便民服务大楼工程背景，列出文明施工台账的提纲。

表 2-19

伤 亡 事 故 报 表

工程名称		便民服务大楼				项目经理			×××	事故发生日期	2007年4月29日
事故情况	姓名	性别	年龄		工种		工龄	伤亡情况		事故类别	有否经过安全培训
事故性质											
事故经过及原因	本月无事故										
事故责任者											
备注	企业单位盖章：×××市××建筑工程有限公司								参加调查人员		

安全员(签名)：×××　　项目经理(签名)：×××　　日期：2007年4月29日

项目 3

工程监理资料管理

能力目标： 初步建立查阅有关工程监理资料管理的标准的基本意识，具有工程监理资料管理的意识；具有根据不同用途对工程监理资料进行分类的能力，能够正确把握工程监理工作各阶段资料与归档资料的差异。能够正确审读建设工程监理工作综合类资料、工程监理用表、监理内部管理及其他类资料；具备基本对主要监理综合类资料的、监理用表、监理内部管理及其他类监理资料的熟练应用能力和合格审查能力。

根据建设工程法律法规以及建设工程监理规范的规定，施工阶段建设工程项目监理的主要内容主要是：质量控制、进度控制、投资控制、合同管理、资料管理、安全监管、组织协调。简称"三控两管一监管一协调"。在项目施工监理过程中，工程监理资料管理人员需要做的工作就是围绕"三控两管一监管一协调"这个工作中心所确定的四大目标和具体工作内容，通过记录、收集、整理，形成一整套工程监理资料来"真实、连续、完整"地反映监理各方面工作的信息。工程监理资料管理是监理单位的一项不可或缺的经常性的重要工作，它贯穿于工程建设监理的全过程，反映与记录着监理工作的过程信息和全貌。

单元 1

工程监理资料的分类

有关工程监理资料分类的依据，主要从《建设工程监理规范》(GB 50319—2000)(以下简称"监理规范")和《建设工程文件归档整理规范》(GB/T 50328—2001)(以下简称"归档整理规范")而来。

1.1 工程监理资料分类

《建设工程监理规范》(GB 50319—2000)将施工阶段监理资料分为28项内容，即：

(1) 施工合同文件及委托监理合同；
(2) 勘察设计文件；
(3) 监理规划；
(4) 监理实施细则；
(5) 分包单位资格报审表；
(6) 设计交底与图纸会审纪要；
(7) 施工组织设计(方案)报审表；
(8) 工程开工/复工报审表及工程停工令；
(9) 测量核验资料；
(10) 工程进度计划；
(11) 工程材料、构配件、设备的质量证明文件；
(12) 检查试验资料；
(13) 工程变更资料；
(14) 隐蔽工程验收资料；
(15) 工程计量单和工程款支付证书；
(16) 监理工程师通知单；
(17) 监理工作联系单；
(18) 报验申请表；
(19) 会议纪要；
(20) 往来函件；
(21) 监理日记；
(22) 监理月报；

(23) 质量缺陷与事故的处理文件；

(24) 分部工程、单位工程等验收资料；

(25) 索赔文件资料；

(26) 竣工结算审核意见书；

(27) 工程项目施工阶段质量评估报告等专题报告；

(28) 监理工作总结。

"归档整理规范"为避免城建档案所需要的内容不至于缺失或不必要的重复，故对各责任主体需提交的档案进行了规定，对监理资料规定了10类27项内容作为城建档案需归档的"监理文件"（详见项目4单元1）。

1.2 按工程监理工作内容划分的施工阶段监理资料

按工程监理工作内容划分，监理资料可以分为几大块的内容：综合类监理资料、监理工作用表和其他监理资料。

1.2.1 综合类监理资料

施工阶段综合类工程监理资料包括：

(1) 监理规划；

(2) 监理实施细则；

(3) 监理月报；

(4) 监理会议纪要；

(5) 监理工作日志；

(6) 监理工作总结；

(7) 监理专题报告；

(8) 工程质量评估报告。

1.2.2 施工阶段工程监理工作用表

施工阶段工程监理工作用表是工程监理资料的重要组成部分。根据《建设工程监理规范》施工阶段监理工作用表基本表式包括A、B、C三类表格。

A类表（承包单位用表）

A1 工程开工/复工报审表

A2 施工组织设计（方案）报审表

A3 分包单位资格报审表

A4 报验申请表

A5 工程款支付申请表

A6 监理工程师通知回复单

A7 工程临时延期申请表

A8 费用索赔申请表

A9 工程材料/构配件/设备报审表

A10 工程竣工报验单

B 类表(监理单位用表)

B1 监理工程师通知单

B2 工程暂停令

B3 工程款支付证书

B4 工程临时延期审批表

B5 工程最终延期审批表

B6 费用索赔审批表

C 类表(工程建设参与各方通用表)

C1 监理工作联系单

C2 工程变更单

A 类表 A1~A10 表，承包单位向监理单位申报，经监理单位审核后返回一份给施工单位，并抄报一份给建设单位，监理留底一份。是承包单位与项目监理机构工作联系技术文件。

B 类表 B1~B6 表是监理单位用表，是项目监理机构和建设单位、承包单位工作联系用表。

C 类表 C1、C2 表由工程项目参与各方通用。

1.2.3 其他监理资料

在开展工程监理活动中，除了上述的"综合类监理资料"、"监理工作用表"等规范规定的资料外，为更好的完成监理工作，强化监理控制程序，通常会增加一些监理资料。在此，我们介绍部分常见的资料：

见证取样记录表

混凝土浇筑申请书

工程质量问题(事故)报告单

工程质量整改通知单

工程质量事故处理方案报审表

监理抽检记录

施工试验见证取样汇总表

检验批、分项工程质量验收抽查记录表

试验(检测)单位资格报审表

工程竣工结算审核意见书

1.3 与监理资料管理相关的施工阶段监理流程

1.3.1 工程监理过程中各阶段与形成的监理资料

工程监理资料管理基本可以通过阶段来划分，以下是监理资料实施的基本管理流程，见图 3-1。

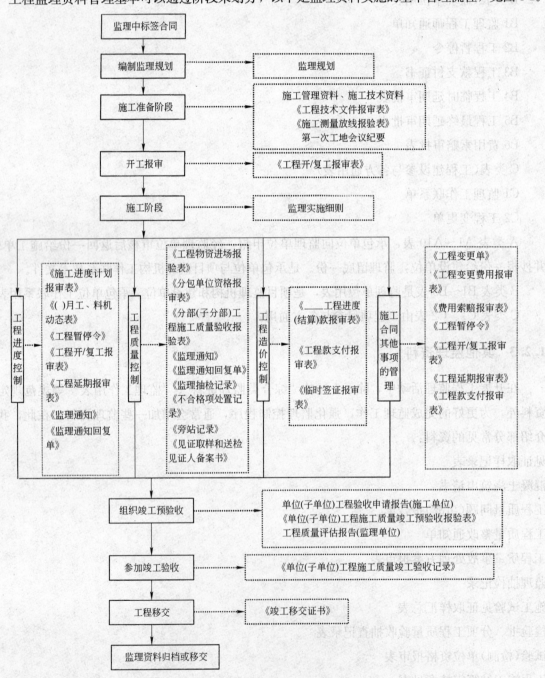

图 3-1 工程监理资料管理流程图

1.3.2 建设工程监理资料形成过程中应该注意的问题

建设工程监理资料形成过程中应该注意如下问题：

(1) 建设工程监理过程中产生许多文件，有的超过了"监理规范"所要求的内容。针对这一点应该说明的是，"监理规范"规定的建设工程监资料以合格作为目标可以满足要求，但作为更为细致的工程记录还需做必要的补充。"监理规范"规定的建设工程监资料内容是必须的、至少的内容，还应该根据需要加以补充丰富，使其能够更好地反映监理工作过程的全貌。

(2) 建设工程监理资料管理有关问题的处理。因为现场工程监理文件和记录远超出监理资料的范围。因此，在工程实施过程中，就有必要根据监理工作与资料的内在关系来收集整理，以方便工程监理工作记录的收录与存放。

1.4 知识与能力拓展

(1) 收集本地区(省、地级市)建设工程监理资料管理的的有关规定，说明其与"监理规范"中监理资料管理规定的不同之处。

(2) 工程监理现场工作记录的内容和编号存放方案可以有多种，调查当地建设工程监理企业工程监理资料管理方法，初步提出一种新的工程监理工作记录的编号和收录存放方案。

1.5 思考题

(1) 工程监理资料的管理流程要点与各阶段形成的监理资料内容分别是什么？
(2) "监理规范"规定的工程监理资料整理有几类，具体是什么内容？

1.6 模拟实训题

要求学生熟悉"监理规范"关于监理资料管理的相应条文以及条文说明，并编制现场日常监理资料目录清单。

单元 2 综合类监理资料

以上每一种资料监理均有其规定的内容与规范化的格式。监理资料管理人员应该掌握监理资料的编制程序、作用、时间以及合格形式、存放查阅方法等管理内容。

2.1 施工阶段的监理规划

2.1.1 监理规划的编制程序

1. 监理规划的作用

监理规划的作用是指导工程项目监理工作的实施方案。监理规划中应有明确具体的、符合项目要求的工作内容、工作方法、监理措施、工作程序和工作制度。监理大纲、监理规划、监理实施细则的比较见监理大纲、监理规划、监理实施细则比较表(表3-1)。

监理大纲、监理规划、监理实施细则比较表　　　　表3-1

序号	项　目	监理大纲	监理规划	监理实施细则
1	性质	纲领性文件	指导性文件	实施性操作性文件
2	目的、作用	承接监理任务	指导项目监理工作	实施具体监理业务
3	编制时间	投标前	第一次工地会前	专业工程开工前
4	编制人	公司经营部门	总监理工程师	专业监理工程师
5	审批人	公司有关负责人	监理单位技术负责人	总监理工程师
6	报送	建设单位	建设单位	
7	存档	公司经营部门	有关部门及监理单位档案管理部门	

2. 监理规划的编制程序

编制程序包括五步：①编制时间；②编制；③审批；④报送；⑤修订。

2.1.2 建设工程监理规划的基本内容

1. 建设工程概况

概况收集时应该仔细查对以下内容：

(1) 建设工程名称。

(2) 建设工程地点。

(3) 建设工程组成及建筑规模。

(4) 主要建筑结构类型。
(5) 建设工程计划工期。
(6) 工程质量要求。
(7) 建设工程设计单位名称。
(8) 建设工程施工单位名称。
(9) 建设工程项目结构图与编码系统。

2. 监理工作范围

3. 监理工作内容

监理工作内容应该仔细查对以下内容：
(1) 建设工程立项阶段建设监理工作的主要内容。
(2) 设计阶段建设监理工作的主要内容。
(3) 施工招标阶段建设监理工作的主要内容。
(4) 材料、设备采购供应的建设监理工作主要内容。
(5) 施工准备阶段建设监理工作的主要内容。
(6) 施工阶段建设监理工作的主要内容。
(7) 施工验收阶段建设监理工作的主要内容。
(8) 建设工程监理合同管理工作的主要内容。
(9) 委托的其他服务。

4. 监理工作目标

(1) 投资控制目标。
(2) 工期控制目标。
(3) 质量控制目标。
(4) 安全监管目标。

5. 监理工作依据

6. 项目监理机构的组织形式

7. 项目监理机构的人员配备计划

8. 项目监理机构的人员岗位职责

9. 监理工作程序

10. 监理工作方法及措施

监理工作方法及措施应该仔细查对以下内容：
(1) 投资目标控制方法与措施。
(2) 进度目标控制方法与措施。
(3) 质量目标控制方法与措施。
(4) 合同管理的方法与措施。
(5) 信息管理的方法与措施。

(6) 安全监管的方法与措施。

(7) 组织协调的方法与措施。

11. 监理工作制度

12. 监理设施

监理设施应该仔细查对以下内容：

(1) 业主提供满足监理工作需要的设施。

(2) 常规检测设备和工具。

2.1.3 监理规划收集审读还应该注意的几个事项

(1) 监理规划是针对项目实际情况编制的，明确项目监理机构的工作目标、确定具体的监理工作制度、程序、方法和措施，应具有可操作性。

(2) 监理规划在签订委托监理合同及收到设计文件后由总监理工程师主持，专业监理工程师参加编制，内容应符合"监理规范"第4.1.3条的要求。

(3) 监理规划必须经监理单位技术负责人审核批准并应在召开第一次工地会议前报送建设单位。

(4) 监理规划封面由总监理工程师及编制人员、监理单位技术负责人签字并加盖监理单位公章。

作为工程监理资料员，主要是从程序、时间、格式与内容方面进行审查。

2.2 施工阶段的监理实施细则

监理实施细则的编制要求如下：

1. 编制监理实施细则的依据

(1) 已批准的监理规划。

(2) 专业工程承包合同及监理委托合同。

(3) 专业设计图纸和技术资料（包括专业工程设备、材料技术说明书及使用说明书）。

(4) 专业工程相关的规范、标准。

(5) 经批准的施工组织设计。

2. 监理实施细则的编制与修改

(1) 监理实施细则应在相应工程施工开始前编制完成。

(2) 监理实施细则应由专业监理工程师编制，并必须经总监理工程师批准。

(3) 在监理工作实施过程中，当监理实施细则根据实际情况进行补充、修改和完善后，仍须经总监理工程师按原审批程序批准。

3. 监理实施细则的主要内容

监理实施细则的主要内容应该仔细查对以下内容：

(1) 专业工程概况。
(2) 专业工程监理工作特点与流程。
(3) 专业工程监理工作流程。
(4) 监理工作的控制要点及目标值。
(5) 专业工程特定的监理工作程序、工作制度、工作内容、工作方法等。

以上是至少的内容。根据需要一般可以增加：

(1) 专业工程的分部、分项工程验收表格及隐蔽工程验收表格。
(2) 专业工程实施旁站监理的计划。
(3) 本专业工程与其他专业工程的配合、协调。
(4) 专业工程进度控制。
(5) 专业工程投资控制。
(6) 专业工程安全控制。
(7) 本专业工程的质量验收程序和制度。

4. 专业工程监理细则收集审读应注意的事项

(1) 中型及以上或专业性较强的工程项目，项目监理机构应编制监理实施细则。
(2) 监理实施细则是在监理规划指导下，由专业监理工程师结合工程项目专业特点进行编制，做到详细具体、具有可操作性。
(3) 监理实施细则应在相应工程施工开始前编制完成。由项目总监理工程师审批，其编制程序、依据和主要内容应符合"监理规范"第4.2.2、第4.2.3条的要求。

同样，作为工程监理资料员主要是从约定的程序、时间、格式与内容方面进行审查。

2.3 施工阶段的监理月报

监理月报是工程施工过程中，项目监理机构就工程实施情况和监理工作情况定期向建设单位和监理单位所做的报告。监理月报收集审读应注意的事项：

(1) 监理月报由项目总监理工程师组织各专业监理工程师编写，其内容应符合"监理规范"第7.2.1条的要求。
(2) 监理月报应由项目总监理工程师签字，并加盖项目监理机构公章。

作为工程监理资料员主要是从事先约定的程序、时间、格式与内容方面进行符合性审查。

2.4 施工阶段的监理会议纪要

监理会议纪要是指根据项目监理机构主持的会议（包括工地例会和专题会议）记录整理并经

有关各方签字认可的文件。监理会议纪要收集审读应注意的事项：

(1) 工地例会是总监理工程师定期主持召开的工地会议，其内容应符合"监理规范"第5.3.2条的要求。

(2) 专题会议是为解决施工过程中的各种专项问题而召开的不定期会议，会议应有主要议题。

(3) 会议纪要由项目总监理工程师审阅，与会各方代表签字。

(4) 资料要求：

1) 主要内容：应简明扼要的写清楚会议的主要内容及中心议题（即与会各方提出的主要事项和意见），工地例会还包括检查上次例会议定事项的落实情况。

2) 会议决定：应写清楚会议达成的一致意见、下一步工作安排和对未解决问题的处理意见。

作为工程监理资料员，也主要是从程序、时间、格式与内容、会签要求方面进行审查。

2.5　施工阶段的监理日记

监理日记以项目监理机构每日的监理工作为记载对象，包括与监理工作有关的施工、气象等情况。收集审读应注意的事项：

(1) 监理日记应使用统一制定的表格《监理日记》，每册封面应标明工程名称、册号、记录时间段及建设、设计、施工、监理单位名称，并由总监理工程师签字。

(2) 监理人员应及时填写监理日记并签字。

(3) 监理日记不得补记，不得隔页或扯页以保持其原始记录。

(4) 资料要求：

1) 施工内容：指施工人数、作业内容及部位，使用的主要施工设备、材料等；

2) 记录：指记载当天下列监理工作内容和有关事项：

① 施工过程巡视检查和旁站监理、见证取样情况；

② 施工测量放线、工程报验情况及验收结果；

③ 材料、设备、构配件、半成品和主要施工机械设备进场情况及进场验收结果；

④ 施工单位资料报审及审查结果；

⑤ 施工图交接、工程变更的有关事项；

⑥ 所发监理通知（书面或口头）的主要内容及签发、接收人；

⑦ 建设单位、施工单位提出的有关事宜及处理意见；

⑧ 工地会议议定的有关事项及协调确定的有关问题；

⑨ 工程质量事故（问题）及处理方案；

⑩ 异常事件（可能引发索赔的事件）及对施工的影响情况；

⑪ 设计人员到工地及处理、交待的有关事宜；

⑫ 质量监督人员、有关领导来工地检查、指导工作情况及有关指示；
⑬ 其他重要事项。

作为工程监理资料管理人员主要是从程序、时间、格式与内容方面进行审查。

2.6 施工阶段的监理工作总结

监理工作总结是监理单位对履行委托监理合同情况及监理工作的综合性总结。收集审读应注意的事项：

(1) 监理工作总结由总监理工程师组织项目监理机构有关人员编写。

(2) 监理工作总结的内容应符合"监理规范"第7.3.1条的规定。

(3) 监理工作总结由项目总监理工程师、监理单位负责人签字盖章，并在施工阶段监理工作结束时，由监理单位向建设单位提交。

作为工程监理资料管理人员主要是从提交程序、时间、格式与内容方面进行审查。

2.7 施工阶段的监理专题报告

监理专题报告是施工过程中，项目监理机构就某项工作、某一问题、某一任务或某一事件向建设单位做的报告。收集审读应注意的事项：

(1) 监理专题报告应标题清楚表明问题的性质，主体内容应详尽的阐述发生问题的情况、原因分析、处理结果和建议。

(2) 监理专题报告由报告人、总监理工程师签字，并加盖项目监理机构公章。

(3) 施工过程中的合同争议、违约处理等可采用监理专题报告，并附有关记录。

作为工程监理资料管理人员主要是从程序、时间、格式与内容方面进行审查。

2.8 施工阶段的工程质量评估报告

工程质量评估报告是项目监理机构对被监理工程的单位(子单位)工程施工质量进行总体评价的技术性文件。收集审读应注意的事项：

(1) 工程质量评估报告是在被监理工程预验收后，由总监理工程师组织专业监理工程师编写。

(2) 工程质量评估报告由总监理工程师和监理单位技术负责人签字，并加盖监理单位公章。

(3) 工程质量评估报告应包括下列主要内容：

1) 工程概况；

2) 工程监理基本情况；

3) 单位(子单位)工程所包含的分部(子分部)、分项工程施工质量验收情况；

4) 质量控制资料验收情况；

5) 工程所含分部工程有关安全和功能的检测验收情况及检测资料的完整性核查情况；

6) 竣工资料核查情况；

7) 观感质量检查情况；

8) 施工过程质量事故和主要质量问题、原因分析及处理结果；

9) 对工程施工质量的综合评估意见。

作为工程监理资料管理人员主要是从程序、时间、格式与内容方面进行审查。

2.9 知识与能力拓展

(1) 监理工作联系单：监理工作联系单是在施工过程中与监理有关各方工作联系用表。查阅各种资料库中监理工作联系单，体会其中的不同用途，找出其中的程序和时间规定。

(2) 列出建设工程监理依据性文件格式和内容的规范依据。

(3) 阅读监理资料库原已竣工的施工阶段的监理规划，发现其中内容的不完善之处，指出监理规划提交的程序和时间规定。

(4) 阅读原已竣工的施工阶段的监理实施细则，找出内容提交的程序和时间规定。

2.10 思考题

(1) 建设工程监理依据性资料和工作记录资料分别是哪些文件？

(2) 建设工程监理依据性资料和工作记录资料的编写程序、内容、格式分别是什么？

(3) 建设工程监理依据性资料和工作记录资料提交的时间分别有什么规定？

2.11 模拟实训题

查阅已竣工的施工阶段监理资料，编制各综合类监理资料的封面。

单元 3

日常监理工作用表

日常三控一管一监管类监理资料主要体现在监理规范中的工程监理 A、B、C 表的使用之中。本单元的内容一部分以实例方式给出，一部分通过实训方式由学生自己查阅案例。

3.1 承包单位用表（A 类表）

承包单位与项目监理机构工作联系技术文件即建设工程监理规范中的工程监理 A 表，共 10 张。监理资料管理人员应该具备或填写和审读的基本能力，针对收集审读应注意的事项以下一一分述。部分案例给出 A 表实例，部分案例由学生自己在实训过程中完成。

3.1.1 工程开工报审表

1. 资料表式（见表 3-2）

工程开工报审表 A1　　　　　　　　　　　　　　表 3-2

工程名称：　　　　　　　　　　　　　　　　　　编号：

致：（监理单位）
我方承担的_____工程，已完成了以下各项工作，具备了开工/复工条件，特此申请施工，请核查并签发开工指令。 附：1. 开工报告 　　2.（证明文件） 　　　　　　　　　　　　　　　　　承包单位（章）_____ 　　　　　　　　　　　　　　　　　项目经理_____ 　　　　　　　　　　　　　　　　　日　　期_____
审查意见： 　　　　　　　　　　　　　　　　　项目监理机构_____ 　　　　　　　　　　　　　　　　　总监理工程师_____ 　　　　　　　　　　　　　　　　　日　　期_____

注：本表一式三份，经项目监理机构审核后，建设单位、监理单位、承包单位各存一份。

2. 收集审读应注意的事项

（1）工程项目满足开工条件后，总承包单位报项目监理机构复核和批复开工时间。

（2）整个工程项目若一次开工，只填报一次，如工程项目中涉及较多单位工程，且开工时间先后不一，则每个单位工程开工报告都应填报一次。

（3）工程名称：指相应的建设项目或单位工程名称，应与施工图的工程名称一致。

(4) 开工前的各项准备工作(一至八项)：承包单位应按表列内容逐一落实并自查，符合要求后在该项"□"内打"√"，需将《施工现场质量管理检查记录》及其要求的有关证件，《建设工程施工许可证》，现场专职管理人员资格证、上岗证，现场管理人员、机具、施工人员进场情况，工程主要材料落实情况等资料作为附件同时报送。

(5) 工程暂停时由于非承包单位的原因引起的，承包单位应报告整改情况和预防措施；工程暂停原因是由非承包单位的原因引起的，承包单位仅提供工程暂停原因消失证明。施工阶段的工程开工报审表填写实例如下(其他报审表可以通过此例的填写思路举一反三)。

3. 工程开工报审表填写实例

(1) 工程开工报审填表举例(见表3-3)

工程开工报审表　　　　　　　　　　　　　　　表3-3

工程名称：便民服务大楼　　　　　　　　　　　　　　　编号：A1-1-001

致：杭州××建设监理有限公司　　　　　　　　　　　　　　　(监理单位)
我方承担的便民服务大楼工程，已完成了以下各项工作，具备了开工条件，特此申请施工，请核查并签发开工指令。 附件：1. 开工报告； 　　　2. 相关证明材料。
1. 施工许可证已办理；　　　　　　　　　　　　　　　　　　　　　　　　　☑ 2. 征地拆迁工作进度满足工程进度进展的需要；　　　　　　　　　　　　　☑ 3. 施工组织设计已经获得总监理工程师的批准；　　　　　　　　　　　　　☑ 4. 现场管理人员已到位，机具、施工人员已进场，主要工程材料已落实；　☑ 5. 进场道路及水、电、通信等已满足开工要求；　　　　　　　　　　　　　☑ 6. 施工现场质量管理、技术管理和质量保证安全机构已建立；　　　　　　　☑ 7. 质量、安全、技术管理制度已建立，具备安全许可证书；　　　　　　　　☑ 8. 专职管理人员和特种作业人员已取得资格证、上岗证。　　　　　　　　　☑
承包单位(章)：杭州××建设集团有限公司 　　　　　　　　　　　　　　　项目经理：×××(手签) 　　　　　　　　　　　　　　　日　　期：2007年7月27日
审查意见： 经审查上述各项工作已完成且资料齐全，同意本工程于2007年7月28日开工。 　　　　　　　　　　　　　　　项目监理机构(章)：杭州××建设监理有限公司 　　　　　　　　　　　　　　　总监理工程师：××(手签) 　　　　　　　　　　　　　　　日　　期：2007年7月28日

注：本表一式三份，经项目监理机构审核后，建设单位、监理单位、承包单位各存一份。

(2) 开工报审填表实例分析

开工报审的目的是检查施工单位准备的开工条件是否具备，开工后能否保证工程顺利、连续进行施工。工程开工报审要点是对报审表内提出的应提供资料的齐全程度正确性进行核查。

1) 开工报审填表控检原则：

① 工程开工未经报审不得开工。工程开工报审应审查的条目明确，表列8项内容必须逐一审查、基本落实。只要表列8项基本符合要求，即可批准开工。监理人员应明确开工前施工单位必须报送的资料和开工后可以限定时间提送的资料内容。

② 工程开工报审属指令性文件，开工报审项目监理机构审查必须实事求是，技术用语严

格、恳切，用词准确。

③ 承包单位应充分准备，项目监理机构审查只要主要项目已完成，有些项目在开工后还可以随时改正，对于需要改正的问题可在批复中限定时间改正，也可批复开工，其原则是不影响开工后的正常施工及管理。只要施工许可证、征地拆迁文件、施工组织设计、现场质保体系、进场工人上岗证齐全，开工后所用工程材料、设备基本齐全不影响正常施工，主要规章制度基本齐全，即可开工。

④ 批复时必须写明批准的开工时间，这是计算总工期的起始时间。必须由总监理工程师批准，签字有效。

⑤ 工程开工报审是承包单位提请报审，项目监理机构审查的责任文件。不报、不审或不认真审查，都是不认真履行监理职责的行为。

2) 开工报审填表核查情况要点：

① 施工许可证：施工许可证必须已经发放，并作为附件资料提送进行核查。经查该工程提供的施工许可证确系当地行政主管部门发放；发放时间为2007年6月28日。编号为浙字2007·0628。

② 征地拆迁：征地拆迁的核查控制应满足工程进度需要。便民服务大楼在滨江高新园区内，为统一征地，便民服务大楼占地面积20亩，征地手续均已办理完毕，满足工程进度需要；为独立园区，无拆迁任务。

③ 施工组织设计：施工组织设计开工前组织编写完成，并已经总监理工程师审查批准。便民服务大楼的施工组织设计7月26日已经审批，总监理工程师已签字批准。

④ 现场管理人员、机具、施工人员、材料、设备进场状况：a. 现场管理人员：项目经理、项目技术负责人、专业技术负责人等均已到位。b. 施工机具：搅拌机400L 2台、手推车20台、铁板计量秤2台、对焊机1台、提升设备均已备好并已进场。c. 施工人员：施工员、质检员、材料员、资料员均已到位。d. 现场主要材料：水泥（××水泥厂）；钢材（××集团）；砂（××砂厂）；碎石（××碎石厂）；黏土实心砖（××砖厂）等。砖已部分进场（10万块），砂为细砂（120m^3），石子（200m^3）粒径0.5～3.0mm，石子可以满足地基处理和C25混凝土浇筑需要，砖可以满足基础大部分需要，钢筋为基础梁报用的9种规格的钢筋，计有：ϕ6.5、ϕ8、ϕ12、ϕ14、ϕ16、ϕ18、ϕ20、ϕ22、ϕ25，已分别见证取样送检，预计在两日内"复试报告单"即可收到。基槽挖运土设备为租赁，租赁合同已签订，可保证正常使用。

⑤ 工地的道路、水电、通信等落实情况。主要场区路面已硬化、施工用水管线已安装完毕，并已开始使用，施工用电包括动力与照明均已与变压器连接，已与配电箱接通并已通过试运行，可以满足施工要求。

⑥ 组织机构：总承包单位和分包单位现场项目管理机构的组成机构设置完成，因为承建一幢大楼，不再单独设置各管理单位，其他综合性的设备、人员配备齐全。项目经理、技术负责人、施工员、质检员、预算员、材料员、资料员各1人均已到位。

⑦ 质量、技术管理制度：有关质量、技术管理制度已制定。现场质量管理制度主要有图纸

会审、质量例会、自检互检交接检、质量验评、质量事故处理与奖励等；质量责任制主要有岗位责任制、设计交底、技术管理和交底、定期质量安全检查等；主要专业工种操作上岗证书有测量工、钢筋工、起重工、电工、电焊工、架子工，机械操作工等。

注：检查控制原则是有机构、有人员、有制度即可。机构、人员、制度除明显存在问题必须改正外，凡初审可行的即可认为基本符合要求，对不足的部分可在执行中补充改正。

⑧ 专职管理人员和特种作业人员：已取得资格证、上岗证，主要核查测量工、电工、电焊工、机械操作工等上岗证件的发放时间和有效期，凡有证件且在有效期间内即为基本齐全。

⑨ 安全控制：经检查安全控制情况良好。

3) 附件资料：

① 施工许可证；

② 征地、拆迁文件；

③ 施工组织设计；

④ 专业管理人员和特种作业人员资格证、上岗证；

⑤ 质量、安全、技术管理制度汇编，安全许可证；

⑥ 施工现场质量管理、技术管理和质量安全保证机构体系图。

4) 审查意见：各项准备工作已完成且各种资料齐全，同意本工程于 2007 年 7 月 28 日开工。

3.1.2 工程复工报审表式

1. 资料表式（见表3-4）

工程复工审批表 A1　　　　　　　　　　　表 3-4

工程名称：		编号：
致：浙江省××建设工程监理有限公司（监理单位） 　　我方承担的_____工程，已完成了以下各项工作，具备了开工/复工条件，特此申请施工，请核查并签发开工/复工指令。 附：1. 建设单位资金到位银行证明文件。 　　2. 管理人员和各班组成员再次进场花名册。 　　3. 即用的材料进场清单。 　　　　　　　　　　　　　　　　　承包单位(章)：_____ 　　　　　　　　　　　　　　　　　项目经理：_____ 　　　　　　　　　　　　　　　　　日　　期：_____		
审查意见： 　　同意复工。 　　　　　　　　　　　　　　　　　项目监理机构：_____ 　　　　　　　　　　　　　　　　　总监理工程师：_____ 　　　　　　　　　　　　　　　　　日　　期：_____		

注：此表由承包单位填报，一式三份，经监理单位审批后，建设单位、监理单位、承包单位各存一份。

2. 资料归存

复工报审表以经项目监理机构审查签章后的表 3-4 形式归存。

3. 实施目的

复工报审必须是承包单位按项目监理机构下发的监理通知、工程质量整改通知或工程暂停指令等提出的问题确已认真改正后并具备复工条件时提出的文件资料。

4. 资料收集审读应注意的事项

（1）承包单位提请复工报审时，提供的附件资料应具备满足复工条件的情况和说明，证明文件必须齐全真实，对任何形式的不符合复工报审条件的工程项目，承包单位不得提请报审，监理单位不得签发复工报审表。

（2）承包单位提请复工报审时，应加盖承包单位章，项目经理签字不盖章。

（3）工程复工报审，需经项目监理机构盖章，总监理工程师签字，以总监理工程师最终签发方为有效。

（4）必须进行复工报审，复工报审必须在复工前完成。

（5）表列项目应逐项填写，不得缺项，缺项为不符合复工条件。

5. 工程复工报审表式实例

A1　　　　　　　　　　　　　　　工程复工审批表

工程名称：便民服务楼　　　　　　　　　　　　　　　　　　编号：2007016

致：浙江省××建设工程监理有限公司（监理单位） 　　我方承担的　便民服务楼　工程，已完成了以下各项工作，具备开工/复工条件，特此申请施工，请核查并签发开工/复工指令。 　　附：1. 建设单位资金到位银行证明文件。 　　　　2. 管理人员和各班组成员再次进场花名册。 　　　　3. 即用的材料进场清单。 　　　　　　　　　　　　　　　　　　　承包单位（章）：浙江省××建筑工程有限公司 　　　　　　　　　　　　　　　　　　　项目经理：　××× 　　　　　　　　　　　　　　　　　　　日　　期：　2007 年 9 月 1 日
审查意见： 同意复工。   　　　　　　　　　　　　　　　　　　　项目监理机构：浙江省××建设工程监理有限公司 　　　　　　　　　　　　　　　　　　　总监理工程师：　××（手签） 　　　　　　　　　　　　　　　　　　　日　　期：　2007 年 9 月 2 日

注：此表由承包单位填报，一式三份，经监理单位审批后，建设单位、监理单位、承包单位各存一份。

3.1.3 施工组织设计(方案)报审

1. 资料表式(见表 3-5)

施工组织设计(方案)报审表 A2　　　　　　　　　表 3-5

工程名称：	编号：
致：　　　　　　　　　　　　　　　　　　　　　(监理单位) 　　我方已根据施工合同的有关规定完成了_____工程施工组织设计(方案)的编制,并经我单位上级技术负责人审查批准,请予以审查。 　　附：施工组织设计(方案) 　　　　　　　　　　　　　　　　　承包单位(章)_____ 　　　　　　　　　　　　　　　　　项目经理_____ 　　　　　　　　　　　　　　　　　日　　期_____	
专业监理工程师审查意见： 　　　　　　　　　　　　　　　　　专业监理工程师_____ 　　　　　　　　　　　　　　　　　日　　期_____	
总监理工程师审核意见： 　　　　　　　　　　　　　　　　　项目监理机构_____ 　　　　　　　　　　　　　　　　　总监理工程师_____ 　　　　　　　　　　　　　　　　　日　　期_____	

注：本表由承包单位填报,一式三份,经监理机构审批后,建设单位、监理单位、承包单位各存一份。

2. 资料归存

施工组织设计(专项施工方案)报审表以经项目监理机构审查签章后的表 3-5 格式归存。

3. 实施目的

施工组织设计(专项施工方案)是施工单位根据承接工程特点编制的实施施工的方法和措施,开工前提请项目监理机构报审的文件资料。

4. 资料收集审读应注意的事项

(1) 承包单位提送报审的施工组织设计(专项施工方案)文件内容必须具有全面性、针对性和可操作性,编制人、单位技术负责人必须签字,报送单位必须加盖公章;报审表承包单位必须加盖公章,项目经理必须签字。

(2) 施工组织设计或专项施工方案专业监理工程师先行审查后必须填写审查意见,填写审查日期并签字;

(3) 施工组织设计或专项施工方案经总监理工程师审查同意后,加盖项目监理机构章、签字后返回承包单位;

(4) 施工组织设计或施工方案报审必须在工程项目开工前完成;

(5) 对"文不对题"或敷衍抄袭的施工组织设计(专项施工方案)应退回令其重新编制并报审。

5. 施工组织设计(方案)报审实例

A2 　　　　　　　　　　　　**施工组织设计(方案)报审表**

工程名称：便民服务楼　　　　　　　　　　　　　　　　　　　　　　编号：2007010

致：浙江省××建设工程监理有限公司(监理单位) 　　我方已根据施工合同的有关规定完成了便民服务楼土建安装工程施工组织设计(方案)的编制，并经我单位技术负责人审核批准，请予以审查。 　　附：便民服务楼施工组织设计 1 份。 　　　　　　　　　　　　　　　　　　　承包单位(章)：浙江省××建筑工程有限公司 　　　　　　　　　　　　　　　　　　　项目经理：　××× 　　　　　　　　　　　　　　　　　　　日　　期：　2007 年 7 月 20 日
专业监理工程师审查意见： 　　此份土建施工组织设计所编写的内容能满足本工程实际需求，同意使用。 　　　　　　　　　　　　　　　　　　　专业监理工程师：　××× 　　　　　　　　　　　　　　　　　　　日　　期：　2007 年 7 月 26 日
总监理工程师审查意见： 　　同意该施工组织设计方案实施。 　　　　　　　　　　　　　　　　　　　项目监理机构：浙江省××建设工程监理有限公司 　　　　　　　　　　　　　　　　　　　总监理工程师：　××(手签) 　　　　　　　　　　　　　　　　　　　日　　期：　2007 年 7 月 26 日

注：本表由承包单位填报，一式三份，经监理单位审批后，建设单位、监理单位、承包单位各存一份。

3.1.4　分包单位资格报审表

1. 资料表式(见表 3-6)

分包单位资格报审表 A3　　　　　　　　　　　　　　　　　　表 3-6

工程名称：　　　　　　　　　　　　　　　　　　　　　　　　　　编号：

致：　　　　　　　　　　　　　　　　　　　　　(监理单位) 　　经考察，我方认为拟选择的　　　　　　　　　　　　　　(分包单位)具有承担下列工程的施工资质和施工能力，可以保证本工程项目按合同的规定进行施工。分包后，我方仍承担总包单位的全部责任。请予以审查和批准。 　　附：1. 分包单位资质材料； 　　　　2. 分包单位业绩材料。

分包工程名称(部位)	工程数量	拟分包工程合同额	分包工程占全部工程
合　　计			

承包单位(章)　　　　　　 　　　　　　　　　　　　　　　　　　　项目经理　　　　　　　　 　　　　　　　　　　　　　　　　　　　日　　期
专业监理工程师审查意见： 　　　　　　　　　　　　　　　　　　　专业监理工程师　　　　　　 　　　　　　　　　　　　　　　　　　　日　　期
总监理工程师审核意见： 　　　　　　　　　　　　　　　　　　　项目监理机构　　　　　　　 　　　　　　　　　　　　　　　　　　　总监理工程师　　　　　　 　　　　　　　　　　　　　　　　　　　日　　期

注：本表由承包单位填报，一式三份，经监理单位审批后，建设单位、监理单位、承包单位各存一份。

2. 资料归存

分包单位资格报审以经项目监理机构审查签章后的表 3-6 格式归存。

3. 实施目的

分包单位资格报审是总包施工单位实施分包时，提请项目监理机构对其分包单位资质进行查检的批复。

4. 资料收集审读应注意的事项

（1）本表由承包单位填写加盖公章，项目经理签字，经专业监理工程师初审符合要求后签字，由总监理工程师最终审核加盖项目监理机构章，经总监理工程师签字后作为有效资料。

（2）对分包单位资格的审核应满足实施要点的审查内容要求。

（3）本表责任制，承包单位和项目监理机构均盖章；项目经理、专业监理工程师、总监理工程师分别签字，不盖章。签章不齐全为不符合要求。

5. 分包单位资格报审表实例

A3　　　　　　　　　　　　　　　　分包单位资格报审表

工程名称：便民服务楼　　　　　　　　　　　　　　　　　　　　　编号：2007011

致：浙江省××建设工程监理有限公司（监理单位）

经考察，我方认为拟选择的浙江省××桩基础工程公司（分包单位）具有承担下列的施工资质和施工能力，可以保证本工程项目按合同的规定进行施工。分包后我方仍承担总包单位的全部责任。请予以审查和批准。

附：1. 分包单位资质材料；
　　2. 分包单位业绩材料。

工程名称（部位）	工程数量	拟分包工程合同额	分包工程占全部工程
预制钢筋混凝土静压方形桩	326 根（总长：3840m）	28.42 万元	14.6%
合计：		28.42 万元	14.6%

承包单位（章）：浙江省××建筑工程有限公司
项目经理：×××
日　　期：2007 年 7 月 28 日

专业监理工程师审查意见：
经审查，分包单位的资质材料和业绩材料真实、可靠，同意其承担本工程桩基础施工的分包。

专业监理工程师：×××
日　　期：2007 年 7 月 28 日

总监理工程师审核意见：
通过审核，同意施工。

项目监理：机构浙江省××建设工程监理有限公司
总监理工程师：××（手签）
日　　期：2007 年 7 月 28 日

注：本表由承包单位填报，一式三份，经监理单位审批后，建设单位、监理单位、承包单位各存一份。

3.1.5 报验申请表

1. 资料表式（见表3-7）

表 3-7

_____ 报验申请表 A4

工程名称：　　　　　　　　　　　　　　　　　　　　　　　　　　　　　　　　编号：

致：　　　　　　　　　　　　　　　　　　　　　　　　（监理单位）

我单位已完成了_____工作，现报上该工程报验申请表，请予以审查和验收。

附件：

　　　　　　　　　　　　　　　　　　　　　　　　　　　承包单位（章）_____
　　　　　　　　　　　　　　　　　　　　　　　　　　　项目经理_____
　　　　　　　　　　　　　　　　　　　　　　　　　　　日　　期_____

审查意见：

　　　　　　　　　　　　　　　　　　　　　　　　　　　项目监理机构_____
　　　　　　　　　　　　　　　　　　　　　　　　　　　总/专业监理工程师_____
　　　　　　　　　　　　　　　　　　　　　　　　　　　日　　期_____

注：本表由承包单位填写，一式四份，送监理单位审批后，建设单位、监理单位各一份，承包单位两份。

2. 资料归存

工程报验单以经项目监理机构审查签章后的表3-7格式归存。

3. 实施目的

工程报验单是项目监理机构对施工单位自检合格后报验的检验批、分项、分部工程或部位报验的处理确认和批复。

4. 资料收集审读应注意的事项

（1）本表由承包单位填报，加盖公章，项目经理签字，经专业监理工程师初审符合要求后签字，由总监理工程师最终审核加盖项目监理机构章，经总监理工程师签字后执行。

（2）承包单位提请隐蔽工程、检验批、分项、分部（子分部）工程报验时，提供的附件应满足对隐蔽工程报验申请的处理与签认；检验批、分项、分部（子分部）工程报验要求表列附件资料必须齐全、真实，对任何不符合检验批、隐蔽工程、分项、分部（子分部）工程报验条件的工程项目，承包单位不得提请报审，监理单位不得签发报审表。

（3）资料内必须附图，附图应简单易懂，且能全面反映附图质量。

（4）责任制签章、附件资料齐全为符合要求，否则为不符合要求。

工程资料管理实务模拟

A4	静力压桩报验申请表	编号：2004012

工程名称：便民服务楼

致：浙江省××建设工程监理有限公司（监理单位）
　　我单位已完成了　　便民服务楼静力压桩　　工作，现报上该工程报验申请表，请予以审查和验收。
　　附件：
　　　　1. 试(打)桩施工记录；
　　　　2. 预制桩出厂合格证；
　　　　3. 静力压桩检验批质量验收记录。

承包单位(章)：浙江省××建筑工程有限公司
项目经理：　　×××
日　　期：　2007 年 8 月 23 日

审查意见：
　　质量符合设计图纸要求及施工验收规范规定，通过验收。

项目监理机构：浙江省××建设工程监理有限公司××项目监理部
总监理工程师：　　××（手签）
日　　期：　2007 年 8 月 23 日

注：本表由承包单位填写，一式四份，送监理单位审批后，建设单位、监理单位各一份，承包单位两份。

3.1.6　工程款支付申请

1. 资料表式（见表 3-8）

工程款支付申请表 A5　　　　　　　　　　　　　　　　表 3-8

工程名称：　　　　　　　　　　　　　　　　　　　　　　　　编号：

致：　　　　　　　　　　　　　　　　　　（监理单位）
　　我方已完成了_____
_____工作，按施工合同的规定，建设单位应在____年____月____日前支付该项工程款共（大写）_____（小写：_____），现报上_____工程付款申请表，请予以审查并开具工程款支付证书。
　　附件：
　　　　1. 工程量清单；
　　　　2. 计算方法。

承包单位(章)_____
项目经理_____
日　　期_____

注：本表由承包单位填写，一式四份，送监理单位审批后，建设单位、监理单位各一份，承包单位两份。

2. 资料归存

工程款支付申请以经项目监理机构审查签章后的表 3-8 格式归存。

3. 实施目的

工程款支付申请是施工单位根据项目监理机构对施工单位自检合格后且经项目监理机构验收合格，按工程量计算得出的应收工程款的申请书。

4. 资料收集审读应注意的事项

（1）承包单位提请工程款支付申请时，提供的附件工程量清单、计算方法必须齐全真实，对任何形式的不符合工程款支付申请的内容，承包单位不得提出申请。

（2）承包单位应认真填写，表列子项内容不得缺漏。工程款支付申请承包单位必须盖章、项目经理签字。

（3）工程款支付申请中包括合同内工作量、工程变更增减费用、批准的索赔费用、应扣除的预付款、保留金及合同中约定的其他费用。

（4）责任制签章齐全为符合要求，否则为不符合要求。

3.1.7 监理工程师通知回复单

1. 资料表式（表 3-9）

监理工程师通知回复单 A6　　　　　　　　　　表 3-9

工程名称：　　　　　　　　　　　　　　　　　　　　　　　　编号：

致：　　　　　　　　　　　　　　　　　　　　（监理单位）
　　我方接到编号为_____的监理工程师通知后，已按要求完成了_____工作，现报上，请予以复查。
　　详细内容：

　　　　　　　　　　　　　　　　　　　　　　　承包单位（章）_____
　　　　　　　　　　　　　　　　　　　　　　　　项目经理_____
　　　　　　　　　　　　　　　　　　　　　　　　日　　期_____

复查意见：

　　　　　　　　　　　　　　　　　　　　　　　项目监理机构_____
　　　　　　　　　　　　　　　　　　　　　　　总/专业监理工程师_____
　　　　　　　　　　　　　　　　　　　　　　　日　　期_____

注：本表由承包单位填写，一式四份，送监理单位审批后，建设单位、监理单位各一份，承包单位两份。

2. 资料归存

监理工程师通知回复单以经项目监理机构审查签章后的表 3-9 格式归存。

3. 实施目的

监理工程师通知回复单是指监理单位发出监理通知，承包单位对监理通知执行完成后，请求复查的回复。

4. 资料收集审读应注意的事项

（1）承包单位提交的监理工程师通知回复单的附件内容必须齐全真实，填报详细内容，承包单位加盖公章，项目经理必须签字。

（2）复查意见由项目监理机构的专业监理工程师先行审查，必须填写审查意见。总监理工程师认真审核后由项目监理机构签章，总监理工程师、专业工程师签字执行。

（3）本表责任制，承包单位和项目监理机构均盖章，项目经理、专业监理工程师、总监理工程师分别签字、不盖章。

（4）责任制签章齐全为符合要求，否则为不符合要求。

5. 监理工程通知回复单实例

A6　　　　　　　　　　　　　　　　监理工程通知回复单

工程名称：便民服务楼　　　　　　　　　　　　　　　　　　　　　　编号：2004016

致：浙江省××建设工程监理有限公司（监理单位）

我方接到编号为 20070802 的监理工程师通知后，已按要求完成了 __二层梁板个别梁箍筋没有制成135°抗震弯钩的整改__ 工作，现报上，请予以复查。

详细内容：
10月1日上午请你方验收二层梁板钢筋时，被发现有个别梁箍筋没有制成135°抗震弯钩的现象，当天下午我方马上责令×××钢筋班组进行整改，并于下午6时全部整改完成。

承包单位（章）：浙江省××建筑工程有限公司
项目经理：×××
日　期：2007年10月2日

复查意见：
经复查合格，通过验收。

项目监理机构：浙江省××建设工程监理有限公司××项目监理部
总监理工程师：××（手签）
日　期：2007年10月2日

注：此表由承包单位填报，一式四份，经监理单位审批后，建设单位、监理单位各一份，承包单位两份。

3.1.8 工程临时延期报审表

1. 资料表式(见表 3-10)

工程临时延期报审表 A7　　　　　　　　　　　　　　表 3-10

工程名称：　　　　　　　　　　　　　　　　　　　　　　　　　　　编号：

致：　　　　　　　　　　　　　　　　　　　　　　（监理单位）
　　根据施工合同条款_____条的规定，由于_____原因，我方申请工程延期，请予以批准。
　　附件：
　　　　1. 工程延期的依据及工期计算
　　合同竣工日期：
　　申请延长竣工日期：
　　　　2. 证明材料

承包单位：_____
项目经理：_____
日　　期：_____

注：本表由承包单位填写，一式四份，送监理单位审批后，建设单位、监理单位各一份，承包单位两份。

2. 资料归存

工程临时延期报审表以经项目监理机构审查签章后的表 3-10 格式归存。

3. 实施目的

工程临时延期报审表是指项目监理机构依据施工单位提请报审的工程临时延期的确认和批复。

4. 资料收集审读应注意的事项

(1) 本表由承包单位填报，加盖公章，项目经理签字，经专业监理工程师初审符合要求后签字，由总监理工程师最终审核加盖项目监理机构章，经总监理工程师签字后执行。

(2) 承包单位提请工程临时延期报审时，提供的附件工程延期的依据及工期计算、合同竣工日期、申请延长竣工日期、证明材料等应齐全、真实，对任何不符合附件要求的材料，承包单位不得提请报审，监理单位不得签发报审表。

(3) 承包单位必须加盖公章、项目经理签字；项目监理机构必须加盖公章、总监理工程师签字。

(4) 责任制签章齐全为符合要求，否则为不符合要求。

3.1.9 费用索赔报审表

1. 资料表式（见表3-11）

费用索赔报审表 A8　　　　　　　　　　　　　　　　　　　　表 3-11

工程名称：		编号：

致：　　　　　　　　　　　　　　　　　　　　　　　　（监理单位）
　　根据施工合同条款_____条的规定，由于_____的原因，我方要求索赔金额（大写）_____，请予以批准。
索赔的详细理由及经过：

索赔金额的计算：

附：证明材料

　　　　　　　　　　　　　　　　　　　　　　　　承包单位：_____
　　　　　　　　　　　　　　　　　　　　　　　　项目经理：_____
　　　　　　　　　　　　　　　　　　　　　　　　日　　期：_____

注：本表由承包单位填写，一式四份，送监理单位审批后，建设单位、监理单位各一份，承包单位两份。

2. 资料归存

费用索赔报审表以经项目监理机构审查签章后的表3-11格式归存。

3. 实施目的

费用索赔报审表是承包单位向建设单位提出索赔的报审，提请项目监理机构审查、确认和批复。包括工期索赔和费用索赔等。

4. 资料收集审读应注意的事项

（1）承包单位提请报审费用索赔，提供的附件索赔的详细理由及经过、索赔金额的计算、证明材料必须齐全真实，对任何形式的不符合费用索赔的内容，承包单位不得提出申请。

（2）项目监理机构必须认真审查承包单位报送的附件资料，填写复查意见，索赔金额的计算可以附计算依据。

（3）承包单位必须加盖公章、项目经理签字；项目监理机构必须加盖公章、总监理工程师、专业监理工程师分别签字。

（4）责任制签章齐全为符合要求，否则为不符合要求。

3.1.10 工程材料/构配件/设备报审表

1. 资料表式(见表 3-12)

工程材料/构配件/设备报审表 A9　　　　　　　　　　　表 3-12

工程名称：	编号：

致：_____(监理单位)
　　我方于_____年_____月_____日进场的工程材料/构配件/设备数量如下(见附件)。现将质量证明文件及自检结果报上，拟用于下述部位：
_____
_____请予以审核。
附件：1. 数量清单；
　　　2. 质量证明文件；
　　　3. 自检结果。

承包单位(章)_____
项目经理_____
日　　期_____

审查意见：
　　经检查上述工程材料/构配件/设备，符合/不符合设计文件和规范的要求，准许/不准许进场，同意/不同意使用于拟定部位。

项目监理机构：_____
总/专业监理工程师：_____
日　　期：_____

注：本表由承包单位填写，一式四份，送监理单位审批后，建设单位、监理单位各一份，承包单位两份。

2. 资料归存

工程材料/构配件/设备报审表以经项目监理机构审查签章后的表 3-12 格式归存。

3. 实施目的

工程材料/构配件/设备报审表是承包单位向项目监理机构提请工程项目用材料、构配件、设备进行的审查、确认和批复文件。

4. 资料收集审读应注意的事项

(1) 本表由承包单位填报，加盖公章，项目经理签字，经专业监理工程师审查符合要求后签字有效，加盖项目监理机构章。

(2) 承包单位提请工程材料、构配件、设备报验时提供的附件数量清单、质量证明文件、自检结果应齐全、真实，对任何不符合附件要求的资料，承包单位不得提请报审，监理单位不得批准报审表。

(3) 凡进行试验的材料有见证取样要求的，质量证明文件必须有见证取样证明。

(4) 责任制签章齐全为符合要求，否则为不符合要求。

3.1.11 工程竣工预验报验单(资料表式见表 3-13)

工程竣工预验报验单 A10　　　　　　　　　　　　表 3-13

工程名称：　　　　　　　　　　　　　　　　　　　　　　　　编号：

致：　　　　　　　　　　　　　　　　　　（监理单位）
　我方已按合同要求完成了＿＿＿＿＿＿＿＿＿＿＿＿＿＿＿工程，经自检合格，请予以检查和验收。
　附件：

　　　　　　　　　　　　　　　　　　承包单位(章)＿＿＿＿＿＿
　　　　　　　　　　　　　　　　　　项目经理＿＿＿＿＿＿＿＿
　　　　　　　　　　　　　　　　　　日　　期＿＿＿＿＿＿＿＿

审查意见：
　经初步验收，该工程
　1. 符合/不符合我国现行法律、法规要求；
　2. 符合/不符合我国现行工程建设标准；
　3. 符合/不符合设计文件要求；
　4. 符合/不符施工合同要求。
　综上所述，该工程初步验收合格/不合格，可以/不可以组织正式验收。

　　　　　　　　　　　　　　　　　　项目监理机构：＿＿＿＿＿＿
　　　　　　　　　　　　　　　　　　总监理工程师：＿＿＿＿＿＿
　　　　　　　　　　　　　　　　　　日　　期：＿＿＿＿＿＿＿

注：本表由承包单位填写，一式四份，送监理单位审批后，建设单位、监理单位各一份，承包单位两份。

3.2 工程监理 B 表

项目监理机构和建设单位、承包单位工作联系用表即 B 表，共有 6 张基本表格，下面分别阐述。部分案例给出实例，部分案例由学生在实训过程中完成。

3.2.1 监理工程师通知单

1. 资料表式(见表 3-14)

监理工程师通知单 B1　　　　　　　　　　　　表 3-14

工程名称：　　　　　　　　　　　　　　　　　　　　　　　　编号：

致：
　事由：

　内容：

　　　　　　　　　　　　　　　　　　项目监理机构＿＿＿＿＿＿＿
　　　　　　　　　　　　　　　　　　总/专业监理工程师＿＿＿＿＿
　　　　　　　　　　　　　　　　　　日　　期＿＿＿＿＿＿＿＿

注：本表一式四份，建设单位、监理单位各一份，承包单位两份，其中一份交城建档案馆。

2. 资料归存

监理通知以经项目监理机构审查签章后的表 3-14 格式归存。

3. 实施目的

监理通知是指监理单位为了通报在工程实施过程中应让建设、设计、勘察、施工、材料供应等各方得知的事项而发出的监理文件。

4. 资料收集审读应注意的事项

(1) 监理通知的办理必须及时、准确，通知内容完整，技术用语规范，文字简炼明了。

(2) 监理通知项目监理机构必须加盖公章和总监理工程师签字，不得代签和加盖手章，不签字无效。

(3) 监理通知需附图时，附图应简单易懂，且能反映附图的内容。

(4) 责任制签章齐全为符合要求，否则为不符合要求。

5. 实施要点

(1) 监理通知下发时，由于各方所处的地位不同，所以对通知内容的认识也不同，因此，监理通知下发前对容易引起不同看法的"通知内容"应事先和有关方协商。监理通知用词要恰当，处理不好会起负作用。

(2) 在监理工作中，项目监理机构应按委托监理合同授予的权限，对承包单位发出指令、提出要求，除另有规定外，均应采用此表。监理工程师现场发出的口头指令及要求，也应采用此表，在规定的时间内予以确认。

(3) 监理通知，承包单位应认真执行，并将执行结果用《监理工程师通知单》报监理机构复核。

(4) 本表由监理单位填写，填写时内容应齐全、完整，文字简明易懂。

(5) 监理通知一般包括如下内容：

1) 监理通知是监理单位在工程实施过程中对与建设工程有关的施工单位、材料供应单位等，由于施工过程中出现了与设计图纸，与设计、规范、规程等，与监理工作"三控两管一协调一监管"相违背的问题后，由监理单位向施工单位、材料供应等单位发出的通知，说明违章的内容、程度、建议或改正措施。

2) 建设单位组织协调确定的事项，需要设计、施工、材料等各方实施且需由监理单位发出通知的事项。

3) 监理在旁站、巡视过程中发现需要及时纠正的事项，通知应包括工程部位、地段、发现时间、问题性质、要求处理的程度等。

4) 季节性的天气预报通知。

5) 工程计量的通知。

6) 试验结果需要说明或指正的内容等。

(6) 表列子项：

1) 致_____：指监理单位发给某单位的单位名称，按全称填写。

2) 事由：指通知事项的主题。

3) 内容：指通知事项的详细说明和对承包单位的工作要求、指令等。照实际通知内容逐条填写，应字迹清楚，技术用语规范、正确，表达清晰、简炼。

6. 案例由学生在实训过程中完成

3.2.2 工程暂停令

1. 资料表式（见表 3-15）

工程暂停令 B2　　　　　　　　　　　　　　　　表 3-15

工程名称：　　　　　　　　　　　　　　　　　　　　　　　　　编号：

致：　　　　　　　　　　　　　　　　　　　　　　　　（承包单位）
由于_____原因，现通知你方必须于_____年_____月_____日_____时起，对本工程的_____的部位(工序)实施暂停施工，并按下述要求做好各项工作：
项目监理机构：_____ 　　　　　　　　　　　　　　　　　　　　总监理工程师：_____ 　　　　　　　　　　　　　　　　　　　　日　　　期：_____

注：本表一式四份，建设单位、监理单位各一份，施工单位两份，其中一份交城建档案馆。

2. 资料归存

工程暂停令以经项目监理机构审查签章后的表 3-15 格式归存。

3. 实施目的

工程暂停令是指施工过程中某一个(或几个)部位工程质量不符合标准要求的质量水平，需要返工或进行其他处理时需暂时停止施工，由监理单位下发的指令性文件。

4. 资料收集审读应注意的事项

(1) 工程暂停指令办理必须及时、准确，通知内容完整，技术用语规范，文字简炼明了。

(2) 工程暂停指令项目监理机构必须加盖公章和总监理工程师签字，不得代签和加盖手章，不签字无效。

(3) 因试验报告单不符合要求下达停工指令时，应注意在"指令"中说明试验编号，以备核对。

(4) 责任制签章齐全为符合要求，否则为不符合要求。

5. 工程暂停令实例

B2   **工 程 暂 停 令**

工程名称：便民服务楼   编号：20070156

致：浙江省××建筑工程有限公司便民服务楼项目部(承包单位)

    由于<u>钢筋原材料送检结果不合格</u>的原因，现通知你方必须于<u>2007 年 10 月 13 日 8 时</u>起，对本工程的<u>二层楼面钢筋安装部位</u>(工序)实施暂停施工，并按下述要求做好各项工作：

1. 将该批检验不合格的钢筋全部撤离现场；
2. 该批不合格的钢筋处理去向尚要有书面记录，以便于跟踪；
3. 快速采购新一批钢筋进场并抓紧送检；
4. 同时，应切实采取措施努力把损失的工期补回来。

                                       项目监理机构：<u>浙江省××建设工程监理有限公司××项目监理部</u>
                                       总/专业监理工程师：<u>   ××(手签)   </u>
                                       日   期：<u>   2007 年 10 月 12 日   </u>

注：本表一式四份，建设单位、监理单位各一份，施工单位两份，其中一份交城建档案馆。

3.2.3 工程款支付证书

1. 资料表式（见表 3-16）

工程款支付证书 B3   表 3-16

工程名称：   编号：

致：   (建设单位)

    根据施工合同的规定，经审核承包单位的付款申请和报表，并扣除有关款项，同意本期支付工程款共（大写）_____（小写：_____）。请按合同规定及时付款。

其中：
1. 承包单位申报款为：
2. 经审核承包单位应得款为：
3. 本期应扣款为：
4. 本期应付款为：

附件：
1. 承包单位的工程付款申请表及附件；
2. 项目监理机构审查记录。

                                         项目监理机构：_____
                                         总监理工程师：_____
                                         日   期：_____

注：本表一式四份，建设单位、监理单位各一份，施工单位两份，其中一份交城建档案馆。

2. 资料归存

工程款支付证书以经项目监理机构审查签章后的表3-16格式归存。

3. 实施目的

工程款支付证书是承包单位根据合同规定,对已完工程或其他与工程有关的付款事宜,填报的工程款支付申请,经项目监理机构审查确认工程计量和付款额无误后,由项目监理机构向建设单位转呈的支付证明书。

4. 资料收集审读应注意的事项

(1) 工程款支付证书的办理必须及时、准确,内容填写完整,注文简炼明了。

(2) 工程款支付证书项目监理机构必须加盖公章和总监理工程师签字,不得代签和加盖手章,不签字无效。

(3) 责任制签章齐全为符合要求,否则为不符合要求。

5. 案例由学生在实训过程中完成

3.2.4 工程临时延期审批表

1. 资料表式(见表3-17)

工程临时延期审批表 B4　　　　　　　　　　　表3-17

工程名称:　　　　　　　　　　　　　　　　　编号:

致:　　　　　　　　　　　　　　　(承包单位)
　　根据施工合同条款_____条的规定,我方对你方提出的_____工程延期申请(第____号)要求延长工期____日历天的要求,经过审核评估。
　　□ 暂时同意工期延长____日历天。使竣工日期(包括已指令延长的工期)从原来的____年____月____日延迟到____年____月____日。请你方执行。
　　□ 不同意延长工期,请按约定竣工日期组织施工。

说明:

项目监理机构:_____
总监理工程师:_____
日　　　　期:_____

注:本表一式四份,建设单位、监理单位各一份,施工单位两份,其中一份交城建档案馆。

2. 工程临时延期报审表收集审读应注意的事项

(1) 工程临时延期报审是发生了施工合同约定由建设单位承担的延长工期事件后,承包单位提出的工期索赔,报项目监理机构审核确认。

(2) 总监理工程师在签认工程延期前应有与建设单位、承包单位协商的过程,费用索赔宜一并考虑处理。

（3）总监理工程师应在施工合同约定的期限内签发《工程临时延期报审表》，或发出要求承包单位提交有关延期的进一步详细资料的通知。

（4）临时批准延期时间不能长于最后书面批准的延期时间。

（5）"根据合同条款_____条的规定"：应该填写提出工期索赔所依据的施工合同条目。

（6）"由于_____原因"：应该填写导致工期拖延的事件。

（7）工程延期的依据及工期计算：指索赔所依据的施工合同条款、导致工程延期事件的事实、工程拖延的计算方式及过程。

（8）合同竣工日期：指建设单位与承包单位签订的施工合同中确定的竣工日期或已最终批准的竣工日期。

（9）申请延长竣工日期：指合同竣工日期加上本期申请延长工期后的竣工日期。

（10）证明材料：指本期申请延长的工期所有能证明非承包单位原因致工程延期的证明材料。

3. 案例由学生在实训过程中完成

3.2.5 工程最终延期审批表

1. 资料表式（见表 3-18）

工程最终延期审批表 B5　　　　　　　　　　　　　　　　　表 3-18

工程名称：　　　　　　　　　　　　　　　　　　　　　　　编号：

致：　　　　　　　　　　　　　　　　　　　　　　（承包单位）
根据施工合同条款_____条的规定，我方对你方提出的_____工程延期申请（第_____号）要求延长工期日历天的要求，经过审核评估：
□ 最终同意工期延长_____日历天。使竣工日期（包括已指令延长的工期）从原来的_____年_____月_____日延迟到_____年_____月_____日。请你方执行。
□ 不同意延长工期，请按约定竣工日期组织施工。
说明：
项目监理机构：_____ 　　　　　　　　　　　　　　　　　　　　总监理工程师：_____ 　　　　　　　　　　　　　　　　　　　　日　　　　期：_____

注：本表一式四份，建设单位、监理单位各一份，施工单位两份，其中一份交城建档案馆。

2. 工程最终延期审批表收集审读应注意的事项

（1）工程最终延期审批是在影响工期事件结束，承包单位提出最后一个《工程临时延期申请表》批准后，经项目监理机构详细的研究评审影响工期事件全过程对工程总工期的影响后，批准承包单位有效延期时间。

（2）总监理工程师在签认工程延期前应与建设单位、承包单位协商，宜与费用索赔一并考

(3)"根据施工合同条款_____条的规定,我方对你方提出的_____工程延期申请……":分别填写处理本次延长工期所依据的施工合同条目和承包单位申请延长工期的原因。

(4)"(第_____号)":填写承包单位提出的最后一个《工程临时延期申请表》编号。

3. 案例由学生在实训过程中完成

3.2.6 费用索赔审批表

1. 资料表式(见表 3-19)

费用索赔审批表 B6　　　　　　　　　　　表 3-19

工程名称:	编号:

致:　　　　　　　　　　　　　　　　　　　　　　　(承包单位)
　　根据施工合同条款_____条的规定,你方提出的_____费用索赔申请(第____号),索赔(大写)_____,经我方审核评估:
　　□ 不同意此项索赔。
　　□ 同意此项索赔,金额为(大写)_____。

同意/不同意索赔的理由:

索赔金额的计算:

项目监理机构:_____
总监理工程师:_____
日　　　　期:_____

注:本表一式四份,建设单位、监理单位各一份,施工单位两份,其中一份交城建档案馆。

2. 费用索赔报审表收集审读应注意的事项

(1)费用索赔报审是承包单位向建设单位提出费用索赔,报项目监理机构审查、确认和批复。

(2)总监理工程师应在施工合同约定的期限内签发《费用索赔报审表》,或发出要求承包单位提交有关费用索赔的进一步详细资料的通知。

(3)"根据合同条款_____条的规定":填写提出费用索赔所依据的施工合同条目。

(4)"由于_____原因":填写导致费用索赔的事件。

(5)索赔的详细理由及经过:指索赔事件造成承包单位直接经济损失,索赔事件是由于非承包单位的责任发生的等情况的详细理由及事件经过。

(6)索赔金额计算:指索赔金额计算书,索赔的费用内容一般包括人工费、设备费、材料费、管理费等。

(7)证明材料:指上述两项所需的各种证明材料,包括如下内容:

1)合同文件;

2) 监理工程师批准的施工进度计划；

3) 合同履行过程中的来往函件；

4) 施工现场记录；

5) 工地会议记录；

6) 工程照片；

7) 监理工程师发布的各种书面指令；

8) 工程进度款支付凭证；

9) 检查和试验记录；

10) 汇率变化表；

11) 各类财物凭证；

12) 其他有关材料。

3. 案例由学生在实训过程中完成

3.3 工程监理C表

各方通用表即C表，共2张，但内容非常丰富，以下分别阐述。

3.3.1 监理工作联系单

1. 资料表式（见表3-20）

监理工作联系单 C1　　　　　　　　　　　　表3-20

工程名称：	编号：
致： 　　事由 　　内容 　　　　　　　　　　　　　　　单　位：_____ 　　　　　　　　　　　　　　　负责人：_____ 　　　　　　　　　　　　　　　日　期：_____	

注：本表一式四份，建设单位、监理单位各一份，施工单位两份，其中一份交城建档案馆。

2. 资料归存

监理工作联系单经过项目监理机构审查签字盖章后以表 3-20 格式归存。

3. 监理工作联系单收集审读应注意的事项

(1) 在施工过程中，与监理有关各方工作联系用表。即与监理有关的某一方需向另一方或几方告知某一事项或督促某项工作、提出某项建议等，对方执行情况不需要书面回复时均用此表。

(2) 事由：指需要联系事项的主题。

(3) 内容：指需要联系的详细说明。要求内容完整、齐全，技术用语规范，文字简炼明了。

(4) 单位：指提出监理工作联系事项的单位。填写本工程现场管理机构名称全称并加盖公章。

(5) 负责人：指提出监理工作联系事项单位在本工程的负责人。

(6) 联系事项主要包括：

1) 工地会议时间、地点安排；

2) 建设单位向监理机构提供的设施、物品及监理机构在监理工作完成后向建设单位移交设施及剩余物品；

3) 建设单位及承包单位就本工程及本合同需要向监理机构提出保密的有关事项；

4) 建设单位向监理机构提供的与本工程合作的原材料、构配件、机械设备生产厂家名录以及与本工程有关的协作单位、配合单位的名录；

5) 按《建设工程委托监理合同》监理单位权利中需向委托人书面报告的事项；

6) 监理单位调整监理人员；建设单位要求监理单位更换监理人员；

7) 监理费用支付通知；

8) 监理机构提出的合理化建议；

9) 建设单位派驻及变更施工场地履行合同的代表姓名、职务、职权；

10) 紧急情况下无法与专业监理工程师联系时，项目经理采取保证人员生命和财产安全的紧急措施，并在采取措施后 48h 内向专业监理工程师提交的报告；

11) 对不能按时开工提出延期开工理由和要求的报告；

12) 实施爆破作业、在放射毒害环境中施工及使用毒害性、腐蚀性物品施工，承包单位在施工前 14d 以内向专业监理工程师提出监理的书面通知；

13) 可调价合同发生实体调价的情况时，承包单位向专业监理工程师发出的调整原因、金额的书面通知；

14) 索赔意向通知；

15) 发生不可抗力事件，承包单位向专业监理工程师通报受害损失情况；

16) 在施工中发现的文物、地下障碍物向专业监理工程师提出的书面汇报；

17) 其他各方需要联系的事宜。

4. 案例由学生在实训过程中完成

3.3.2 工程变更单

1. 资料表式（见表 3-21）

工程变更单 C2　　　　　　　　　　　　　　　　　　　表 3-21

工程名称：		编号：
致：_____（监理单位） 　　由于_____原因，兹提出_____工程 变更（内容见附件），请予以审批。 附件： 　　　　　　　　　　　　　　　　　　　　　　　　　　　　提出单位：_____ 　　　　　　　　　　　　　　　　　　　　　　　　　　　　代　表　人：_____ 　　　　　　　　　　　　　　　　　　　　　　　　　　　　日　　　期：_____		
一致意见： 　建设单位代表　　　　　设计单位代表　　　　　项目监理机构 　签字：　　　　　　　　签字：　　　　　　　　签字： 　日期：_____　　　　日期：_____　　　　日期：_____		

注：本表一式四份，建设单位、监理单位各一份，施工单位两份，其中一份交城建档案馆。

2. 资料归存

工程变更单经过项目监理机构审查各方签字盖章后以表 3-21 格式归存。

3. 工程变更单收集审读应注意的事项

（1）在施工过程中，建设单位、承包单位提出工程变更要求报项目监理机构的审核确认。

（2）原因：指引发工程变更的原因。

（3）"提出_____工程变更"：填写要求工程变更的部位和变更题目。

（4）附件：应包括工程变更的详细内容、变更的依据，工程变更对工程造价及工期的影响分析和影响程度，对工程项目的功能、安全的影响分析，必要的附图等。

（5）提出单位：指提出工程变更的单位。

（6）一致意见：项目监理机构经与有关方面协商达成的一致意见。

（7）建设单位代表：指建设单位驻施工现场履行合同的代表。

（8）设计单位代表：指设计单位派驻施工现场的设计代表或与工程变更内容有关专业的原设计人员或负责人。

（9）项目监理机构：指项目总监理工程师。

（10）承包单位代表：指项目经理。承包单位代表签字仅表示对有关工期、费用处理结果的签认和工程变更的收到。

3.4 思考题

(1) 各方通用的有哪些表格形式?
(2) 项目监理机构和建设单位、承包单位工作联系用的是哪些表格?
(3) 项目监理机构和建设单位、承包单位工作联系使用的各张表格分别有什么用途?
(4) 承包单位与项目监理机构工作联系用的是哪些表格?
(5) 承包单位与项目监理机构工作联系用的各张表格分别有什么用途?

3.5 模拟实训题

结合"项目1"的施工资料,来完成对应的"日常监理工作用表"的填写。

单元 4

其他监理资料

4.1 其他监理资料及其部分常见用表

1. 见证取样记录表

（1）单位工程施工前，项目监理机构应根据施工单位报送的施工试验计划编制有见证取样和送检计划。

（2）见证人员应进行有见证取样和送检项目的管理，按照见证取样和送检计划，对施工现场的取样和送检进行见证，按规定填写《见证取样记录表》。

（3）见证人员应对试样的代表性和真实性负责。

（4）资料要求：

工程名称：本见证取样的工程全称。表头部分：填写试样的名称、部位、地点、数量和取样日期。见证记录：记录取样的方法、过程及样品的表观质量。由取样人和见证人本人签字和加盖送检印章。

2. 混凝土浇筑申请书

（1）承包单位在做好各项准备工作，具备浇筑混凝土之前应填写《混凝土浇筑申请书》，报送项目监理机构核查签发。

（2）项目监理机构应认真核查混凝土浇筑的各项准备工作是否符合要求，并组织相关专业的施工人员共同核验，当全部符合要求并具备浇筑混凝土的条件时签发《混凝土浇筑申请书》，要求相关专业的施工负责人也要会签。

（3）资料要求：

施工依据：填写依据的施工图纸及设计变更文件的编号_____；技术要求：填写合同约定的对混凝土的技术要求；混凝土搅拌方式和输送形式：应在相应栏内打√；材料质量认证：应填写《材料/构配件/设备报验单》的编号；钢筋、模板、预留（埋）件验收：应填写相关《_____工程检验批质量验收记录》的编号；施工会签栏：混凝土浇筑施工时各参与部门负责人签字；施工单位栏：由施工项目负责人和质检员签字以示负责，加盖项目机构公章；会签栏：由相关专业，如土建、电气、管道、设备安装等施工负责人核验并签字；监理单位签发：由专业监理工程师（重要工程由总监理工程师）签署意见、签字并加盖项目监理机构公章。

3. 工程质量问题（事故）报告单

（1）施工过程中发生了工程质量问题（事故），承包单位应及时向项目监理机构报告；并就工程质量的有关情况填写本报告用表。

(2) 资料要求：

表头填写工程质量问题(事故)发生的时间、发生的工程部位和工程质量问题(事故)的特征。经过、后果、原因分析：填写工程质量问题(事故)发生的经过、后果及原因分析。后果中包括损坏、伤亡以及倒塌情况。事故原因包括施工原因、设计原因以及不可抗力等。性质：技术问题(事故)还是责任问题(事故)，一般事故还是重大事故。造成损失：由于质量问题(事故)导致的材料、设备、建筑和人员伤亡等损失费用情况。应急措施：质量问题(事故)发生后，紧急采取的措施及质量问题(事故)控制情况。初步处理意见：承包单位根据上述调查情况，对工程质量问题(事故)提出现场处理情况，技术和施工方面的处理措施及责任者等初步处理意见。

4. 工程质量整改通知单

(1) 项目监理机构发现承包单位在施工过程中的材料、工艺、工程质量等不符合要求时的通知用表。

(2) 承包单位应按《工程质量整改通知》的要求整改，并用《监理工程师通知回复单》报项目监理机构复核。

(3) 资料要求：

_____部位：填写未达到工程质量验收规范要求的项目所在工程部位。不符_____规定：填写判定材料、工艺、工程质量未达到要求所依据的标准、规程、规范条目。要求：填写项目监理机构对承包单位处理未达到工程质量验收规范项目的要求，例如返工、返修、检验试验、鉴定等。试验(检验)证明：工程质量验收记录；试验(检验)报告；说明工程质量不符合设计和施工质量验收规范的其他一些文件、资料。签发：一般的工程质量问题整改通知由专业监理工程师签发，比较严重的，或者涉及范围较大的工程质量问题整改通知应由专业监理工程师报告总监理工程师签发。

5. 工程质量事故处理方案报审表

(1) 工程质量事故处理方案报审是承包单位在对工程质量事故详细调查、研究的基础上，提出处理方案后报项目监理机构的审查、确认和批复。

(2) 项目监理机构应对处理方案的实施进行检查监督，对处理结果进行验收。

(3) 资料要求：

1) 工程质量事故调查报告：指承包单位在对工程质量事故详细调查、研究的基础上提出的详细报告，内容包括：质量事故情况：质量事故发生的时间、地点、事故经过、有关现场的记录、发展变化趋势、是否已稳定等；事故性质：是技术问题(事故)还是责任问题(事故)，一般事故还是重大事故；事故原因：详细阐明造成质量事故的主要原因，并应附有说服力的资料、说明；事故评估：应阐明质量事故对建筑物的使用功能、安全性能等的影响，并应附有实测、验算资料和试验数据；质量事故涉及的人员与主要责任者的情况等。

2) 工程质量事故处理方案：处理方案应针对质量事故的状况及原因，本着安全可靠、不留隐患、满足建筑物的使用功能要求，技术可行、经济合理的原则编制。因设计造成的质量事故，应由设计单位提出技术处理方案。

3）设计单位意见：指建筑工程的设计单位对质量事故调查报告和处理方案的审查意见。若与承包单位提出的质量事故调查报告和处理方案有不同意见，应一一注明，工程质量事故技术处理方案应征得设计单位的同意。

4）总监理工程师批复意见：总监理工程师应组织建设、勘察、设计、施工、监理等有关人员对质量事故调查报告和处理方案进行论证，以确认报告和方案的正确合理性，如有不同意见，应责令承包单位重报。必要时请有关专家参加对事故调查报告和处理方案论证。由总监理工程师签认或会同建设单位项目负责人共同签认。

6. 监理抽检记录

（1）当监理工程师对施工质量或材料、设备、工艺等有怀疑时，可以随时进行抽检，并填写《监理抽检记录》。

（2）监理在抽检过程中如发现工程质量有不合格项，应填写《工程质量整改通知单》，通知承包单位进行整改并进行复检，直到合格为止。

7. 施工试验见证取样汇总表

（1）本表为监理单位的见证人员在有见证试验完成，各试验项目的试验报告齐全后，分类收集、汇总整理时填写。

（2）有见证取样和送检的各项目，凡未按规定送检或送检次数达不到要求的，其工程质量应由有相应资质等级的检测单位进行检测确定。

8. 检验批、分项工程质量验收抽查记录表

（1）监理工程师在旁站、巡视、平行监理时，或对工程质量有怀疑时，可以随时进行抽验，并填写《检验批、分项工程施工质量验收记录》。

（2）监理工程师对检验批、分项工程质量验收抽查记录可以做为监理工程师对检验批、分项工程质量验收和要求工程质量整改的依据。

9. 试验（检测）单位资格报审表

（1）试验（检测）单位资格报审是指承包单位拟选择的在施工过程中承担施工试验（检测）工作的实验室的资格，报项目监理机构审查确认。

（2）资料要求：

实验室：指拟选择实验室的名称。工程：指承包单位拟定实验室承担施工试验的单位工程名称。实验室的资质等级及试验范围：指实验室的资质等级证书及许可的试验范围。法定计量部门对实验室出具的计量检定证明：指质量技术监督部门对本工程试验项目的试验设备出具的定期认定证明材料。实验室管理制度：指实验室内部用于试验管理方面的管理制度。报审时可把管理制度目录列入附件。试验人员的资格证书：指对本工程进行试验的人员岗位资格证书。本工程的试验项目及其要求：指拟定实验室承担本工程的试验项目及其相应要求的清单。专业监理工程师审查意见：专业监理工程师对承包单位所报资料（原件）进行审核，必要时可会同承包单位对实验室进行实地考察，就实验室的试验资质和能力，与本工程试验项目及其要求是否相适应签署意见。并留下加盖试验单位公章的复印件做为本报审表的附件。总监理工程师对专业监理工程师的审查意见进行审核,符合有关规定后,予以签认。

10. 工程竣工结算审核意见书

(1) 工程竣工结算审核意见书指总监理工程师签发的工程竣工结算文件或提出的工程竣工结算合同争议的处理意见。

(2) 工程竣工结算审查应在工程竣工报告确认后依据承包合同及有关规定进行。

(3) 竣工结算审查程序应符合"监理规范"第 5.5.2 条的规定。当工程竣工结算的价款总额与建设单位和承包单位无法协商一致时,应按"监理规范"第 6.5 节的规定进行处理,提出工程竣工结算合同争议处理意见。

(4) 工程竣工结算审核意见书应包括下列内容:合同工程价款、工程变更价款、费用索赔合计金额、依据合同规定承包单位应得的其他款项;工程竣工结算的价款总额;建设单位已支付工程款、建设单位向承包单位的费用索赔合计金额、质量保修金额、依据合同规定应扣承包单位的其他款项;建设单位应支付金额。

4.2 思考题

你所在的地区其他管理类监理资料的表格内容分别是什么样式?

4.3 模拟实训题

结合"项目1"的施工资料,来完成对应的"其他监理资料"的填写。

项目 4

建设工程文件的整理和归档

能力目标：会进行工程资料归档的组卷、装订、编目和归档工作，能将工程资料按《建设工程文件归档整理规范》的要求进行归档前的重新分类、整理，具备一定的分析归纳、组织管理和再学习能力。

各参建单位在工程建设活动中，直接形成了具有保存价值的文字、图片、声像等各种工程历史记录资料（即工程资料）。这些工程资料是在工程实施过程中，各单位基于对各自工作行为依据、工作过程、相关试验结果和工作成果等需要而留下的相应的证据和记录。这些资料，既是各项工作的依据，也是对工程质量、进度、投资等最终进行评判的证据材料，同时还对各项工作的实现程度、存在问题的分析判断、交付后的使用和改造（包括相关建设）等的原始依据等诸多用途起到了不可或缺的重要作用。因此，无论在工程实施过程中，还是在竣工后，这些资料都应做到真实、齐全、连贯、可追溯，表达准确、精炼，分类和保存合理、得当，便于查找、避免毁损。基于这样一些原则，在前述各单元中主要进行了在工程实施中各类资料的形成和整理的模拟训练，在本单元中我们将进行竣工后资料整理归档的模拟训练。

单元 1
建设工程文件的管理和竣工后归档的分类

根据《建设工程文件归档整理规范》规定，竣工后归档的工程文件的分类整理，按建设程序分为工程准备阶段的文件、监理文件、施工文件、竣工图、竣工验收文件5部分进行。具体分类的细目、保存单位和保管期限要求按下表规定进行：

竣工后归档的建设工程文件的分类、保存单位和保存期限　　　　表 4-1

序号	归档文件	保存单位和保管期限				
		建设单位	施工单位	设计单位	监理单位	城建档案馆
	工程准备阶段文件					
一	立项文件					
1	项目建议书	永久				√
2	项目建议书审批意见及前期工作通知书	永久				√
3	可行性研究报告及附件	永久				√
4	可行性研究报告审批意见	永久				√
5	关于立项有关的会议纪要、领导讲话	永久				√
6	专家建议文件	永久				√
7	调查资料及项目评估研究材料	长期				√
二	建设用地、征地、拆迁文件					
1	选址申请及选址规划意见通知书	永久				√
2	用地申请报告及县级以上人民政府城乡建设用地批准书	永久				√
3	拆迁安置意见、协议、方案等	长期				√
4	建设用地规划许可证及其附件	永久				√
5	划拨建设用地文件	永久				√
6	国有土地使用证	永久				√
三	勘察、测绘、设计文件					
1	工程地质勘察报告	永久		永久		√
2	水文地质勘察报告、自然条件、地震调查	永久		永久		√
3	建设用地钉桩通知单（书）	永久				√
4	地形测量和拨地测量成果报告	永久		永久		√
5	申报的规划设计条件和规划设计条件通知书	永久		长期		√
6	初步设计图纸和说明	长期		长期		
7	技术设计图纸和说明	长期		长期		
8	审定设计方案通知书及审查意见	长期		长期		√

续表

序号	归档文件	保存单位和保管期限				
		建设单位	施工单位	设计单位	监理单位	城建档案馆
工程准备阶段文件						
9	有关行政主管部门(人防、环保、消防、交通、园林、市政、文物、通信、保密、河湖、教育、白蚁防治、卫生等)批准文件或取得的有关协议	永久				√
10	施工图及其说明	长期		长期		
11	设计计算书	长期		长期		
12	政府有关部门对施工图设计文件的审批意见	永久		长期		√
四	招投标文件					
1	勘察设计招投标文件	长期				
2	勘察设计承包合同	长期		长期		√
3	施工招投标文件	长期				
4	施工承包合同	长期	长期			√
5	工程监理招投标文件	长期				
6	监理委托合同	长期			长期	√
五	开工审批文件					
1	建设项目列入年度计划的申报文件	永久				√
2	建设项目列入年度的批复文件或年度计划项目表	永久				√
3	规划审批申报表及报送的文件和图纸	永久				
4	建设工程规划许可证及其附件	永久				√
5	建设工程开工审查表	永久				
6	建设工程施工许可证	永久				√
7	投资许可证、审计证明、缴纳绿化建设费等证明	长期				√
8	工程质量监督手续	长期				√
六	财务文件					
1	工程投资估算材料	短期				
2	工程设计概算材料	短期				
3	施工图预算材料	短期				
4	施工预算		短期			
七	建设、施工、监理机构及负责人					
1	工程项目管理机构(项目经理部)及负责人名单	长期				√
2	工程项目监理机构(项目监理部)及负责人名单	长期			长期	√
3	工程项目施工管理机构(施工项目经理部)及负责人名单	长期	长期			√
监 理 文 件						
1	监理规划					
(1)	监理规划	长期			短期	√
(2)	监理实施细则	长期			短期	√

续表

序号	归档文件	保存单位和保管期限				
		建设单位	施工单位	设计单位	监理单位	城建档案馆
监理文件						
(3)	监理部总控制计划等	长期			短期	
2	监理月报中的有关质量问题	长期			长期	√
3	监理会议纪要中的有关质量问题	长期			长期	√
4	进度控制					
(1)	工程开工/复工审批表	长期			长期	√
(2)	工程开工/复工暂停令	长期			长期	
5	质量控制					
(1)	不合格项目通知	长期			长期	√
(2)	质量事故报告及处理意见	长期			长期	√
6	造价控制					
(1)	预付款报审与支付	短期				
(2)	月付款报审与支付	短期				
(3)	设计变更、洽商费用报审与签认	长期				
(4)	工程竣工决算审核意见书	长期				√
7	分包资质					
(1)	分包单位资质材料				长期	
(2)	供货单位资质材料				长期	
(3)	试验等单位资质材料				长期	
8	监理通知					
(1)	有关进度控制的监理通知	长期			长期	
(2)	有关质量控制的监理通知	长期			长期	
(3)	有关造价控制的监理通知	长期			长期	
9	合同与其他事项管理					
(1)	工程延期报告及审批	永久			长期	√
(2)	费用索赔报告及审批	长期			长期	
(3)	合同争议、违约报告及处理意见	永久			长期	√
(4)	合同变更材料	长期			长期	√
10	监理工作总结					
(1)	专题总结	长期			短期	
(2)	月报总结	长期			短期	
(3)	工程竣工总结	长期			长期	√
(4)	质量评价意见报告	长期			长期	√
施工文件						
一	建设安装工程					

续表

序号	归档文件	保存单位和保管期限				
		建设单位	施工单位	设计单位	监理单位	城建档案馆
施工文件						
(一)	土建(建筑与结构)工程					
1	施工技术准备文件					
(1)	施工组织设计	长期				
(2)	技术交底	长期	长期			
(3)	图纸会审记录	长期	长期	长期		√
(4)	施工预算的编制和审查	短期	短期			
(5)	施工日志	短期	短期			
2	施工现场准备					
(1)	控制网设置资料	长期	长期			√
(2)	工程定位测量资料	长期	长期			√
(3)	基槽开挖线测量资料	长期	长期			√
(4)	施工安全措施	短期	短期			
(5)	施工环保措施	短期	短期			
3	地基处理记录					
(1)	地基钎探记录和钎探平面布点图	永久	长期			√
(2)	验槽记录和地基处理记录	永久	长期			√
(3)	桩基施工记录	永久	长期			√
(4)	试桩记录	长期	长期			√
4	工程图纸变更记录					
(1)	设计会议会审记录	永久	长期	长期		√
(2)	设计变更记录	永久	长期	长期		√
(3)	工程洽商记录	永久	长期	长期		√
5	施工材料预制构件质量证明文件及复试试验报告					
(1)	砂、石、砖、水泥、钢筋、防水材料、隔热保温材料、防腐材料、轻集料试验汇总表	长期				√
(2)	砂、石、砖、水泥、钢筋、防水材料、隔热保温材料、防腐材料、轻集料出厂证明文件	长期				√
(3)	砂、石、砖、水泥、钢筋、防水材料、轻集料、焊条、沥青复试试验报告	长期				√
(4)	预制构件(钢、混凝土)出厂合格证、试验记录	长期				√
(5)	工程物质选样送审表	短期				
(6)	进场物质批次汇总表	短期				
(7)	工程物质进场报验表	短期				
6	施工试验记录					
(1)	土壤(素土、灰土)干密度试验报告	长期				√

续表

序号	归档文件	保存单位和保管期限				
		建设单位	施工单位	设计单位	监理单位	城建档案馆
施工文件						
(2)	土壤(素土、灰土)击实试验报告	长期				√
(3)	砂浆配合比通知单	长期				
(4)	砂浆(试块)抗压强度试验报告	长期				√
(5)	混凝土配合比通知单	长期				
(6)	混凝土(试块)抗压强度试验报告	长期				√
(7)	混凝土抗渗试验报告	长期				√
(8)	商品混凝土出厂合格证、复试报告	长期				√
(9)	钢筋接头(焊接)试验报告	长期				√
(10)	防水工程试水检查记录	长期				
(11)	楼地面、屋面坡度检查记录	长期				
(12)	土壤、砂浆、混凝土、钢筋连接、混凝土抗渗试验报告汇总表	长期				√
7	隐蔽工程检查记录					
(1)	基础和主体结构钢筋工程	长期	长期			√
(2)	钢结构工程	长期	长期			√
(3)	防水工程	长期	长期			√
(4)	高程控制	长期	长期			
8	施工记录					
(1)	工程定位测量检查记录	永久	长期			√
(2)	预检工程检查记录	短期				
(3)	冬施混凝土搅拌测温记录	短期				
(4)	冬施混凝土养护测温记录	短期				
(5)	烟道、垃圾道检查记录	短期				
(6)	沉降观测记录	长期				√
(7)	结构吊装记录	长期				
(8)	现场施工预应力记录	长期				√
(9)	工程竣工测量	长期	长期			√
(10)	新型建筑材料	长期	长期			√
(11)	施工新技术	长期	长期			√
9	工程质量事故处理记录	永久				√
10	工程质量检验记录					
(1)	检验批质量验收记录	长期	长期		长期	
(2)	分面工程质量验收记录	长期	长期		长期	
(3)	基础、主体工程验收记录	永久	长期		长期	√

续表

序号	归档文件	保存单位和保管期限				
		建设单位	施工单位	设计单位	监理单位	城建档案馆
	施 工 文 件					
(4)	幕墙工程验收记录	永久	长期		长期	√
(5)	分部（子分部）工程质量验收记录	永久	长期		长期	√
(二)	电气、给水排水、消防、采暖、通风、空调、燃气、建筑智能化、电梯工程					
1	一般施工记录					
(1)	施工组织设计	长期	长期			
(2)	技术交底		短期			
(3)	施工日志		短期			
2	图纸变更记录					
(1)	图纸会审	永久	长期			√
(2)	设计变更	永久	长期			√
(3)	工程洽商	永久	长期			√
3	设备、产品质量检查、安装记录					
(1)	设备、产品质量合格证、质量保证书	长期	长期			√
(2)	设备装箱单、商检证明和说明书、开箱报告		长期			
(3)	设备安装记录		长期			√
(4)	设备试运行记录		长期			√
(5)	设备明细表	长期	长期			√
4	预检记录		短期			
5	隐蔽工程检查记录	长期	长期			
6	施工试验记录					
(1)	电气接地电阻、绝缘电阻、综合布线、有线电视末端等测试记录		长期			√
(2)	楼宇自控、监视、安装、视听、电话等系统调试记录		长期			√
(3)	变配电设备安装、检查、通电、满负荷测试记录		长期			√
(4)	给水排水、消防、采暖、通风、空调、燃气等管道强度、严密性、灌水、通风、吹洗、漏风、试压、通球、阀门等试验记录		长期			√
(5)	电梯照明、动力、给水排水、消防、采暖、通风、空调、燃气等系统调试、试运行记录		长期			√
(6)	电梯接地电阻、绝缘电阻测试记录；空载、半载、满载、超载试运行记录；平衡、运速、噪声调整试验报告		长期			√
(7)	质量事故处理记录	永久	长期			√
(8)	工程质量检验记录					
1)	检验批质量验收记录		长期		长期	
2)	分项工程质量验收记录	长期	长期		长期	
3)	分部（子分部）工程质验收记录	永久	长期		长期	√

续表

序号	归档文件	保存单位和保管期限				
		建设单位	施工单位	设计单位	监理单位	城建档案馆
施工文件						
(三)	室外工程					
1	室外安装(给水、雨水、污水、热力、燃气、电信、电力、照明、电视、消防等)施工文件	长期				√
2	室外建筑环境(建筑小品、水景、道路、园林绿化等)施工文件	长期				√
二	市政基础设施工程					
(一)	施工技术准备					
1	施工组织设计	短期	短期			
2	技术交底	长期	长期			
3	图纸会记录	长期	长期			√
4	施工预算的编制和审查	短期	短期			
(二)	施工现场准备					
1	工程定位测量资料	长期	长期			√
2	工程定位测量复核记录	长期	长期			√
3	导线点、水准点测量复核记录	长期	长期			√
4	工程轴线、定位桩、高程测量复核记录	长期	长期			√
5	施工安全措施	短期	短期			
6	施工环保措施	短期	短期			
(三)	设计变更、洽商记录					
1	设计变更通知单	长期	长期			√
2	洽商记录	长期	长期			√
(四)	原材料、成品、半成品、构配件、设备出厂质量合格证及试验报告					
1	砂、石、砌块、水泥、钢筋(材)、石灰、沥青、涂料、混凝土外加剂、防水材料、粘接材料、防腐保温材料、焊接材料等试验汇总表		长期			√
2	砂、石、砌块、水泥、钢筋(材)、石灰、沥青、涂料、混凝土外加剂、防水材料、粘接材料、防腐保温材料、焊接材料等质量合格证书和出厂检(试)验报告及现场复试报告		长期			√
3	水泥、石灰、粉煤灰混合料；沥青混合料、商品混凝土等试验汇总表		长期			√
4	水泥、石灰、粉煤灰混合料；沥青混合料、商品混凝土等出厂合格证和试验报告、现场复试报告		长期			√
5	混凝土预制构件、管材、管件、钢结构构件等试验汇总表		长期			√
6	混凝土预制构件、管材、管件、钢结构构件等出厂合格证书和相应的施工技术资料		长期			√
7	厂站工程的成套设备、预应力混凝土张拉设备、各类地下管线井室设施、产品等汇总表		长期			√
8	厂站工程的成套设备、预应力混凝土张拉设备、各类地下管线井室设施、产品等出厂合格证书及安装使用说明		长期			√

续表

序号	归档文件	保存单位和保管期限				
		建设单位	施工单位	设计单位	监理单位	城建档案馆
施工文件						
9	设备开箱报告	短期				
(五)	施工试验记录					
1	砂浆、混凝土试块强度、钢筋（材）焊连接、填土、路基强度试验等汇总表	长期				
2	道路压实度、强度试验记录					
(1)	回填土、路床压实试验及土质的最大干密度和最佳含水量试验报告	长期				√
(2)	石灰类、水泥类、二灰类无机混合料基层的标准击实试验报告	长期				√
(3)	道路基层混合料强度试验记录	长期				√
(4)	道路面层压实度试验记录	长期				√
3	混凝土试块强度试验记录					
(1)	混凝土配合比通知单	短期				
(2)	混凝土试块强度试验报告	长期				√
(3)	混凝土试块抗渗、抗冻试验报告	长期				√
(4)	混凝土试块强度统计、评定记录	长期				√
4	砂浆试块强度试验记录					
(1)	砂浆配合比通知单	短期				
(2)	砂浆试块强度试验报告	长期				√
(3)	砂浆试块强度统计、评定记录	长期				√
5	钢筋（材）焊、连接试验报告	长期				√
6	钢管、钢结构安装及焊缝处理外观质量检查记录	长期				
7	桩基础试（检）验报告	长期				√
8	工程物资选样送审记录	短期				
9	进场物资批次汇总记录	短期				
10	工程物资进场报验记录	短期				
(六)	施工记录					
1	地基与基槽验收记录					
(1)	地基钎探记录及钎探位置图	长期	长期			√
(2)	地基与基槽验收记录	长期	长期			√
(3)	地基处理记录及示意图	长期	长期			√
2	桩基施工记录					
(1)	桩基位置平面示意图	长期	长期			√
(2)	打桩记录	长期	长期			√
(3)	钻孔桩钻进记录及成孔质量检查记录	长期	长期			√
(4)	钻孔（挖孔）桩混凝土浇筑记录	长期	长期			√

续表

序号	归档文件	保存单位和保管期限				
		建设单位	施工单位	设计单位	监理单位	城建档案馆
施 工 文 件						
3	构件设备安装和调试记录					
(1)	钢筋混凝土大型预制构件、钢结构等吊装记录	长期	长期			
(2)	厂(场)、站工程大型设备安装调试记录	长期	长期			√
4	预应力张拉记录					
(1)	预应力张拉记录表	长期				√
(2)	预应力张拉孔道压浆记录	长期				√
(3)	孔位示意图	长期				√
5	沉井工程下沉观测记录	长期				√
6	混凝土浇筑记录	长期				
7	管道、箱涵等工程项目推进记录	长期				
8	构筑物沉降观测记录	长期				√
9	施工测温记录	长期				
10	预制安装水池壁板缠绕钢丝应力测定记录	长期				√
(七)	预检记录					
1	模板预检记录	短期				
2	大型构件和设备安装前预检记录	短期				
3	设备安装位置检查记录	短期				
4	管道安装检查记录	短期				
5	补偿器冷拉及安装情况记录	短期				
6	支(吊)架位置、各部位连接方式等检查记录	短期				
7	供水、供热、供气管道吹(冲)洗记录	短期				
8	保温、防腐、油漆等施工检查记录	短期				
(八)	隐蔽工程检查(验收)记录	长期	长期			√
(九)	工程质量检查评定记录					
1	工序工程质量评定记录	长期	长期			
2	部位工程质量评定记录	长期	长期			
3	分部工程质量评定记录	长期	长期			√
(十)	功能性试验记录					
1	道路工程的弯沉试验记录	长期				√
2	桥梁工程的动、静载试验记录	长期				√
3	无压力管道的严密性试验记录	长期				√
4	压力管道的强度试验、严密性试验、通球试验等记录	长期				√
5	水池满水试验	长期				√

续表

序号	归档文件	保存单位和保管期限				
		建设单位	施工单位	设计单位	监理单位	城建档案馆
施工文件						
6	消化池气密性试验		长期			√
7	电气绝缘电阻、接地电阻测试记录		长期			√
8	电气照明、动力试运行记录		长期			√
9	供热管网、燃气管网等管网试运行记录		长期			√
10	燃气储罐总体试验记录		长期			√
11	电信、宽带网等试运行记录		长期			√
(十一)	质量事故及处理记录					
1	工程质量事故报告	永久	长期			√
2	工程质量事故处理记录	永久	长期			√
(十二)	竣工测量资料					
1	建筑物、构筑物竣工测量记录及测量示意图	永久	长期			√
2	地下管线工程竣工测量记录	永久	长期			√
竣 工 图						
一	建筑安装工程竣工图					
(一)	综合竣工图					
1	综合图					√
(1)	总平面布置图(包括建筑、建筑小品、水景、照明、道路、绿化等)	永久	长期			√
(2)	竖向布置图	永久	长期			√
(3)	室外给水、排水、热力、燃气等管网综合图	永久	长期			√
(4)	电气(包括电力、电信、电视系统等)综合图	永久	长期			√
(5)	设计总说明书	永久	长期			√
2	室外专业图		长期			
(1)	室外给水	永久	长期			√
(2)	室外雨水	永久	长期			√
(3)	室外污水	永久	长期			√
(4)	室外热力	永久	长期			√
(5)	室外燃气	永久	长期			√
(6)	室外电信	永久	长期			√
(7)	室外电力	永久	长期			√
(8)	室外电视	永久	长期			√
(9)	室外建筑小品	永久	长期			√
(10)	室外消防	永久	长期			√
(11)	室外照明	永久	长期			√

续表

序号	归档文件	保存单位和保管期限				
		建设单位	施工单位	设计单位	监理单位	城建档案馆
竣 工 图						
(12)	室外水景	永久	长期			√
(13)	室外道路	永久	长期			√
(14)	室外绿化	永久	长期			√
(二)	专业竣工图					
1	建筑竣工图	永久	长期			√
2	结构竣工图	永久	长期			√
3	装修(装饰)工程竣工图	永久	长期			√
4	电气工程(智能化工程)竣工图	永久	长期			√
5	给水排水工程(消防工程)竣工图	永久	长期			√
6	采暖通风空调工程竣工图	永久	长期			√
7	燃气工程竣工图	永久	长期			√
二	市政基础设施工程竣工图					
1	道路工程	永久	长期			√
2	桥梁工程	永久	长期			√
3	广场工程	永久	长期			√
4	隧道工程	永久	长期			√
5	铁路、公路、航空、水运等交通工程	永久	长期			√
6	地下铁道等轨道交通工程	永久	长期			√
7	地下人防工程	永久	长期			√
8	水利防灾工程	永久	长期			√
9	排水工程	永久	长期			√
10	供水、供热、供气、电力、电信等地下管线工程	永久	长期			√
11	高压架空输电线工程	永久	长期			√
12	污水处理、垃圾处理处置工程	永久	长期			√
13	场、厂、站工程	永久	长期			√
竣 工 验 收 文 件						
一	工程竣工总结					
1	工程概况表	永久				√
2	工程竣工总结	永久				√
二	竣工验收记录					
(一)	建筑安装工程					
1	单位(子单位)工程质量验收记录	永久	长期			√
2	竣工验收证明书	永久	长期			√

续表

序号	归档文件	保存单位和保管期限				
		建设单位	施工单位	设计单位	监理单位	城建档案馆
竣 工 验 收 文 件						
3	竣工验收报告	永久	长期			√
4	竣工验收备案表(包括各专项验收认可文件)	永久				√
5	工程质量保修书	永久	长期			√
(二)	市政基础设施工程					
1	单位工程质量评定表及报验单	永久	长期			√
2	竣工验收证明书	永久	长期			√
3	竣工验收报告	永久	长期			√
4	竣工验收备案表(包括各专项验收认可文件)	永久	长期			√
5	工程质量保修书	永久	长期			√
三	财务文件					
1	决算文件	永久				√
2	交付使用财产总表和财产明细表	永久	长期			√
四	声像、缩微、电子档案					
1	声像档案					
(1)	工程照片	永久				√
(2)	录音、录像材料	永久				√
2	缩微品	永久				√
3	电子档案					
(1)	光盘	永久				√
(2)	磁盘	永久				√

注：本表中"永久"是指工程档案需永久保存，"长期"是指工程档案的保存期限等于该工程的使用寿命，"短期"是指工程档案保存20年以下。

单元 2

立 卷

按照一定的原则和方法，将有保存价值的文件分门别类的整理成由互有联系的若干文件组成的档案保管单位（即案卷）称立卷，亦称组卷。

立卷应遵循工程文件的自然形成规律，保持卷内文件的有机联系，便于档案的保管和利用的基本原则。

凡设计、施工及监理单位需要向本单位归档的文件，应按国家有关规定和表 4-1 的要求单独立卷。

根据上一节工程档案的分类要求，立卷工作可采用如下具体步骤和要求进行：

（1）将工程立项所包含工程的文件，按"工程准备阶段文件"、"施工文件"、"监理文件"、"竣工图"、"竣工验收文件"五大类，各自分开进行整理；

（2）按表 4-1 所列的内容和次序作为各类中的子目，并且在各子目内按下述规定进一步细分：

1）工程准备阶段文件可先按照工程文件所属专业、再按照形成单位，逐层分类、整理、组卷；当一个建设工程由多个单位工程组成时，工程文件能按单位工程分开的，应首先按单位工程分开组卷；

2）监理文件可按单位工程、分部工程、专业、阶段依次逐层分类、整理、组卷；

3）施工文件可按单位工程、分部工程、专业、阶段等依次逐层分类、整理、组卷；

4）竣工图可按总图、单位工程、专业等依次组卷；

5）竣工验收文件按对应的单位工程、专业验收的类别来组卷。

（3）案卷的排序和编号：

1）案卷内不应有重份文件；不同载体的文件一般应分别组卷。

2）卷内文件的排列应遵循：文字材料按事项、专业顺序排列；同一事项的请示与批复、同一文件的印本与定稿、主体与附件不能分开，并按批复在前、请示在后，印本在前、定稿在后，主体在前、附件在后的顺序排列；图纸按专业排列，同专业图纸按图号顺序排列；既有文字材料又有图纸的案卷，文字材料排前，图纸排后。

3）案卷以每卷为单位单独编号，页号从"1"开始，卷内文件均按有书写内容的页面编号；案卷封面、卷内目录、卷内备考表不编写页号；成套图纸或印刷成册的科技文件材料，自成一卷的，原目录可代替卷内代替卷内目录，不必重新编写页码。页号编写位置：单面书写的文件在右下角；双面书写的文件，正面在右下角，背面在左下角；折叠后的图纸一律在下角。

（4）编制"卷内目录"：卷内目录排列在卷内文件首面之前，其式样宜按照表 4-2 的样式要求编制。其中,"序号"以一份文件为单位,用阿拉伯数字从"1"依次标注;"责任者"填写文件的直接形成单位和个人(有多个"责任者"时,选择两个主要责任者,其余用"等"代替);"文件编号"填写工程文件原有的文号或图号;"文件题名"填写文件标题的全称;"日期"填写文件形成的日期;"页次"填写文件在卷内所排的起始页号,最后一份文件填写起止页号。

(5)编制"卷内备考表":"卷内备考表"主要是用来标明卷内文件的总页数、各类文件页数(照片张数),以及立卷单位对卷内文件复印件、页码错误、文件的更换等情况作必要的说明(没有需要说明的事项可不必填写"说明"),它排列在卷内文件的尾页之后。卷内备考表的式样宜采用表 4-3 的样式。

"卷内目录"样式　　　　　表 4-2

序号	文件编号	责任者	文件材料题名	日期	页次	备注

尺寸单位统一为:mm

"卷内备考表"样式　　　　　　　　　表4-3

```
卷内备考表

本案卷共有文件材料_____页，其中：
文字材料_____页，图样材料_____页
照    片_____张
说明：



立卷人：
    日　期：　年　月　日
检查人：
    日　期：　年　月　日
```

尺寸单位统一为：mm

（6）填写"案卷封面"和"案卷脊背"：按照表4-4和表4-5的样式分别将"案卷封面"和"案卷脊背"印刷在卷盒或卷夹的正表面和侧表面，"案卷封面"也可采用内封面形式。其中：

1）"档号"应由分类号、项目号和案卷号组成，由档案保管单位填写；"档案馆代号"应填写国家给定的本档案馆的编号，由档案馆填写。

2）"案卷题名"应简明、准确地提示卷内文件的内容，包括"工程名称（工程项目名称和单位工程名称）"、"专业名称"、"卷内文件的内容"。

"案卷封面"样式 表 4-4

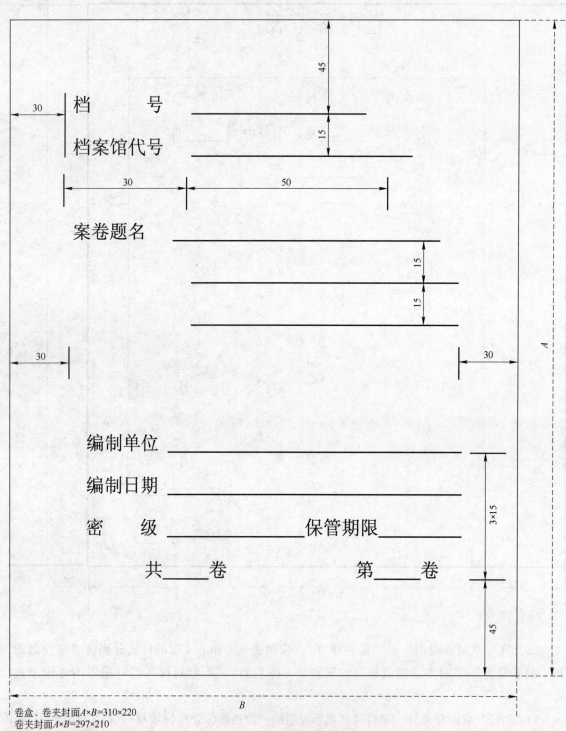

卷盒、卷夹封面 $A \times B = 310 \times 220$
卷夹封面 $A \times B = 297 \times 210$
尺寸单位统一为:mm

"案卷脊背"样式　　　　　　　　　表4-5

D=20、30、50mm
尺寸单位统一为：mm

3)"编制单位"应填写案卷内文件的形成单位或主要责任者。工程准备阶段文件和竣工验收文件的编制单位一般为建设单位；勘察、设计文件的编制单位一般为工程的勘察、设计单位；监理文件的编制单位一般为监理单位；施工文件的编制单位一般为施工单位。

4)"起止日期"应填写案卷内全部文件形成的起止日期。

5)"保管期限"按照"表4-1"所列保管期限填写（同一案卷内有不同保管期限的文件，该案卷保管期限应从长）。

6)"密级"按照本卷文件实际所属密级（绝密、机密、秘密）填写（同一案卷内有不同密级的文件，应以高密级为本卷密级）。

7)"共　卷"和"第　卷"按照实际统计的总卷数和按照"表4-1"为顺序组卷完成后每卷的案卷次序编号填写。

(7)案卷装订：

1)每卷组卷完成的案卷不宜过厚（一般不超过40mm），其厚度通常根据案卷所盛放的卷盒、或卷夹的厚度来确定。

2)文字材料必须装订；既有文字材料，又有图纸的案卷应装订。

3)装订应采用线绳三孔左侧装订法，要整齐、牢固，便于保管和利用。

4）装订时必须剔除金属物。

（8）装盒：案卷装具一般采用卷盒、卷夹两种形式。卷盒的外表尺寸为310mm×220mm，厚度分别为20、30、40、50mm；卷夹的外表尺寸为310mm×220mm，厚度一般为20～30mm；卷盒、卷夹应采用无酸纸制作。

单元 3 归 档

归档是指工程文件形成单位完成其工作任务，将形成的文件整理立卷后，按规定移交档案管理机构。它包含两方面含义：一是建设、勘察、设计、施工、监理等单位将本单位在工程建设过程中形成的文件向本单位档案管理机构移交；二是勘察、设计、施工、监理等单位将本单位在工程建设过程中形成的文件向建设单位档案管理机构移交。

1. 归档文件的质量要求

（1）归档的工程文件应为原件。工程文件的内容及其深度必须符合要求，字迹清楚，图样清晰，图表整洁，签字盖章手续完备。

（2）归档文件应使用韧力大、耐久性强、能够长期保存的纸张，幅面尺寸规格宜为 A4。应采用如碳素墨水、蓝黑墨水等耐久性强的书写材料，不得使用易褪色的书写材料。

（3）竣工图纸宜采用国家标准图幅，均应加盖"竣工图"章，并按《技术制图复制图的折叠方法》折叠。图纸一般采用新的蓝晒图；计算机出图必须清晰，不得使用计算机出图的复印件。利用施工图改绘竣工图，必须标明变更修改依据；凡施工图结构、工艺、平面布置等有重大改变，或变更部分超过图面 1/3 的，应当重新绘制竣工图。竣工图章的尺寸为"50mm×80mm"，基本内容应包括："竣工图"字样、施工单位、编制人、审核人、技术负责人、编制日期、监理单位、现场监理、总监；应使用不易褪色的红印泥，盖在图标栏上方空白处。

2. 归档应符合下列规定要求

（1）归档文件必须完整、准确、系统，能够反映工程建设活动的全过程，范围符合表 4-1 的要求，文件材料的质量符合"归档文件的质量要求"；归档文件必须按照单元 1 的要求进行分类整理，并应按单元 2 的要求组成符合要求的案卷。

（2）根据建设程序和工程特点，归档可以分阶段进行，也可以在单位或分部工程通过竣工验收后进行。勘察、设计单位应当在任务完成时，施工、监理单位应当在工程竣工验收前，将各自形成的有关工程档案向建设单位归档。

（3）勘察、设计、施工单位在收齐工程文件并整理立卷后，建设单位、监理单位应根据城建管理机构的要求对档案文件完整、准确、系统情况和案卷质量进行审查。审查合格后向建设单位移交。

（4）工程档案不少于两套，一套由建设单位保管，一套（原件）移交当地城建档案馆。

（5）勘察、设计、施工、监理等单位向建设单位移交档案时，应编制移交清单，双方签字、盖章后方可交接。

3. 工程档案的验收

建设单位在组织工程竣工验收前，应提请城建档案管理机构对工程档案进行预验收，建设单位未取得城建档案管理机构出具的认可文件，不得组织工程竣工验收。工程档案预验收重点验收以下内容：

（1）工程档案齐全、系统、完整；

（2）工程档案的内容真实、准确地反映工程建设活动和工程实际状况；

（3）工程档案已整理立卷，立卷符合本规范的规定；

（4）竣工图绘制方法、图式及规格等符合专业技术要求，图面整洁，盖有竣工图章；

（5）文件的形成，来源符合实际，要求单位或个人签章的文件，其签章手续完备；

（6）文件材质、幅面、书写、绘图、用墨、托裱等符合要求。

4. 工程档案的移交

（1）建设单位在工程竣工验收后3个月内，须向城建档案馆移交一套符合规定的工程档案。

（2）停建、缓建建设工程的档案，暂由建设单位保管。

（3）对改建、扩建和维修工程，建设单位应当组织设计、施工单位据实修改、补充和完善原工程档案。对改变的部位，应当重新编制工程档案，并在工程验收后3个月内向城建档案馆移交。

（4）建设单位向城建档案馆移交工程档案时，应办理移交手续，填写移交目录，双方签字、盖章后交接。

知识和拓展能力

（1）查阅《建设工程文件归档整理规范》、档案管理原理方面的资料，通读《建设工程文件归档整理规范》（尤其是"条文说明"部分内容）。

（2）从竣工后工程资料的整理分类、立卷归档工作来看，分析归档的建设工程文件与各单位在项目实施中的工程资料及其管理的联系和区别，并说明理由。

思考题

（1）为什么日常工作形成的工程资料多，归档时各单位的资料少很多？

（2）从你希望从事的岗位要求看，你如何来做好工程资料的管理工作。

模拟实训题

（1）根据你的专业岗位，列出"便民服务大楼"工程需保存的工程档案总目录，并注明各自的保存期限。

（2）根据归档要求，对本课程背景资料案例、实训题等所形成的工程资料，按要求进行组卷、装订、编目、装档案盒。

项目 5

工程资料计算机管理

能力目标： 在对前述土建资料、安全资料、监理资料进行系统学习后，通过本项目的学习，要求能够应用不同的工程资料制作软件编制相关工程的全部工程资料，并能够应用各施工质量验收规范相关条文对资料中涉及到评定结果部分的正确性进行判断。

工程资料管理实务模拟

当前整个建筑行业中工程资料的填制与管理是一个比较薄弱的环节。填制手段落后，效率低下；书写工具不合要求，字迹模糊；资料管理混乱，漏填、丢失现象严重。目前，工程资料的制作与管理，无法满足建筑工程档案整理办法的基本要求，而且制约了施工企业的进一步发展。

针对这一相对滞后的环节，目前市场上出现了大量的资料制作与管理软件，如《品茗施工资料制作与管理软件》、《建筑工程资料管理系统》、《恒智天成建筑工程资料管理软件》等，这些软件都具有自动计算、智能评定功能，凡是需要计算及判断的项目，系统自动计算并给出判断。各表格表头数据可以自动生成，如"工程名称""施工单位"等通用信息，一个工程只需输入一次，一劳永逸。

这些软件的开发，彻底改变了过去落后的手工资料填制方式，极大地提高了资料员的工作效率，并且制作的资料样式美观，归档规范，给施工资料的制作与管理带来了一场新的技术革命。本单元围绕普陀区六横镇人民政府筹建的"便民服务大楼"工程的施工过程为背景，介绍工程资料的计算机软件管理。

单元 1

系统的安装

1.1 系统运行环境

1. 硬件平台
- PC 及兼容机 CPU586 以上；
- 64M 以上内存，推荐 128M；
- 硬盘自由空间 1G 以上。

2. 软件环境
- WindowsNT，Windows 2000/XP，推荐使用 WinXP；
- Word 97，Word 2000，WordXP。

1.2 系统的安装

- 将软件安装光盘插入光盘驱动器中；
- 运行 setup.exe 程序；
- 安装完成后，将机器关闭，在并口上插上并口软件狗或在 USB 口上插上 USB 软件狗；
- 重启计算机即可使用。

注意：如果用户使用的是 USB 加密狗，一定要先安装软件后插入 USB 加密狗。插上 USB 加密狗时，操作系统会提示找到新的硬件，用户一直选择"下一步"，直到安装结束。

主界面及各功能模块

软件安装完成后，双击桌面的快捷方式，启动资料管理软件。

第一次启动软件后，可以选择创建新的工程文件(图5-1)，以后就可以选择打开上次文件或者打开其他工程。

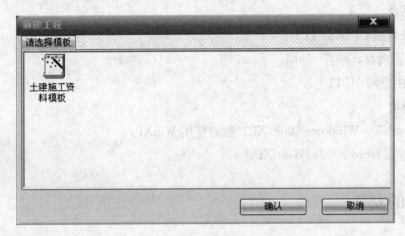

图5-1　新建工程

工程资料管理界面，它分别由：菜单栏、工具栏、工程管理结构树、表格预览窗口、状态栏等组成(图5-2)。

工程管理结构树如图5-3所示：

根节点(▤)：根结点相当于一个档案柜，里面可以加入许多工程的资料；

工程节点(⌂)：对应不同的工程可以创建不同的工程节点；

分部(📁)：在这棵工程管理树中包含了6个分部，每一个都包含了它所需的资料分类；

资料分类(▤)：在每一个资料分类下面都包含了它所需的全部表格样式；

表格样式(▦)：表格样式类似于一个模板，可以通过修改表格样式，来创建一系列与新表格样式有相同内容的最终表格；

最终表格(▤)：最终表格就是用户用来填写的表格，也就是最终需要打印的表格。

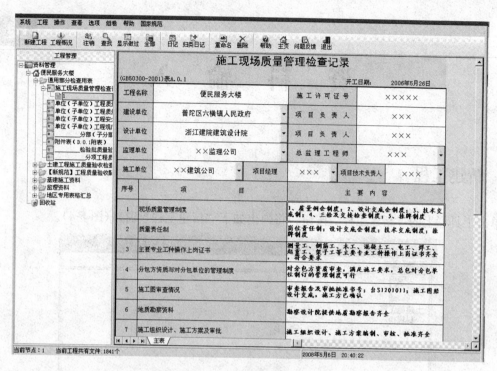

图 5-2　工程资料管理界面

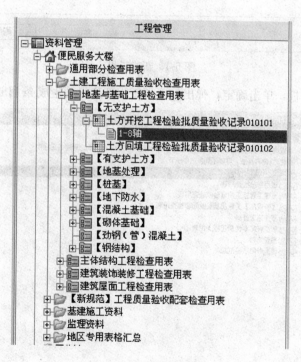

图 5-3　工程管理结构树

单元 3

资 料 输 入

3.1 新建工程

单击工具栏上的"新建工程"按钮,将弹出如下"新建工程"窗口(图5-4)。

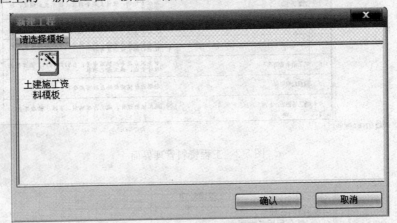

图 5-4 新建工程

选择您所需要的模板,单击确定,弹出如下"工程新建自动生成条目选项"对话框(图5-5),

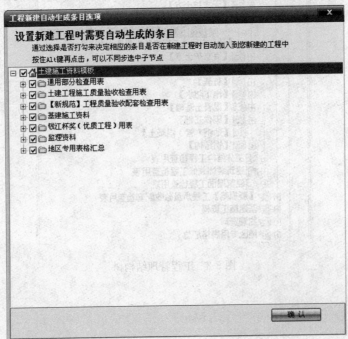

图 5-5 选择新建工程所需资料

您可以通过选择是否打勾来决定您新建工程时所需要创建的分部分项及表格，选择好后点击确定，一个新工程将被加入到工程管理树中去。

3.2 输入工程概况信息

在工程创建完后，将会自动弹出"工程概况"窗口(图 5-6)。

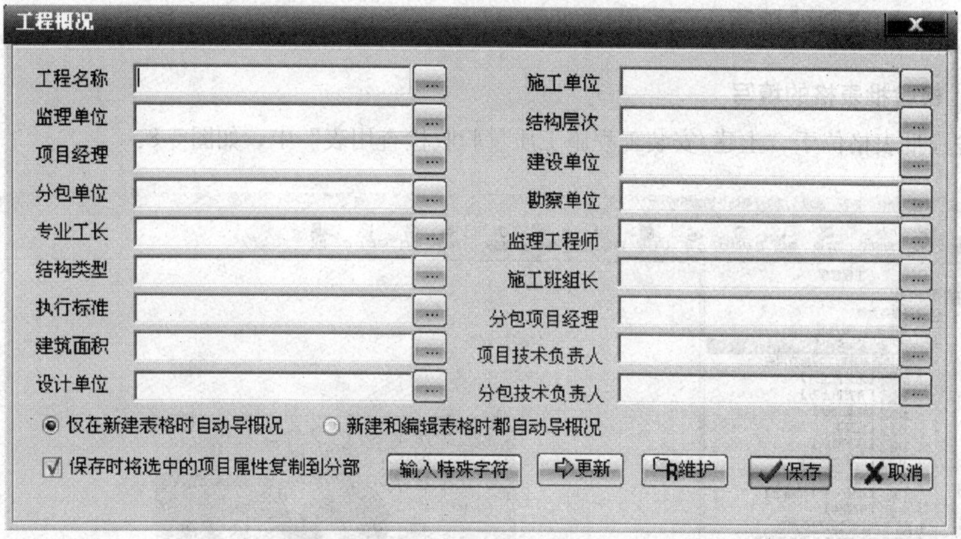

图 5-6 工程概况

填写所需的工程概况信息(图 5-7)。

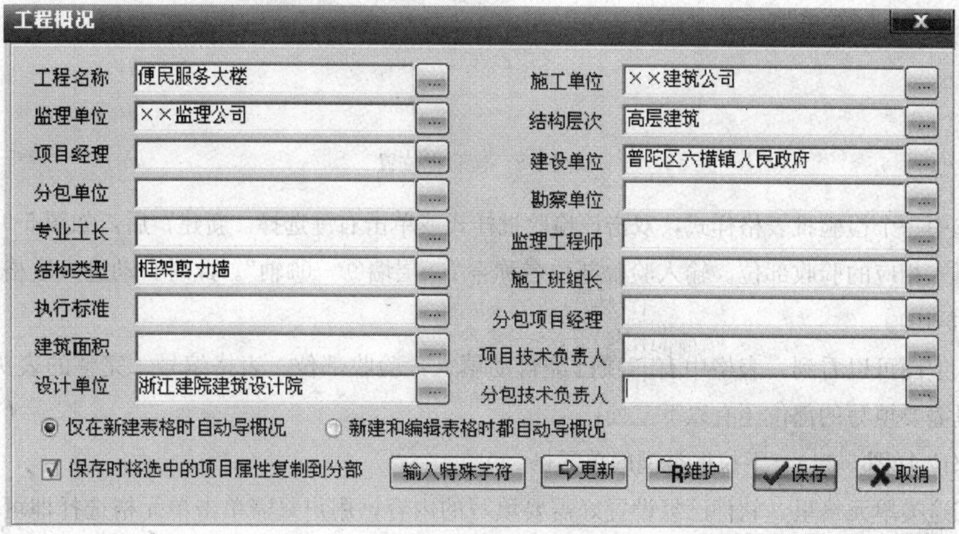

图 5-7 填写工程概况

单击"保存"，此时如果选中"保存时将选中的项目属性复制到分部"，则工程概况将自动复制到各个分部去。选中一个分部单击右键，在弹出的快捷菜单中选择"分部工程概况"，可以看到工程概况已经自动复制到分部。如果选择"新建和编辑表格时都自动导概况"，则所有的资料表格中工程概况部分将自动生成，不需重复输入。

3.3 填写资料

3.3.1 土建资料的填写

1. 检验批表格的填写

检验批表格位于"土建/安装工程施工质量验收检查用表"中，如图5-8：

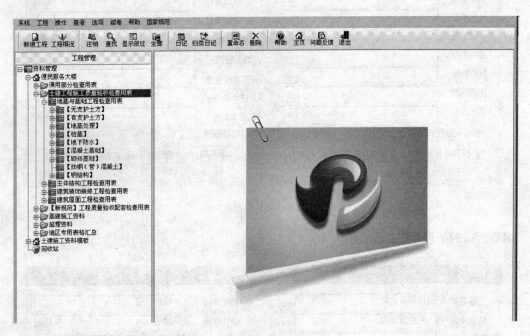

图5-8 检验批位置

选中一个检验批表格样式，双击该检验批样式或单击右键选择"新建"后，如图5-9。

填入相应的验收部位。输入验收部位名称："一层墙⑨—⑩轴"。此时自动进入表格编辑状态(图5-10)。

从上图可以看到，表格中有三项已经自动填入：验收部位、表格编号、完整的表头信息。表格里需要填写的部位还有以下三处：

部位1(图5-11)：下拉框类型的单元格

在这类单元格里，软件已经设置好需要填写的内容，用户只需单击单元格选择即可。也可以输入您需要的文字。

部位2(图5-12)：数据录入区

图 5-9 检验批表格样式

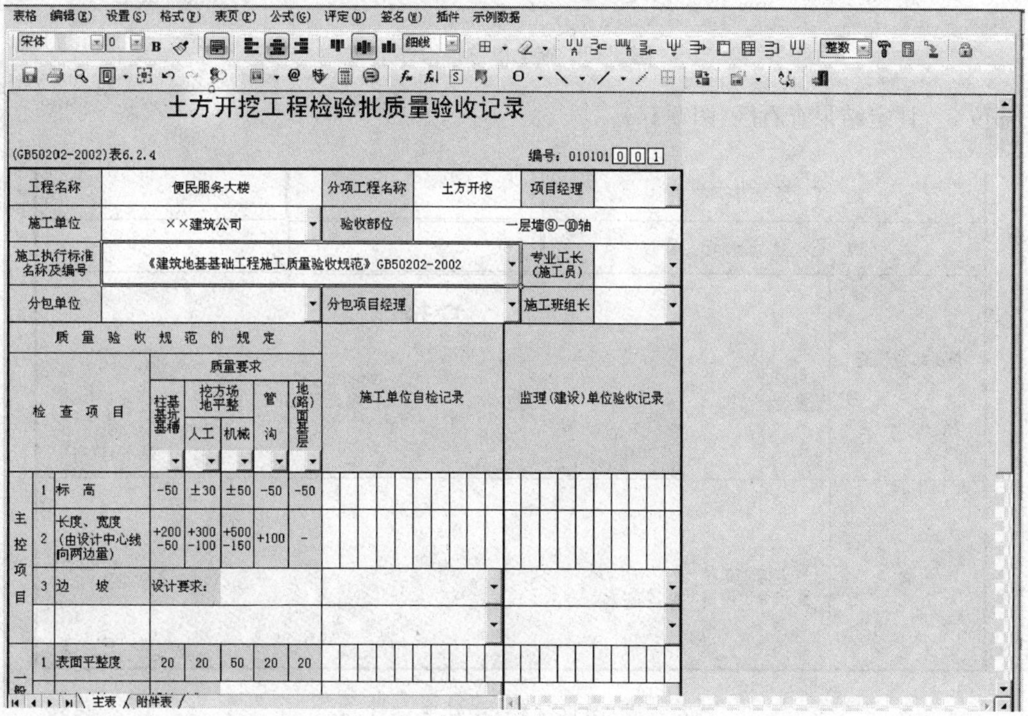

图 5-10 填写检验批表格

这部分填入检测到的数据,可以用来进行智能评定。输入实测数值后,点击"施工单位",即可完成智能评定(图 5-13)。

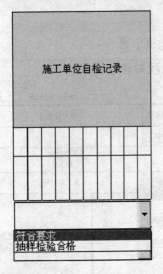

图 5-11 施工单位自检结果

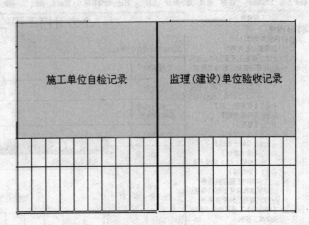

图 5-12 施工单位自检记录

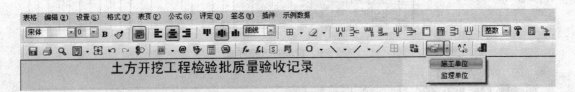

图 5-13 施工单位自检评定

部位 3：评定结果查看区(图 5-14)

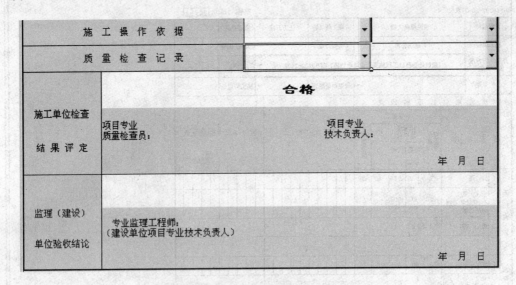

图 5-14 评定结果

这部分内容在智能评定后将被自动填入评定结果。如果需要手工输入评定结果"合格"或"不合格"，可以按"Del"清除内容。

在智能评定的过程中，首先在对应部位填入所检测到的数据(图 5-15)；

质量验收规范的规定							施工单位自检记录	监理(建设)单位验收记录
检查项目		质量要求						
		柱基坑基槽	挖方场地平整		管沟	地(路)面基层		
			人工 ✓	机械				
主控项目	1 标高	−50	±30	±50	−50	−50	26 −28 −22 −28 27 21 27 28 −28 −29	
	2 长度、宽度(由设计中心线向两边量)	+200 −50	+300 −100	+500 −150	+100	—	296 298 296 299 294 −94 −99 −94 299 299	
	3 边坡	设计要求:					符合要求	
一般项目	1 表面平整度	20	20	50	20	20	9 9 21 8 22 21 10 19 12 19	
	2 基底土性	设计要求:					符合要求	

图 5-15 填写施工单位自检记录

然后在工具栏上的"评定"按钮的下拉框中选择对应的评定单位(图 5-16):

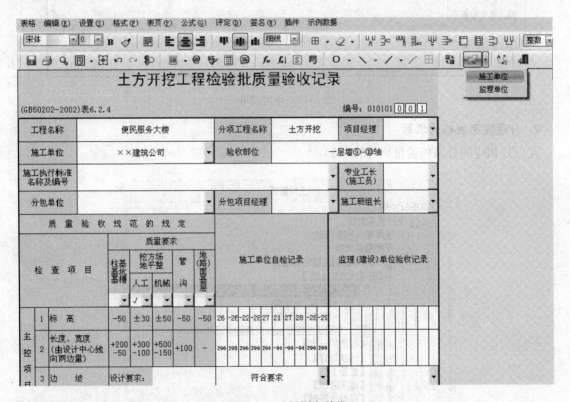

图 5-16 选择评定单位

最后进行自动评定并查看结果(图 5-17)。软件已经根据最新国家标准对评定标准进行了设置,一般用户只需直接评定即可。对于超出国家标准的数据,会自动打"三角"标志,设置企业标准后，系统对于超出企业标准但未超过国家标准的数据，会自动打"圆圈"标志。最终的评定结果将被自动填入对应位置。

主控项目	1	标 高	-50	±30	±50	-50	-50	26	-26	-22	-28	27	21	28	-26	-29		
	2	长度、宽度（由设计中心线向两边量）	+200 -50	+300 -100	+500 -150	+100	—	296	298	296	299	294	-94	-99	-94	299	299	
	3	边 坡	设计要求：					符合要求										▼
一般项目	1	表面平整度	20	20	50	20	20	9	9	⚠	8	⚠	⚠	10	19	12	19	
	2	基底土性	设计要求：					符合要求										▼
施工操作依据																		▼
质量检查记录																		▼

施工单位检查结果评定	不合格
	项目专业　　　　　　　　　　　项目专业 质量检查员：　　　　　　　　　技术负责人： 　　　　　　　　　　　　　　　　2008年5月7日

图 5-17　评定结果

2. 分项评定表格的填写

在做好相应的分项检验批后（图 5-18）：

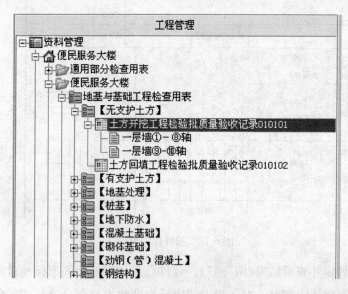

图 5-18　检验批完成情况

对该分项点击右键，选择“分项评定”（图 5-19）：

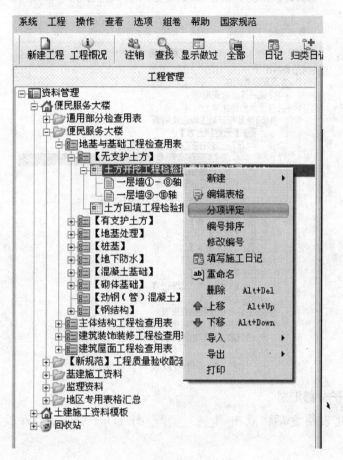

图 5-19 分项评定选择

软件会自动进行分项评定，生成图 5-20：

土方开挖 分项工程质量验收表

(GB50300-2001)表E.0.1 编号：010101

工程名称	便民服务大楼	结构类型	框架剪力墙	检验批数	2
施工单位	××建筑公司	项目经理		项目技术负责人	
分包单位		分包单位负责人		分包项目经理	

序号	检验批部位、区段	施工单位检查评定结果	监理（建设）单位验收结论
1	一层墙①-⑧轴	合格	
2	一层墙⑨-⑩轴	合格	
3			

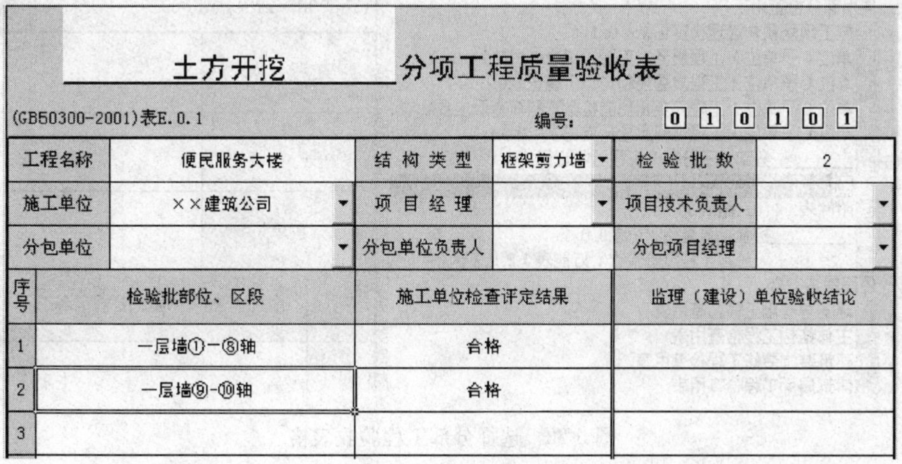

图 5-20 分项评定表

退出保存后(图 5-21)：

工程资料管理实务模拟

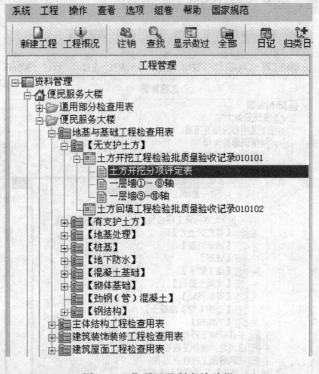

图 5-21　分项以及所含检验批

3. 智能分部/子分部汇总

在做完检验批表格之后，双击"_____分部（子分部）工程验收记录 F.0.1"表格（图 5-22）：

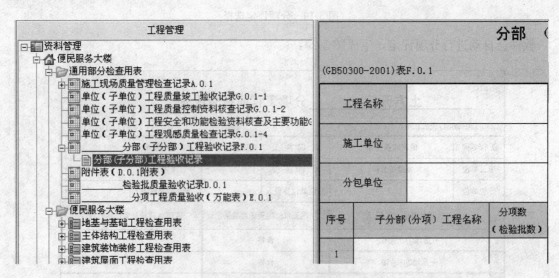

图 5-22　选择分部工程验收表格

对新建的表格点击右键，选择"统计"，如图 5-23：

在弹出的对话框中选择相应的分部/子分部，如图 5-24：

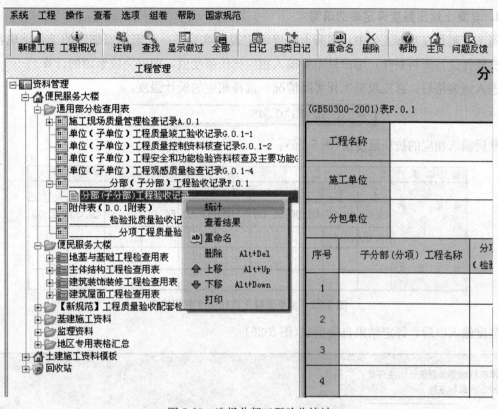

图 5-23 选择分部工程验收统计

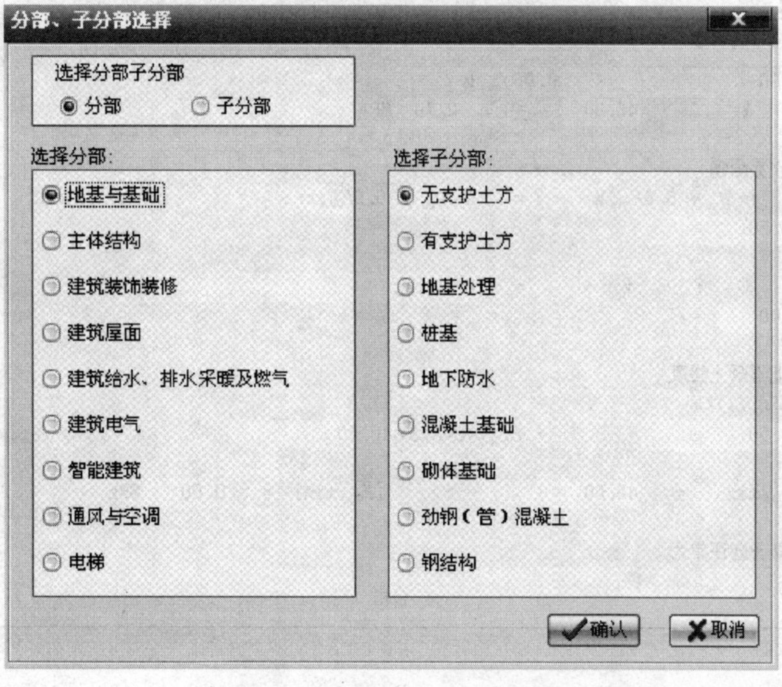

图 5-24 选择分部、子分部工程

点击确认后,即可出现相应的智能统计表。

4. 混凝土抗压强度评定表的填写

施工资料员在实际工作中，混凝土强度评定表的填写是一个繁琐而细致的工作。现在利用计算机软件进行资料制作，用户只需要输入相应抗压强度值，即可完成繁琐的计算。

进入该表格后，首先根据工程实际情况，选择相应的设计强度：

设 计 强 度：C 45

然后输入相应的抗压强度值(图 5-25)：

设计强度：C	45									
各 组 试 块	1	2	3	4	5	6	7	8	9	10
	49.00	48.00	48.00	51.00	52.00	49.00	50.00	50.00	49.00	52.00
试 压 强 度	48.00	48.00								

图 5-25　实测混凝土抗压强度数据输入

强度输入以后，评定结果自动生成(图 5-26)：

本表格按照数理统计方法评定：
一、计算标准差

$$S_{f_{cu}} = \sqrt{\frac{\sum_{i=1}^{n} f_{cu,i}^2 - n m_{f_{cu}}^2}{n-1}}$$

　　= 1.00　　　＜　　0.06f_{cu},k
式中 0.06f_{cu},k = 0.06× 45.00　=　2.70　MPa

二、计算验收界限值
[Mf_{cu}] = λ_1 * Sf_{cu} + 0.9F_{cu},k　　= 0*Sf_{cu} + 0.9F_{cu},k
= 40.50

[F_{cu},min] = λ_2 * F_{cu},k　　= 0*F_{cu},k
= 0.00

三、评定该批混凝土强度
mF_{cu} = (Σf_{cu},i)/n
= 49.00　　　＞　　[Mf_{cu}] = 40.50

且　　F_{cu},min = 48.00　　＞　　[F_{cu},min] = 0.00　MPa

所以该批混凝土应评定为

合格

结论：

合格

图 5-26　强度评定

5. 工程测量定位记录的填写

在工程测量定位记录、隐蔽工程验收记录、地基验槽记录等诸多表格的填写过程中，需要绘制简图加以说明。如果采用手工填写表格，绘图时需占用较多的时间。为了提高工作效率，目前的资料制作软件可以将在其他软件中绘制的图片，如 Autocad、画图板等，直接粘贴到所需要的表格中。下面以工程测量定位记录表格的填写来举例说明(图 5-27)。

双击工程定位测量记录表格，进入该表格编辑界面(图 5-28)：

在建筑物总平面布置定位示意图中，点击鼠标右键，选择"插入图片"中的"可编辑式粘贴"，将绘制好的简图粘贴到图框中(图 5-29)，并完成工程定位测量记录的填写。

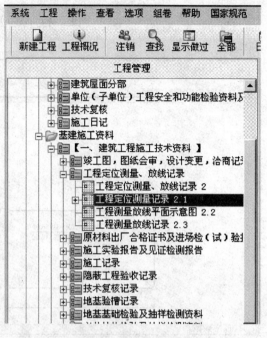

图 5-27 选择工程定位测量记录

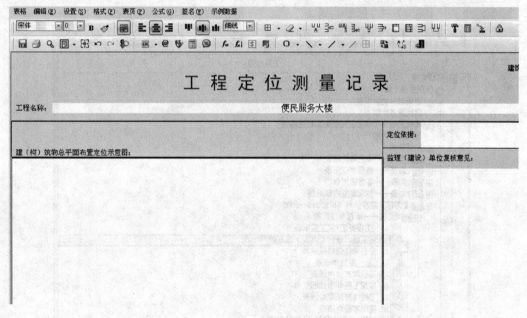

图 5-28 工程定位测量记录表格

3.3.2 监理资料的填写

在各资料制作软件中，工程监理资料的填写与土建资料的填写类似，首先选择所需要填写的表格(图 5-30)，其中 A 类表为承包单位用表，B 类表为监理单位用表，C 类表为各方通用表格，这里以 A 类表格"施工组织设计报审表"的填写为例来说明监理资料的填写。

工程资料管理实务模拟

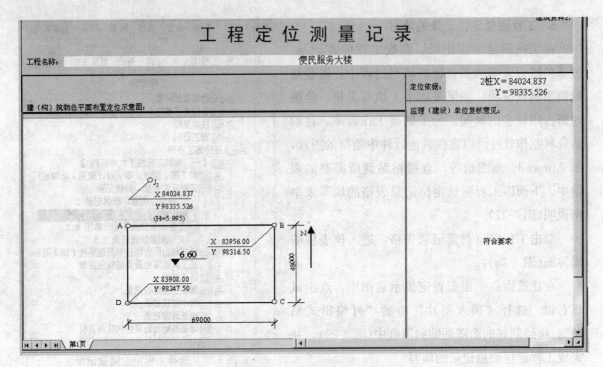

图 5-29　工程定位测量记录的填写

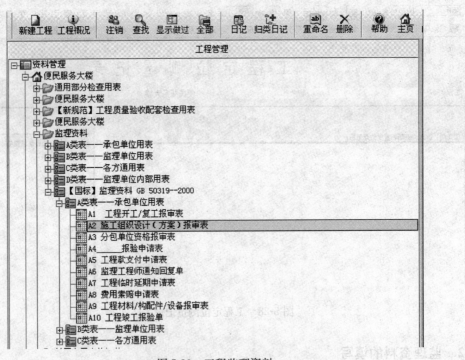

图 5-30　工程监理资料

选择"A2 施工组织设计（方案）报审表"，鼠标左键双击进入表格填写界面（图 5-31）：

由于工程概况信息在最初已经输入，这里工程名称，监理单位名称将会自动导入，表格其余需要填写的部分如：表格编号、完成的内容按工程实际情况填写后即完成该资料的制作。

A2

施工组织设计（方案）报审表

工程名称：便民服务大楼 编号：

致：××监理公司（监理单位）

我方已根据施工合同的有关规定完成了________工程施工组织设计（方案）的编制，并经我单位上级技术负责人审查批准，请予以审查。

附：施工组织设计（方案）

承包单位（章）：

项目经理：

日 期：

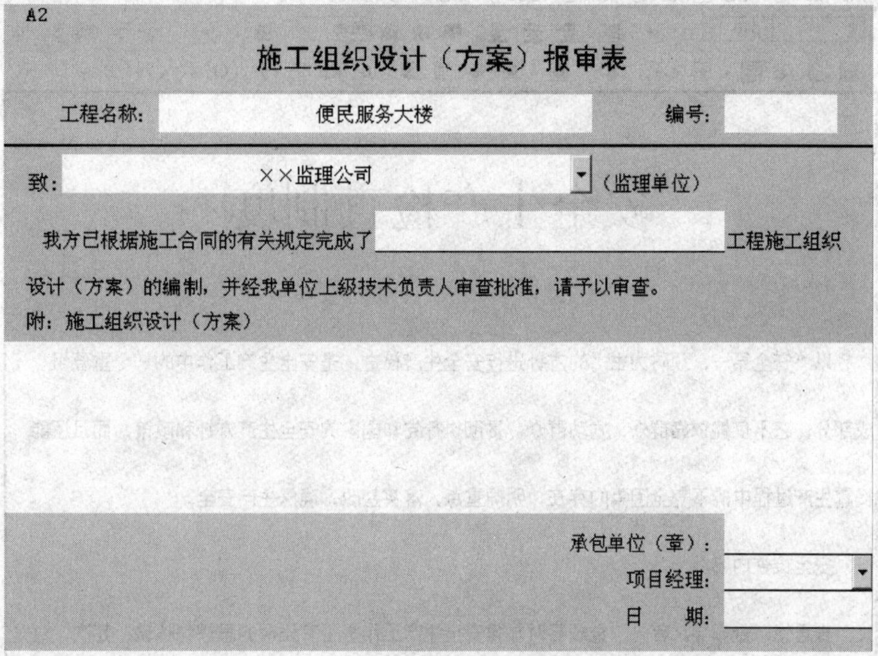

图 5-31 施工组织设计报审表

3.3.3 安全资料的填写

选择工程安全资料模板，输入工程概况信息后，进入安全资料管理目录，安全资料包括安全生产管理职责、安全生产保证体系程序文件等(图 5-32)。

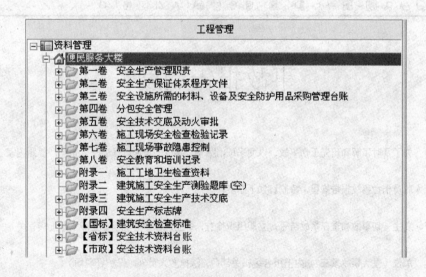

图 5-32 安全资料管理

安全生产保证体系程序文件中，施工现场安全、文明各项管理制度资料制作如下(图 5-33、图 5-34)。

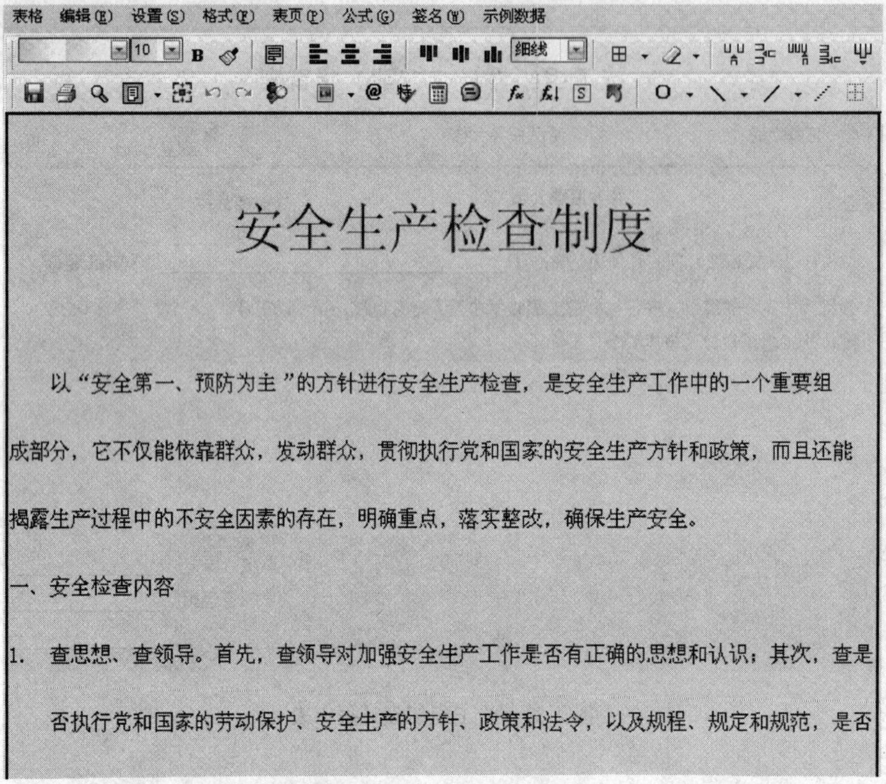

工程资料管理实务模拟

安全生产检查制度

以"安全第一、预防为主"的方针进行安全生产检查,是安全生产工作中的一个重要组成部分,它不仅能依靠群众,发动群众,贯彻执行党和国家的安全生产方针和政策,而且还能揭露生产过程中的不安全因素的存在,明确重点,落实整改,确保生产安全。

一、安全检查内容

1. 查思想、查领导。首先,查领导对加强安全生产工作是否有正确的思想和认识;其次,查是否执行党和国家的劳动保护、安全生产的方针、政策和法令,以及规程、规定和规范,是否

图 5-33 安全生产检查制度

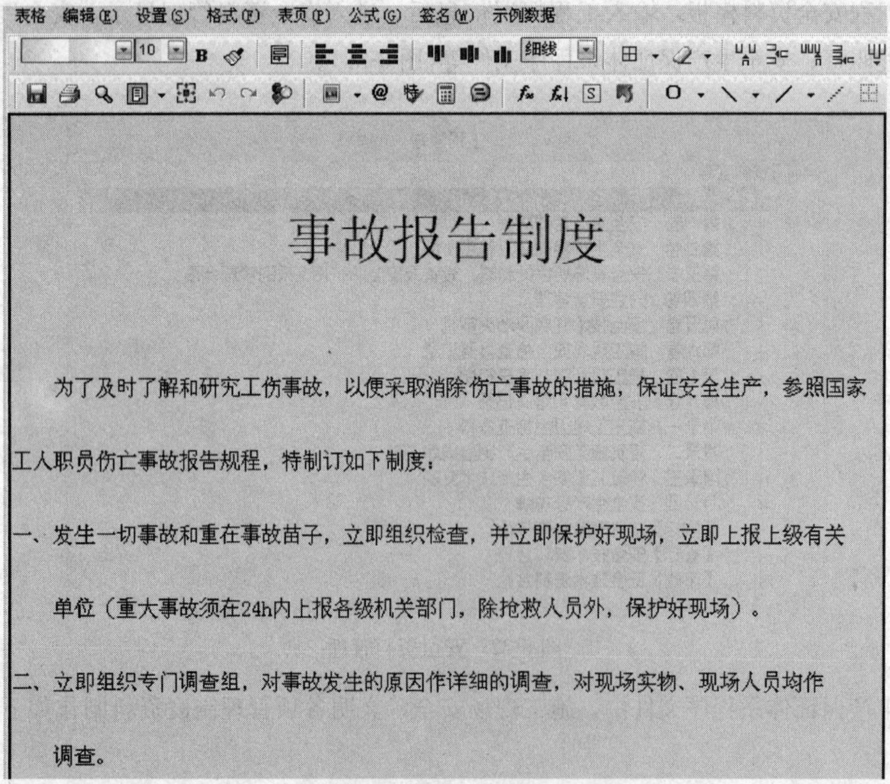

事故报告制度

为了及时了解和研究工伤事故,以便采取消除伤亡事故的措施,保证安全生产,参照国家工人职员伤亡事故报告规程,特制订如下制度:

一、发生一切事故和重在事故苗子,立即组织检查,并立即保护好现场,立即上报上级有关单位(重大事故须在24h内上报各级机关部门,除抢救人员外,保护好现场)。

二、立即组织专门调查组,对事故发生的原因作详细的调查,对现场实物、现场人员均作调查。

图 5-34 事故报告制度

3.4 打印及批量打印

在填制好一张表格后，我们可以直接使用工具栏上的 🖨 按钮对它进行打印，也可以在退出表格编辑状态之后，在工程管理状态下使用"ctrl"+"鼠标左键"选择任意要打印的表格，通过鼠标右键进行批量打印（图 5-35）。批量打印所有页可以打印主表续表和附件表，批量打印当前页将会打印出当前显示的页面。

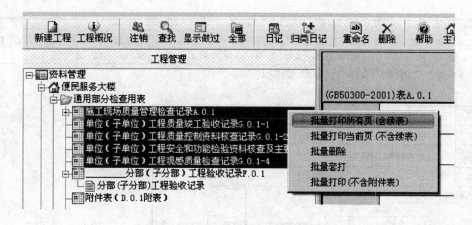

图 5-35　批量打印

表格编辑

对于用户已经制作完成的表格,使用表格编辑功能可以对已填写的资料以及表格样式等进行修改。打开已填写的土方开挖工程检验批质量验收记录表(图5-36):

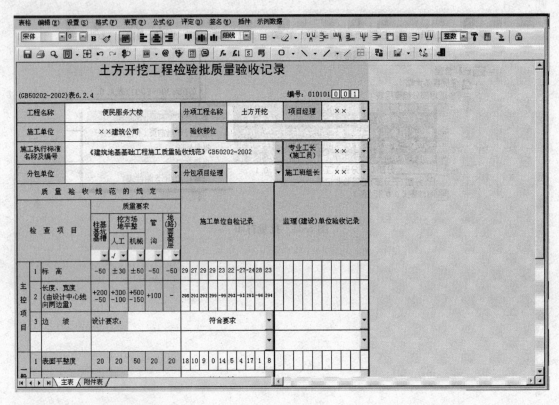

图5-36 表格编辑

表格中白色为可编辑区域,灰色为不可编辑区域,用户可在可编辑区域输入自己所要的内容。

4.1 工具栏

(1)"保存"(🖫):用来保存用户对表格或其他内容所做的修改。

(2)"打印"(🖨):用户用这个按钮来对当前编辑的表格进行打印和页面设置(图5-37)。(注:此处只能打印单张表格,批量打印需回到工程管理状态。)

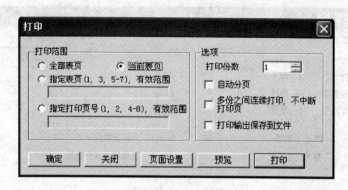

图 5-37 打印设置

(3)"打印预览"（ ）：用户可以利用这个按钮来对当前编辑的表格进行打印预览（图 5-38）。

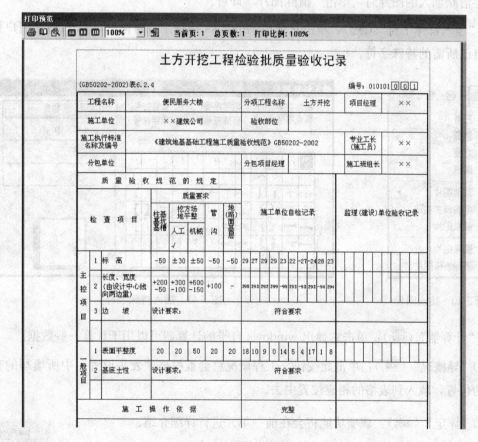

图 5-38 打印预览

(4)"撤消"（ ）：此按钮用来撤消刚才进行的操作，恢复到上一步操作，可重复撤消。

(5)"重做"（ ）：此按钮用来恢复刚才撤消的操作，可重复恢复。

(6)"查找"（ ）：单击此按钮会弹出对话框（图 5-39），用户何以利用它方便的找到自己所需要的内容。

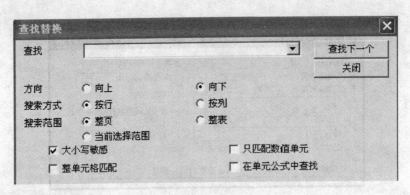

图 5-39 查找替换

(7)"插入图片"（▦）：单击此按钮将会弹出下拉菜单（图 5-40）：需要清除加入的图片时，单击"清除图片"即可。

(8)"输入特殊字符"（@）：单击它弹出 windows 特殊字符对话框（图 5-41），用户可以从中选择自己所需的特殊字符。

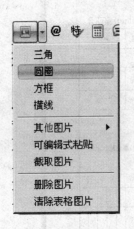

图 5-40 插入图片　　　　　　　图 5-41 插入特殊字符

(9)"计算器"（▦）：单击它弹出 windows 自带的计算器可以用于计算一些数据。

(10)"导概况"（▦）：单击此按钮，工程概况将会被根据"表头设置"中所填写的有关工程概况的位置，填入到表格的相应位置中去。

(11)"评定"（▦）：该项功能将会在前一单元进行详细介绍。

(12)"画反斜线"（╱）：单击此按钮将在当前选中的单元格内画反斜线。

(13)"清除反斜线"（╱）：单击此按钮将清除当前选中的单元格内的反斜线。

(14)"插入常用符号√×○"（○）：单击此按钮将弹出菜单（图 5-42），选择对应项，将在当前选中的单元格内加入"√"或"×"或"○"。

图 5-42 插入常用符号

(15)"返回"（▦）：单击此按钮将回到工程管理界面。

4.2 主菜单

(1)"表格"(图 5-43)
(2)"编辑"(图 5-44)
(3)"格式"(图 5-45)

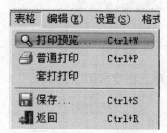

图 5-43 表格下拉菜单

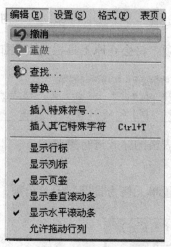

图 5-44 编辑下拉菜单

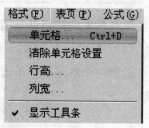

图 5-45 格式下拉菜单

"单元格"子菜单项用来对单元格的属性进行设置,单击它弹出窗体(图 5-46):

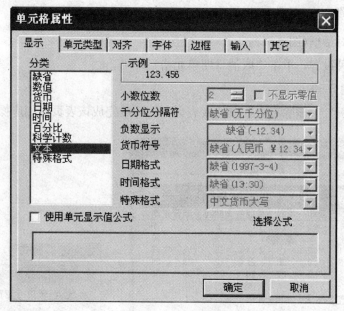

图 5-46 单元格属性

当想要将单元格属性恢复到最初时,可单击"清除单元格设置"菜单项。当用户需要设置一行或几行的行高时,选中这些行,单击"行高"子菜单项将弹出窗体(图 5-47):

243

输入所需行高,单击"确定"即可。设置列宽过程同上(图5-48)。

图 5-47 行高设置

图 5-48 列宽设置

单击"显示工具栏"子菜单项,将会在原工具栏上出现如下工具栏:

工具栏上的按钮都是用来对表格的样式进行更改的。

(4)"日期设置"(图5-49)

选择一个单元格,单击"设置单元格为日期"子菜单项。则此单元格变成图5-50:

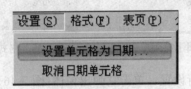
图 5-49 日期设置对话框

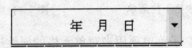
图 5-50 日期具体设置

单击它将弹出对话框(图5-51):

如果要取消这种设置,单击"取消日期单元格"即可。

(5)"表页"(图5-52)

选择"追加表页"、"删除表页"、"插入表页"等即可完成该表页的相应操作。

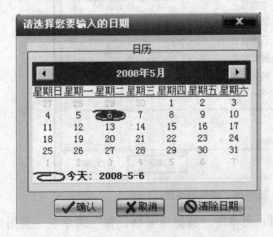
图 5-51 日期选择

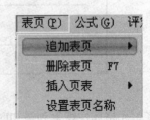
图 5-52 表页设置

主 要 参 考 文 献

[1] 中国建设监理协会. 建设工程质量控制. 北京：中国建筑工业出版社，2003.
[2] 黎自强. 建筑安装工程质量监督检验评定实用手册. 北京：地震出版社，1999.
[3] 中华人民共和国国家标准. 建设工程文件归档整理规范(GB/T 50328—2001). 北京：中国建筑工业出版社，2002.
[4] 中华人民共和国国务院颁布. 建筑工程安全生产管理条例. 2003.
[5] 中华人民共和国建设部. 建筑工程安全生产监督管理工作导则. 2005.
[6] 中华人民共和国建设部、关于印发《建筑施工企业安全生产管理机构设置及专职安全生产管理人员配备办法》和《危险性较大工程安全专项施工方案编制及专家论证审查办法》的通知. 2004.
[7] 中华人民共和国国务院颁布. 生产安全事故报告和调查处理条例. 北京：中国法制出版社，2007.
[8] 天津建工集团总公司主编. 建筑施工安全检查标准(JGJ 59—99). 北京：中国建筑工业出版社，1999.
[9] 中国建筑科学研究院主编. 混凝土泵送施工技术规程(JGJ/T 10—95). 中国建筑科学研究院，1995.
[10] 天津市建筑工程局主编. 龙门架及井架物料提升机安全技术规范(JGJ 88—92). 北京：中国计划出版社，1994.
[11] 徐大海，陈祖新等主编. 建设工程施工现场安全生产保证体系管理资料. 上海：同济大学出版社，2004.
[12] 王立信主编. 建筑工程施工技术文件编制手册. 北京：中国建筑工业出版社，2007.
[13] 王立信主编. 建设工程监理工作实务应用指南. 北京：中国建筑工业出版社，2005.
[14] 浙江省建设监理协会. 建设监理基础知识与监理员实务. 杭州：浙江大学出版社，2008.
[15] 中国建设监理协会组织编写. 建设工程信息管理. 北京：中国建筑工业出版社，2008.
[16] 品茗施工资料制作与管理软件帮助手册. 杭州品茗科技有限公司.